公路桥梁
工程材料与管理研究

王伯霖　曹　磊　杜　锐◎主编

燕山大学出版社
·秦皇岛·

图书在版编目（CIP）数据

公路桥梁工程材料与管理研究/王伯霖，曹磊，杜锐主编. —秦皇岛：燕山大学出版社，2022.12
ISBN 978-7-5761-0418-9

Ⅰ.①公… Ⅱ.①王…②曹…③杜… Ⅲ.①公路桥—桥梁工程—建筑材料—研究 Ⅳ.①U448.144

中国版本图书馆 CIP 数据核字（2022）第 200544 号

公路桥梁工程材料与管理研究

王伯霖　曹　磊　杜　锐　主编

出 版 人：陈　玉			
责任编辑：王　宁		策划编辑：王　宁	
责任印制：吴　波		封面设计：星辰创意	
出版发行：燕山大学出版社		电　　话：0335-8387555	
地　　址：河北省秦皇岛市河北大街西段 438 号		邮政编码：066004	
印　　刷：英格拉姆印刷(固安)有限公司		经　　销：全国新华书店	
开　　本：170mm×240mm　1/16		印　　张：13.25	
版　　次：2022 年 12 月第 1 版		印　　次：2022 年 12 月第 1 次印刷	
书　　号：ISBN 978-7-5761-0418-9		字　　数：200 千字	
定　　价：52.00 元			

版权所有　侵权必究

如发生印刷、装订质量问题，读者可与出版社联系调换

联系电话：0335-8387718

前　言

公路交通是国民经济的重要基础产业，是经济快速、健康、持续发展的重要保障，在一定程度上代表着一个国家或地区经济的发展水平。道路与桥梁工程是公路交通建设中两个必不可少的工程门类，公路交通将生产分工与合作、资源与市场紧密联系起来。

为适应公路建设的快速发展，确保符合工程建设质量的要求，公路施工企业需要紧抓工程质量管理。公路施工企业需要向管理要效益、靠管理求生存，通过提高企业的经营管理水平而不是通过降低工程质量来提高利润水平。公路施工项目是公路施工企业赖以生存和发展的根本，是企业效益的来源。公路施工企业必须保证公路桥梁的建筑质量，才能够健康发展。

首先，本书论述了公路桥梁工程的准备工作，进一步分析了公路桥梁的养护维修等内容；其次，从公路工程管理和桥梁工程管理两个方面论述了施工现场、施工质量、施工技术和项目经济管理等内容；再次，分析了公路桥梁工程常用的建筑材料，如土、钢材、水泥和沥青，以及公路桥梁工程的新型建筑材料，如土工合成材料、聚合物混凝土材料、粉煤灰和工业废料；最后，对公路桥梁工程项目管理优化创新作了探究。

公路工程管理者不仅要遵循系统、科学的工程管理办法，而且要与时俱进、大胆求新，加强公路工程管理工作，对施工中各个方面严加控制，提前做好风险应对措施，保证公路工程顺利进行；同时，管理者还需要在公路工程中总结经验教训，深入研究公路工程管理方法，完善公路工程施工过程，从而提升公路工程施工效率，促进我国公路工程快速发展。

随着我国经济法规的逐步完善，公路建设的管理也纳入了法治化的轨道。经过多年的实践和总结，我国在公路工程的项目管理方面基本上形成了一套较为系统的理论、经验和方法，造就了一支庞大的工程项目管理队伍，建成了一大批成功的公路工程项目。希望本书也能为我国公路桥梁工程的材料研究以及管理建设贡献力量。

目 录

第一章 公路桥梁工程概述 ... 1
第一节 公路桥梁施工的准备工作 ... 1
第二节 公路桥梁检查、试验与评定 ... 8
第三节 公路桥梁养护维修与加固改造 ... 16

第二章 公路工程管理的内容 ... 37
第一节 公路工程施工现场管理 ... 37
第二节 公路工程施工质量管理 ... 61

第三章 桥梁工程管理的内容 ... 77
第一节 桥梁工程施工技术管理 ... 77
第二节 桥梁工程施工质量管理 ... 88
第三节 桥梁工程项目经济管理 ... 102

第四章 公路桥梁工程常用建筑材料 ... 119
第一节 土 ... 119
第二节 钢材 ... 123
第三节 水泥 ... 127
第四节 沥青 ... 131

第五章 公路桥梁工程新型建筑材料 ... 137
第一节 土工合成材料 ... 137
第二节 聚合物混凝土材料 ... 150

第三节　粉煤灰……………………………………………164
　　第四节　工业废料…………………………………………181

第六章　公路桥梁工程项目管理优化创新研究……………………191
　　第一节　公路桥梁施工项目管理模式优化研究…………………191
　　第二节　公路桥梁施工技术优化管理研究………………………194
　　第三节　公路桥梁工程中合同管理优化研究……………………198

参 考 文 献……………………………………………………………202

第一章 公路桥梁工程概述

第一节 公路桥梁施工的准备工作

公路桥梁施工前的准备工作是为了保证施工正常进行而必须做好的先前工作。在公路桥梁施工中,准备工作作为一个重要环节,应引起高度重视,应坚持"不打无准备之仗"的原则。准备工作之所以重要,是因为公路桥梁施工是一项非常复杂的生产活动,需要处理复杂的技术问题,耗用大量的物资,使用众多的人力,动用许多机械设备,遇到的情况也是多种多样的。因而笔者根据这几年的现场施工经验总结认为:施工前准备工作考虑的因素越多,准备工作做得越充分,则施工越顺利。没有施工准备或准备不充分,就会处处被动,致使后续施工无法顺利开展。可以说,施工准备实际上起着"开路"的作用。

一、施工准备工作的内容

(一)组织准备工作

组织准备工作主要是建立和健全施工组织管理机构,制定施工管理制度,明确施工任务,确立施工应达到的目标。公路桥梁施工中项目多、范围也比较广,因此,首先必须建立施工组织管理机构,必须有严格的责任制,按计划将责任预先落实到有关部门甚至个人,同时明确各级技术负责人在施工准备工作中所负的责任,从而充分调动各部门和技术人员的积极性,使他们有职、有权、有责。施工管理制度是公路施工管理的核心。

(二)物质准备工作

物质准备工作是就各种材料与机具设备购置、采集、调配、运输和储存,临时便道及工程房屋的修建,供水、供电、必需生活福利设施等的安装及建设等所做的工作。

1. 生产、生活设施修建

在公路桥梁施工前，各种生产、生活所需的临时设施，比如各种仓库、搅拌站、预制构件厂（站、场）、生产作业棚、办公用房、宿舍、食堂、文化设施等均应按施工组织需要的数量、标准、面积、位置等提前修建完毕。

2. 设计确定物资供应计划

修建完各种生产、生活所需的临时设施后，应及时根据施工组织设计确定的材料、半成品、预制构件的数量、品种、规格，编制好物资供应计划，按计划订货和组织进货，按照施工平面图要求在指定地点堆存或入库，对各种材料如沙子、碎石、钢材等应提前做各种试验，以确定其是否满足设计要求，对各种标号的混凝土提前作好配比。

3. 施工机械的计划安装

对施工将用的施工机械和机具需用量进行计划，按计划进场安装、检修和试运转。施工队应提早调整，健全和充实施工组织机构，进行特殊工种、稀缺工种的技术培训，提前招临时工和合同工，落实专业施工队伍和外包施工队伍。同时，根据地理位置、气候条件作合理规划，冬天或雨期施工也应作适当准备。

（三）技术准备工作

1. 熟悉和审核图纸

（1）作用

熟悉图纸是为了领会设计意图、熟悉图纸内容、明确技术要求，以便后期正确无误地进行施工。

（2）要点

熟悉图纸的要点是复核主要尺寸、标高、预制构件的位置。图纸的审核主要是指审核施工图的设计是否符合国家有关技术规范，图纸及设计说明是否完整、齐全、清楚，图纸中的尺寸、坐标、标高是否准确，一套图纸的前后是否吻合一致，有无矛盾。

在熟悉和审核图纸的过程中，对发现的问题应作标记，作好记录，对设计中不明确或有疑问处，应立即请设计人员核查清楚。

2. 编制施工组织设计

施工组织设计是全面安排施工生产的技术经济文件，这些是指导施工的主要依据。

（1）分类

施工组织设计根据编制对象的不同，大致可以分三类：施工总设计、单位工程施工组织设计和分部工程施工作业设计。

（2）作用

施工组织设计是以一个建设施工项目为编制对象，用以规划整个拟建工程施工活动的技术经济文件。它是整个项目施工任务的总体战略性部署安排，主要内容包括工程概况、施工布置与施工方案、施工总进度计划、施工准备工作及各项资源需要量计划、施工总平面图、主要技术组织措施及主要技术指标。

（3）单位工程施工组织设计

作用：单位工程施工组织设计是以一个单位工程或一个不复杂的单项工程为对象而编制的，它是根据施工总设计的规定、要求和具体实际条件，对拟建的工程对象的施工工作所作的战术性部署。

单位工程施工组织设计的内容包括：工程概况、施工方案与施工方法、施工进度计划、施工准备工作及各项资源需求计划、施工平面图、主要技术组织措施及主要经济指标。

（4）分部工程施工作业设计

分部工程施工作业设计是以某些新结构、技术复杂的或缺乏施工经验的分部工程为对象而编制的，是用以指导和安排该分部工程施工作业的文件。主要内容包括：施工方法、技术组织措施、主要施工机具、劳动力安排、平面布置、施工进度，它是编制月、旬作业计划的依据。

施工前准备工作带有全局性，没有这项工作，工程就不能顺利开工，更不能连续施工。总之，施工前准备工作极为重要，它是组织施工的第一步，没有准备的施工或准备不充分的施工，均会使以后的施工难以顺利进行[①]。

（四）施工准备

1. 施工场地布置

（1）总体施工平面布置原则

总平面布置应体现以人为本、因地制宜、节约用地、整齐划一、环保节能等原则；尽量减少施工用地，少占农田，优先选择在建设项目用地界内，使平面布

---

① 庄颉. 公路桥梁施工技术的优化管理 [J]. 绿色环保建材，2019（9）：120，123.

置紧凑合理；合理组织运输，减少运输费用，保证运输方便畅通；施工区域划分和场地的确认应符合施工流程的要求，尽量减少专业工种和各工程之间的干扰；充分利用各种永久建筑物和原有设施为施工服务，降低临时设施的费用；各种生产生活设施应满足生产和生活的需要，符合安全防火和劳动保护的要求。

（2）总体施工平面布置内容

施工平面布置内容与工程类别有关，位置与地形地貌的复杂程度有关，一般有以下布置内容。

与新建公路线路方向和位置里程及与施工项目的关系；征地界内及附近已有的地上、地下建筑物及其他地面设施的位置和尺寸；新建线路中线位置及里程，桥涵、隧道等结构物的位置及里程，因施工需要临时改移公路的位置；需要拆迁的建筑物；各种运输道路及临时便桥、过渡工程设施的位置；取土和弃土场位置，如取土和弃土场距离施工现场较远，在平面布置上无法标注时，可用箭头指向取土和弃土场方向并加以说明；主要加工位置、混凝土成品预制厂、混凝土搅拌站等；临时生产房屋位置，包括办公用房、机械站、车库位置、加工厂、制备厂及各种建筑材料、半成品、构件的仓库和生产工艺设备场所；各种材料、半成品、成品等仓库和堆放场地的位置；水源、电源、配电房、变压器位置，临时给排水管线和供电、动力设施，标出既有高压线位置、水源位置（既有水井），既有河流位置及河道改移；临时供电线（变电站）、供水、排水及其管线和临时通信线路等；标出施工队伍的驻地、生活区、项目经理部的位置，标出划分的施工区段，标出各工区的施工范围。

重点单位工程施工平面图布置，应根据现场条件并结合施工方案在布置时给予细化：①确定生产生活办公区域，各区域划分应有明确界限；②突出主体工程施工部署，确定施工辅助设施及主要施工机械设备的位置；③确定搅拌站位置及集料棚、仓库、预制构件厂、构件成品、原材料堆放位置；④运输主干道和引入便道位置；⑤水、电、通信管线位置；⑥场内排水、污水循环系统布置。

2.技术资料准备

在开工前，应组织经验丰富的技术人员对设计文件进行审图和现场核对，对设计中存在的问题及时提请设计单位解决，并作好设计技术交底。

（1）设计编制及报批

完成试验室组建及临时资质申报和材料的招投标及试验、砼配合比的设计、实施性施工组织设计编制及报批。承包人接桩后，应在14天内完成导线、水准点的复测，原地面复测和加密测量工作，并做好各桩点的保护措施直到工程竣工。

（2）实施性施工组织设计的编制

承包人在签订合同协议书后的一个月内，完成实施性施工组织设计的编制，其内容包括：详细的施工组织、现场布置、施工方案、工程进度计划、资源供应计划、资金流量计划、质检体系与质量保证措施、安全体系与安全保证措施、廉政建设、文明施工与环境保护等。

（3）总体开工报告

开工前应向监理工程师报批，主要内容包括：施工机构、质检体系、安全体系的建立和劳动力安排，材料、机械及检测仪器设备进场情况，水电供应，临时设施的修建，施工方案准备情况等。

（4）分部或分项工程开工报告

分部或分项工程开工前14天向监理工程师提交开工报告，其内容包括：①施工地段与工程名称；②现场负责人名单；③施工组织和劳动力安排；④材料供应、机械进场等情况；⑤材料试验及质量检查手段；⑥水电供应；⑦临时工程的修建；⑧施工方案进度计划以及其他需要说明的事项等。

（5）实行首例工程分析制

每个分项工程开工后，第一个成品或半成品完成后应由总监办组织施工单位进行质量状况、工艺细节分析，找出施工中的不足并加以改正，形成正式的书面报告后方可进行批量施工。

（6）各种专项技术交底的下发及培训工作

根据施工内容分类，编制专项技术交底，下发到各级管理部门及施工班组，并组织培训、学习，同时要求必须有具有针对性的安全技术交底，确保施工过程的安全。

3. 基本要求

必须做好施工前的准备工作和施工中的技术管理工作，严格执行技术规范和有关技术操作规程的规定，保证工程质量优良；施工过程中每道工序必须严格实行检验制度，每道工序必须检验合格，资料签证完整后方能进入下道工序进行施工；应积极推广使用经过鉴定的新技术、新工艺、新结构、新材料、新设备，以加快实现我国公路桥梁施工现代化；应节约用地，少占农田，并按国家有关规定防止环境污染和破坏；应充分考虑施工过程中对陆上和水上交通的影响，特别是不得导致主航道和陆上主要交通干线中断；做到文明施工、安全生产，严格遵守安全操作规程，加强安全生产教育，建立和健全安全生产管理制度；桥梁工程交工前，应对临时辅助设施、临时用地和弃土等及时进行处理，做到工完场清。

二、公路桥梁施工准备

（一）公路桥梁施工基本准备

驻地项目部的建立（结合当地现场情况合理实际地定好驻地点）；熟悉和理解设计文件的要求和设计交底；进行现场调查和核对（包括起终点的具体里程点、沿线地形、水源等）；在详尽的现场调查后，根据设计要求、合同、现场情况等，编制实施性施工组织设计，并按管理规定报批；建立健全质量、环保、安全管理体系和质量检测体系，并对各类施工人员进行岗位培训和技术、安全交底；控制性桩点，应进行现场交桩，并保护好交桩成果。

（二）前期测量

导线复测：导线测量精度要符合技术标准的规定；原有导线点不能满足施工需要时，可增设满足相应精度要求的附和导线点；同一建设项目内相邻施工段的导线要闭合，并满足同等级精度要求；控制桩点要做好栓桩或引桩，并准确标记和记录，保证桩点受损坏后有用于恢复的准确数据；对可能受施工影响的导线点，施工前应加以固定或改移，从开工至竣工验收的时间段内应保证其精度。

（三）水准点复测与加密

水准点精度应符合技术标准的规定，沿路线每 500 m 应设有一个水准点。在结构物附近、高填深挖路段、工程量集中及地形复杂路段，要增设水准点。临时水准点必须符合相应等级的精度要求，相邻水准点要闭合。当水准点有可能受到施工影响时，应进行处理。

（四）中线放样

路基开工前，要进行全段中线放样，并固定路线主要控制桩，高速公路、一级公路宜采用坐标法进行测量放样；中线放样时，要注意路线中线与结构物中心、相邻施工段的中线闭合，发现问题要及时查明原因，进行处理；设计图纸和实际放样不符时，必须查明原因后进行处理。

（五）路基放样

路基施工前，要对原地面进行复测，核对或补充横断面，发现问题时，应进行处理；路基施工前，要设置标识桩，对路基用地界、路堤坡脚、路堑坡顶、取土坑、护坡道、弃土堆等的具体位置要标识清楚；保护好所有控制桩点，要及时恢复被破坏的桩点，并作好记录。

（六）复核

每项测量成果必须进行复核，原始记录要整理好并存档。

（七）试验

路基施工前，按照有关规定和要求，建立驻地试验室；路基施工前，要对路基基底土进行相关试验。每千米至少取两个点；土质变化大时，应视具体情况增加取样点数；要及时对来源不同、性质不同的拟作为路堤填料的材料进行复查和取样。试验土的试验项目包括：天然含水量、液限、塑限、标准击实试验、CBR试验等，必要时应进行颗粒分析、比重、有机质含量、易溶盐含量、冻胀和膨胀量等试验；如使用特殊材料作为填料，应按相关标准做相应试验，必要时还应进行环境影响评估，经批准后方可使用。

（八）场地清理

公路用地范围内的原有构造物，要根据设计要求进行处理。要对路幅范围内、取土坑的原地面表层腐殖土、表土、草皮等进行清理，填地段还应按设计要求整平压实。清出的表层土宜充分利用。

（九）试验路段

一般情况下，路基开工前要进行试验路段施工。试验路段应选择在地质条件、断面形式等工程特点具有代表性的地段，路段度不宜小于 100 m（在试验段起终点增加 10～20 m 长富余的工作面）；根据调查编写试验路段的开工报告报批（附拟定的施工组织设计方案、施工工艺等）。路堤试验路段施工包括以下内容：①填料试验、检测报告等；②压实工艺主要参数和机械组合，压实机械规格、松铺厚度、碾压遍数、碾压速度、最佳含水量及碾压时含水量允许偏差等；

③过程质量控制方法、指标；④质量评价指标、标准；⑤优化后的施工组织方案及工艺；⑥原始记录、过程记录；⑦对施工设计图的修改建议等。

根据试验路段施工得到的成果编制试验路段的总结报告报批（附路基施工组织设计方案、施工工艺等）；试验路段总报告审批后再进行全线路基单位工程的开工报告报批，接着编制路基分部工程、分项工程的开工报告报批。路基施工前先做好必要的临时施工便道和社会交通便道的修建工作，保证社会交通车辆及施工车辆顺畅。

第二节　公路桥梁检查、试验与评定

一、桥涵工程原材料试验检测

（一）沙石材料试验检测分析

沙石材料是桥涵工程建筑中用量最大的一种建筑材料，它可以直接（或经过加工）用在桥涵的圬工结构中，也可以加工成各种尺寸的集料作为水泥混凝土的粗集料。

1. 沙石材料

沙石材料包括天然的或经人工轧制的石料、集料和沙。用于桥涵结构中的沙石材料都应具备一定的技术性质，以适应不同结构的技术要求。

2. 试验检测质量控制技术

在公路工程施工中，公路工程试验检测质量控制技术贯穿于工程施工质量管理的全过程，是公路工程施工质量控制和竣工验收评定工作中不可缺少的环节。

（1）作用

试验检测对工程质量的控制主要通过对各种原材料的验证试验和施工过程的抽样试验来实现。其间要处理大量的原始数据，而客观、准确、及时的试验检测数据是指导、控制和评定工程质量的科学依据。

（2）功能

试验检测工作能用定量的方法科学地评定各种材料和构件质量，使工程费用和进度得到有效的控制，发挥出最大的经济效益和社会效益，并能合理地控制并科学地评定工程质量。因此，认真做好公路工程施工过程中的试验检测工作，对于工程质量的控制尤为重要。

（3）目的

试验检测工作的目的是通过对某个产品或工程项目进行检测，以便根据其检测的结果来判断工程质量或产品质量是否符合现行的有关技术标准的规定。一个产品或一项工程质量的好坏必须依靠试验检测这种手段来判断，它是进行公路工程质量检测的一种有效手段。

3. 必要性和重要性

（1）试验检测可以优化工程材料的选择

通过试验检测，可在众多同类合格产品中优先选择综合费用低的原材料，可以科学地评定公路用各种原材料及其成品、半成品材料的质量好坏。对于任何一种材料，均可通过对其规定性能的相关检验，评定其是否合格。这对于合理地应用材料、提高工程质量是非常重要的。比如对于建设地点的沙石、填料等，可借助试验检测这种有效手段，以确定其是否满足施工技术规范的要求，以便就地取材，降低工程造价。又如在选择土场、完成土样的组成分析时，应进行达到压实标准所需的机械台班消耗与最佳含水量水分补充的总费用比较，选择标准击实较低、补充水分量少的土场，以节约工程用水量，从而节约费用。

（2）新材料、新技术、新工艺的选择

通过对新材料、新技术、新工艺进行试验检测，可以鉴别其可行性、适用性、有效性、先进性，对于推动施工技术进步、提高工程进度和质量等起到积极的作用。

（3）优化材料配合比

可以通过试验检测，优化材料的配合比设计。在进行配合比设计方面，多做几个适配方案，以便选用控制成本主要材料用量比例小的经济方案。如通过试验，在满足设计强度的情况下，可以选择灰剂量较小的砼、基层配比；在沥青路面上，选择用油量相对较小的方案。通过配合比试验检测，可以选择合理经济的材料配合比，有效降低工程造价。

（二）砂浆、混凝土试验检测

混凝土因其取材广泛、价格低廉、抗压强度高，可浇筑成各种形状，并且耐火性好、不易风化、养护费用低而广泛应用于各类结构，成为当今世界建筑结构中使用最广泛的建筑材料之一，在土木工程结构领域某些方面发挥着其他材料无法替代的作用。

1. 钢筋混凝土或预应力钢筋混凝土

几十年来，我国的江河上和城市内，都修建了许多特大和大、中型桥梁，包括铁路桥梁、公路桥梁、公铁两用桥和城市立交桥等。在这些工程中，钢筋混凝土构筑物比例不断增加，占全部桥梁的90%以上，就目前所建造的桥梁结构而言，绝大部分为钢筋混凝土或预应力钢筋混凝土结构。

2. 混凝土材料的性能

混凝土材料的性能并不十分令人满意，特别是在桥梁使用环境中，耐久性往往不够好。新建桥梁在建设和运营管理期间，都需要进行大量常规的技术检测工作，以确保工程的设计要求和施工质量及运营安全。许多早期修建的桥梁结构由于年久失修，在外界物理及化学因素的作用下，混凝土会碳化，会出现保护层剥落及钢筋锈蚀，混凝土结构老化、裂化现象，使钢筋混凝土强度和刚度受到削弱，耐久性降低，从而影响结构的正常使用寿命，严重时甚至发生垮塌事故。因此，对桥梁进行正确监测具有重要的作用。

3. 材料报验单的填报

承建单位应按进场材料报验单填报，并附上厂家质量证明、出厂检验单和试验室抽检试验报告（水泥按3天强度报批）报送监理，经监理认证并核定该批材料的审批号后返回一份。承建单位在收件后方准出库，并要求在发料凭证上注明审批号，以便监理验收及质量跟踪[1]。

4. 水泥检测内容

水泥检测内容应包括：强度、凝结时间、安定性、水化热（中、低热水泥），必要时应增做比重、细度、含碱量、三氧化硫、氧化镁等项目的检测。监理工程师有权要求承建单位进行指定取样、增加取样数或自行取样复检等工作。

5. 粉煤灰检测内容

粉煤灰检测内容包括：细度、烧失量、需水量比、含水量、三氧化硫，必要时应增做比重、容重、含碱量等项目的检测。监理工程师有权要求承建单位进行指定取样、增加取样数或自行取样复检等工作。

---

[1] 王瑞雪.桥梁工程施工技术[M].北京：中国铁道出版社，2013.

6. 外加剂检测内容

外加剂检测内容包括：固形物含量、溶液 pH、减水率、缓凝时间、强度比、泌水率、密度（液态外加剂），必要时增做氯离子含量、泡沫性能、表面张力、溶解性、还原糖分（木钙减水剂）、硫酸钠含量（早强剂）等项目的检测。

二、桥涵工程基础检测

（一）地基承载力检测研究

1. 存在问题

目前，在公路桥涵地基承载力的检测与评定过程中存在不少问题，主要表现在：①依据不统一，检测设备混淆，检测结果过于简单，造成检测数据失真；②不分适用条件，机械地套用检测方法，特别是对于重要工程或地质条件复杂的工程，没有进行必要的室内外试验，简单得出地基容许承载力，使构造物地基承载力无法评定。

针对目前地基承载力检测的现状，有必要详细讨论地基承载力的检测方法以及如何正确运用。目前，依据公路桥涵、建筑地基、岩土勘察以及铁路等方面设计施工规范中的相关内容，通过分析比较并结合公路工程实践，提出了相应的地基承载力检测方法，可作为桥涵地基检测的依据。

2. 复合地基承载力检测

检测目的：检测处理后复合地基承载力。

检测方法：采用平板载荷试验方法。

检测仪器设备：采用符合规范要求的静力载荷测试仪。

检测方案：在复合地基进行竣工验收时，由业主指定有检测资质的单位按单体工程施工桩总数的 2‰（且不少于 3 根）进行复合地基静载荷试验，具体桩号现场随机抽取或由监理单位确定，对施工中有疑问的桩必须检测。加载等级按 8~12 级划分，最大加载压力不应小于设计要求压力值的 2 倍。每加一级荷载前后，均应各读记承压板沉降量一次，以后每半个小时读记一次。当 1 小时内沉降量小于 0.1 mm 时，即可加下一级荷载。当出现下列现象之一时可终止试验：①沉降急剧增大，土被挤出或承压板周围出现明显的隆起；②承压板的累计沉降量已大于其宽度或直径的 6%；③达不到极限荷载，而最大加载压力已大于设计要求压力值的 2 倍。

（二）钻（挖）孔灌注桩检测内容介绍

桩基础是应用最广泛的一类基础形式，随着我国国民经济的健康和谐发展，国家对交通基础设施领域的投资力度不断增大，一大批高速公路、省际通道以及城市市政道路等各种工程建设项目投入建设。桩基工程是否满足设计要求直接关系到桥梁结构以及人民群众的生命财产安全。但由于桩基工程施工的高度隐蔽性，施工质量难以控制，影响桩基施工质量的因素较多，因此，合理选取桩基检测方法对保证工程质量具有重大意义。

1. 泥浆性能指标检测

钻孔灌注桩调制的护壁泥浆及经过循环净化的泥浆，应根据钻孔方法和地层情况采用不同性能指标，一般可参照规范选用。

（1）相对密度

可用泥浆相对密度计测定。将要测量的泥浆装满泥浆杯，加盖并洗净从小孔溢出的泥浆，然后置于支架上，移动游码，使杠杆呈水平状态（即水平泡位于中央），读出游码左侧所示刻度，即泥浆的相对密度。

（2）基桩承载力检测

合理地确定基桩的承载力，具有重要的工程实际意义和经济价值。用什么方法确定基桩的承载力，一直是桥梁工程界十分关心的问题。国内得到广泛应用的基桩承载力检测方法有静载试验法、高应变法和自平衡试桩法，各种检测技术的优缺点不同，适用性也不尽相同。近年来，随着桥梁工程桩基朝着大直径、大吨位、超长桩方向的不断发展，自平衡试桩法已逐渐成为大吨位、困难环境条件下基桩竖向承载力试验首选的检测方法。

（3）桩身质量检测

检测目的：检测桩身的完整性、均匀性和无侧限抗压强度。

检测方法：在成桩 7 天后，由施工单位和监理单位共同采用浅部开挖桩头的方式，观察桩身均匀程度，测量成桩直径。检查量为总桩数的 5%。在成桩 28 天后，由施工单位委托有资质的单位采用钻探取芯法检测桩身情况。在 28 天后，用双管单动取样器钻取水泥搅拌桩芯，直观地检验桩体强度，搅拌的完整性、均匀性，并取不同深度的 3 个试样做无侧限抗压强度试验。

检测仪器设备：选用液压操纵的单动双管钻机，并配有相应的钻塔和牢固的底座，机械技术性能良好。钻机的额定转速应不低于 790 转 / 分，钻机的额定转速最好不高于 1000 转 / 分，转速调节范围应不少于 4 档，额定配用压力应不少于 1.5 MPa。钻头选用合适的粒度、浓度、胎体硬度的金刚石钻头。

2. 混凝土结构构件试验检测

（1）混凝土试验常用检测技术

超声波检测技术。超声波检测技术是无损检测技术的常用方法。该方法的原理是向被检测对象发出特定强度的超声波，当超声波传递遇到阻碍时会被反射回来，根据仪器采集到的声波强度，可对混凝土的状态进行辨识。超声波检测技术具有连续性与实时性特征，可精准探知混凝土尺寸、规格、表面特征等状态数据，并对数据信息予以综合分析和处理，进而可对混凝土的整体状态进行评价。与其他类型的无损检测技术方法相比，超声波检测技术成本低、速度快、适用性强、应用范围广泛且对人体无害，可自主控制超声波的发射强度。

涡流检测技术。涡流检测技术主要以电磁感应原理为基础，通过涡流变化进行相应的结构质量检测，同样也可对混凝土的内部或表面缺陷作出判断分析。在实践中，该技术需要用到不同的线圈，以获得具有差异性的检测结果，使数据更具可比性。涡流检测技术的应用成本相对较低，操作便捷，可有针对性地对钢筋、金属制品等进行专门检测，辨识腐蚀、磨损、小孔等缺陷，探知更深层次和细微区域的构件状态。

射线检测技术。射线检测技术是将物理射线穿过待测混凝土材料，获取材料不同部位的强度和缺陷等信息，进而根据相关数据信息绘制形成混凝土状态图像，使最终检测结果更加直观形象。与其他类型的无损检测技术相比，射线检测技术的专业化程度较高，可对混凝土的强度、承载压力等进行准确检测。

地质雷达法检测技术。将特定波长的雷达波发射到各类待测介质的表面，当地面天线接收到反馈雷达波后，就可对被测对象的客观状态作出分析，达到相应的检测目的，这就是地质雷达法检测技术的基本原理。由于地质雷达法检测技术需要按照特定的应用程序进行，因此需要严格控制检测过程的每个环节，保证操作过程的有效衔接，防止不同检测环节彼此干扰。地质雷达法检测技术需要激发控制单元的核心作用，充分匹配信号发送天线与接收天线的关联效果，更加准确地进行成像。该项检测技术方法具有频带宽、频率高、方向性强等优点，在混凝土检测领域广泛应用，可对钢筋分布及混凝土缺陷等进行全面检测。

红外成像检测技术。在诸多类型的无损检测技术类型中，红外成像技术的现代化水平更为突出，所包含的技术性要素更加丰富，应用领域更为广泛，可在不损伤混凝土工程基本构件的基础上进行连续性检测，视域宽广，对外界环境温度的要求相对较低，能够通过遥感监测进行控制。红外成像技术利用红外线照射被检测物体的内部，全面获取其内部结构信息，经信号处理后，将其转换为可视化的分布图像。该技术方法的应用需要严格根据被检测构件的基本状况制定详细可行的检测方案，按照既定程序操作，根据结果判断混凝土构件内部结构是否发生性质变化。

（2）混凝土结构构件荷载试验分析的要求

鉴定标准规定，当采用荷载试验方法对混凝土结构构件承载能力进行评估，检测结构构件的安全性时，应按现行有关标准（即《建筑结构检测技术标准》GB/T 50344-2004 及《混凝土结构工程施工质量验收规范》GB 50204-2015）执行。

当按现行国家标准《混凝土结构设计规范》GB 50010-2010（2015年版）的规定进行检验时，应满足下式的要求：

$$\gamma_u^0 \geq \gamma_0 [\gamma_u]$$

式中：γ_u^0 为构件的承载能力检验系数实测值，即试件的荷载实测值与荷载设计值（均包年科体括自重）的比值；γ_0 为结构重要性，系数 $[\gamma_u]$ 为构件的承载能力检验系数允许值，按《混凝土结构设计规范》GB 50010—2010（2019年版）中数据取用。

3. 钢结构试验检测

在检测桥梁钢结构整体性能的时候，需要根据实际的受力情况来进行静载试验和动载试验，按照试验时间的长短可分为长期试验和瞬时试验两种。在静载试验中，需要检测支座反力、推力以及静荷载等作用力，同时对于弯矩、轴向力、扭矩、剪力等构件内力，造成断面、变形的各种作用力的大小与分布，以及局部结构损坏情况都需要进行准确的测定。在动载试验中，则需要测定构件衰减特性、加速度、自振频率、动应力、荷载大小，变化、频率等方面的内容。

（1）机械检测技术

机械检测过程中，一般需要轴、齿轮、度盘、杠杆、指针、弹簧等仪器设备，可以将其分为机体保护、转换机构、指示机构以及传感机构这四个部分：①机体保护，主要是将转换机构、指示机构以及传感机构这三个部分有机连接，形成一个整体，减少外界环境对其造成的影响和干扰；②转换机构，主要是用长度变化替换被测量构件中感受到的变化情况，能够通过改变方向实现扩大和缩小，主要包括百分表和弹簧中的大小齿轮等部分；③指示机构，能准确地表现出转换机构中放大或缩小的长度及其改变方向，一般是由指针和度盘构成的；④传感机构，能够直接感受到测量构件的变化，同时向转换机构传递变化情况，若机械的测量仪器是张线式，其机构一般是鼓轮类；若是接触式，其机构则一般是测杆、弹簧等。

（2）电测技术

电测技术的原理是借助某种传感元件，用电量变化来表示应变变化情况，再借助相关的仪器设备放大电压或电流的变化情况，最后给出机械量指示。在一般情况下，电阻应变片就是传感元件，电阻应变仪就是测量仪器，在公路桥梁结构检测中，电测技术的使用比较早，较为广泛，具有较强的应用性。

（3）射线检测技术

射线受到土壤密度、水分含量等的影响，能够准确地检测出土壤的密实度和含水量。该检测技术一般分为透射表面型、散射表面型、散射插入型和透射插入型四种类型。由于射线具有一定的放射性，因此在实际操作过程中，应该加强相关保护措施，最大限度地降低对人体造成的影响。

三、桥梁结构优化设计

桥梁结构优化设计与景观优化设计相协调。大跨度桥梁往往是某一区域或某一城市的标志性景观。但对于大跨度桥梁，由于其受力较大，其造型也应当以结构受力合理为重心进行选择。可是受力合理的结构不一定美观，美观的结构也不一定受力合理。因此，设计时应尽量使桥梁结构优化设计与景观优化设计相协调，力求选择经济、受力合理、美观的桥梁形式，寻求桥梁功能美与形式美的统一。美观的不确定性可以通过模糊数学理论解决，使桥梁美观因素得到定量分析。

（一）桥梁美化

桥梁出于结构和美学的考虑，除了双层桥以外，在斜拉桥上实网梁比钢桁梁用得更多。在复合斜拉系统中，悬索之间的距离很小，可以使桥梁更加轻巧，只要桥梁的横梁不少，桥梁就十分稳定。

1. 钢箱梁的运用

在斜拉桥钢箱梁的交接部分，单箱或者双箱式梁已经运用到了大跨径桥梁上。钢板梁和钢桁架结合，交界处的形状通常是梯形或六边形，主要是出于空气动力学的考虑。另有一种用在钢筋混凝土混合梁上的形式——薄板边梁同交叉梁的混合形式。在上海修建的跨径为602 m的杨浦大桥使用的就是双网边梁。

2. 箱式设计

在近期修建的预应力混凝土斜拉桥上，梯形或者长方形的箱式设计是最普遍的。但是在上文提到的混合梁大桥当中，有时候采用的是纵梁连接横梁和斜拉的锚锭混合的形式。当边跨比主跨短得多的时候，主跨为钢壁梁，延伸到边跨则用混凝土梁，这种形式从20世纪70年代以来已被广泛采用。

（二）构架式梁

双层桥建筑多采用构架式梁，许多日本的桥梁就采用这种形式。因为适合斜拉桥和其桥塔的可水平移动的支持系统的选择性很大，所以现代斜拉桥的桥面支撑系统形式多种多样。这种设计可考虑在震荷、气温以及合理的桥梁横向位移允许的范围内来进行。

（三）PC斜拉桥（脊背式桥梁）

脊背式桥梁曾经风靡日本。外观上，它与斜拉桥的样子很相似。这种桥梁，其缆索的功能是以很大的离心率来承受外部的预应力。其外观与斜拉桥相似，不同点就是它的桥塔比较矮，桥梁很厚。

第三节 公路桥梁养护维修与加固改造

改革开放以来，随着我国经济建设的高速发展，桥梁建设也经历了一个辉煌的高速发展时期。在这一时期，建成了一大批结构新颖、技术复杂、设计和施工难度大、科技含量高的大跨径桥梁，比如，舟山西堠门大桥、江苏苏通大桥、上海卢浦大桥等，一下子将我国带入了桥梁建设的大国行列。但与公路桥梁建设的空前发展形成鲜明对比的是，时有桥梁垮塌的事故发生，例如，湖南凤凰县沱江大桥整体垮塌，哈尔滨阳明滩大桥引桥断裂，杭州钱江三桥引桥车道部分桥面塌落，广州九江大桥垮塌等。这些桥梁垮塌事故充分说明了我国还未迈入桥梁强国行列，公路桥梁建设、管理和养护技术滞后，特别是桥梁维修养护技术仍不适应我国庞大的公路资产管理体系。系统地研究、开发桥梁的养护维修技术，是目前桥梁建设工程师们面临的重要课题。

一、我国公路桥梁养护管理现状

目前，我国建成公路桥梁约100万座，所面临的管理、养护形势主要有如下几点：运营管理桥梁规模庞大，养护任务空前繁重，桥梁建设增速飞快，建设年代跨度大，设计标准不一，建设标准差异大；管理、养护体制复杂，主体责任不清；专业养护管理人才队伍匮乏，养护资金不足，技术水平不高。

（一）所存在的问题

1. 管养方法落后

桥梁管养方法落后，有些桥梁工程的保养还停留在使用桥梁信息卡上。检查资料管理不规范，信息查询十分不便。

2. 档案丢失严重

桥梁档案丢失严重，部分地区无档案。资源分配方面，缺乏客观的评判标准和科学的决策手段，按照历史记录来制订养护计划，凭借个人经验来进行项目排序。

（二）加强公路桥梁养护管理措施

1. 实行桥梁预防性养护措施

专业检测。通过专业队伍对桥梁的常年、定期、有序检测，评定桥梁技术状况，实时掌握桥梁营运过程中的健康状态，准确测定桥梁构件的损伤情况及剩余承载力。

制定养护手册。由主管部门和专业科研、设计、养护施工单位结合，制订科学、有序的桥梁养护计划，编制养护手册。

事前维修养护。经批准后，按计划进行桥梁的事前维修养护；预防和避免桥梁因构件突然损坏发生重大安全事故；在桥梁营运的全寿命过程中，确保桥梁结构性能维持在健康的服役水平，节约桥梁养护资金。

在实行桥梁预防性养护技术措施的情况下，桥梁养护工作的社会化、队伍专业化、管理数字信息化是以后发展的方向。

2. 桥梁预防性养护软件开发

根据桥梁管理部门对桥梁养护管理的需要，我国的桥梁管理系统 CEBMS 是由交通主管部门立项推广的项目，该系统经过多个版本的演化发展，日趋成熟，已被多个地区的养护主管部门推广使用。

CEBMS 系统基于桥梁结构工程、病害形成机理、检测诊断技术和数据采集技术，运用计算机数据处理功能对现有桥梁状况进行登记、评价分析和状态预测。

建立 CEBMS 管理系统，可以全面地收集、分析和处理各类桥梁的数据资源，运用系统的各个模块功能，可直观预测桥梁运营若干年后的状况，从而合理安排养护计划和资金分配，及时、有效地对桥梁实施养护和维修，确保桥梁运营安全。

3. 桥梁病害专业化养护管理

桥梁病害的分析与维修设计，在技术上往往比新设计一座桥梁更复杂、技术难度更大、风险更高（有如给危、重病人开刀），而且经济效益不佳。

对症下药。桥梁运营一段时间后，实际工作状况与设计之初会有很大差别。病害分析时就要花费很大的精力，尽可能地去搜集以前的原始技术资料，更多地考虑桥梁的实际工作条件和状态，或进行必要的试验检测。只有找对病害原因，才可能对症下药，进行桥梁维修养护。

养护队伍。在桥梁的维修养护管理期间，养护队伍很重要，需要有素质很高、技术能力很强、勇于奉献的企业来做此项工作。实行专业化养护后，养护模式会发生很大变化。

建立健全考核管理制度。地方公路主管部门可以投入更多的精力用于公路资产、路权的管理，可以相应地建立健全与养护企业相关的考核管理制度，严格落实桥梁日常基价类养护、单价类作业流程、计量申报支付程序等，规范养管流程，提高养护管理水平[1]。

（三）桥梁维修加固常用方法

桥梁维修加固，在桥梁的运营生命周期里是非常重要的。要从桥梁加固设计

---

[1] 任伟新，汪莲，王佐才. 桥梁工程 [M]. 武汉：武汉大学出版社，2016.

的实际情况出发，针对桥梁的病害，分清加固性质，科学地选择加固方法。明确加固目的，在弄清加固作用机理的基础上，进行设计、施工。

1. 技术方案

目前常用的桥梁维修加固技术方案有增大梁截面加固方法。

2. 主要途径

主要途径有增加受力钢筋主筋截面、加大主梁混凝土截面、加厚原桥面板和喷射混凝土等。

3. 粘贴加固方法

粘贴加固方法，是采用环氧树脂系列黏结剂，将钢板或碳纤维类材料粘贴于梁板结构的受拉区域，使之与原结构形成统一的整体，用以代替需增设的钢筋与补强结构共同受力，提高强度和刚度。

4. 体外预应力加固法

体外预应力加固法，是目前最常用的主动加固法之一，指在加固的构件外，即受拉区施加一定的初始应力的加固方法，可以抵消部分自重应力，起到卸载作用，从而能较大幅度地提高梁的承载能力。该方法适用于大跨径预应力混凝土连续箱梁或T构箱梁桥的加固。

5. 改变结构体系加固法

改变结构体系加固法，实际上就是通过改变桥梁结构体系以减少梁内应力来达到加固的目的，常用的有简支变连续加固法。

二、公路桥梁养护维修的要点

桥梁是高等级公路的重要组成部分，自然也是养护管理的重点和难点。尤其是近年来，随着我国交通事业的不断发展，桥梁的种类和数量不断增加，为人们的出行带来了诸多便利。然而，缺陷较严重的桥梁如得不到及时的养护维修，其使用周期会严重缩短，甚至可能发生桥垮人亡的恶性事故。因此，必须抓好桥梁安全隐患的排查治理工作，对存在安全隐患的桥梁，要在科学会诊的基础上及时提出治理对策，立即进行治理整改；一时难以治理的，要及时采取交通管制、限载通行、加强值守和现场监管等措施，坚决遏制特大事故发生。

（一）桥面铺装的维修养护要点

在桥面铺装层可以有效防止车轮或履带对行车道板造成直接磨耗，进而在一定程度上保护主梁免受雨水的侵蚀，并对车轮的集中力进行分布。因此，破坏桥面铺装会对桥面正常使用功能的发挥产生直接影响。

1. 铺装桥面

在铺装桥面的过程中，如果铺装层出现厚度不均匀、结构强度不够的现象，那么在车轮的反复作用下，桥面将会出现微网状裂缝。随着时间的不断推移，水将渗入桥面板，进一步腐蚀破坏桥面，进而在一定程度上使得桥面出现变形、网裂和坑槽等。

2. 破坏桥面铺装层的后果

破坏桥面铺装层产生的后果是非常严重的，甚至会直接影响桥梁功能的正常发挥，进一步出现冲击、跳车、噪声等问题，行车的舒适性会受到严重的影响，同时运营水平也大大降低。桥面破坏大大降低了桥面结构的耐久性和承载力，甚至直接威胁到行车的安全。一旦桥面铺装层被破坏，将难以通过维修养护、局部修补或盖被等方式解决，养护维修的难度增加，同时养护费用也会增加。桥面铺装破坏的原因主要是结构层偏薄、混凝土强度低以及施工质量差。另外，结合面强度不够以及车辆超载等也是重要的原因。

3. 日常养护须知

在设计和施工过程中，针对上述原因需要制定相应的措施，日常养护时需要做到：①经常清扫，清除道路表面的泥土、杂物和积雪以及积水等，在一定程度上保持桥面的平整和清洁。②对于沥青混合料桥面，及时处置出现的泛油、裂缝、波浪、坑槽、车辙等，通过局部修补的方式，解决损坏面积较小的问题；如果损坏面积比较大，需要凿除整跨铺装层，然后进行重铺。为了避免增加桥梁恒载，一般情况下，在原桥面上不进行直接加铺。③对于水泥混凝土桥面，如果桥面出现断缝、拱胀、错台、起皮等，需要及时进行处理。当桥面损坏面积较大时，要凿除原铺装整块或整跨，对铺装层进行重铺。

（二）桥头跳车维修养护要点

对于桥梁来说，如果出现桥头跳车现象，那么行车的舒适性将会受到严重影响，甚至在一定程度上会冲击桥梁、破坏构件。通常情况下，产生桥头跳车的原因主要包括以下几点。

1. 土体滑移

不符合设计要求，台背填土速度过快，进而造成压实不密，加快了沉降速度，增加了对台背挡土墙等构造物的挤压力。如果不及时构筑台前护坡、挡墙等结构物，在一定程度上可造成土体滑移，甚至对压实效果产生影响，严重时危害到桥基。

2. 工期紧

对台背、台墙后侧、翼墙内侧进行填土时，在施工作业面的影响和制约下，由于工期紧而且不易使用压实机械等，进而难以符合相应的规定要求。

3. 设计混凝土路面考虑不周

在设计桥头混凝土路面的过程中，因考虑不周进而为施工质量埋下隐患。

4. 对病害缺乏足够认识

对桥头沉陷病害缺乏足够认识。填料质量关没有把好，以及施工时没有考虑气候因素，进而使得路面发生沉降。为了彻底解决桥头跳车问题，在选择解决方法时应注意：一方面对老桥两侧接线路基的沉降造成的桥头跳车进行综合考虑，另一方面对桥头刚度突变和纵坡突变引起的跳车进行综合考虑。当桥路连接因桥头搭板脱空、断裂、枕梁下沉等因素出现不平顺，进而出现桥头跳车时，可采用调整桥头纵坡的方式，同时结合修复伸缩缝和桥头路基的方式进行处理。

（三）支座养护维修与养护要点

1. 经常养护桥梁支座

在养护过程中，需要注意：①保持支座各部的完整性、清洁性，至少半年清扫一次；②滚动支座的滚动面应定期涂润滑油；③采取措施对钢支座进行相应的除锈防腐处理；④钢支座各部的连接螺栓要及时拧紧，并且在一定程度上保持支承垫板的平整性、牢固性；⑤避免橡胶支座与油污接触，防止发生老化、变质等；⑥滑板支座、盆式橡胶支座等用防尘罩进行遮挡，同时防尘罩需要保持完好，对支座内进行防尘埃、防雨、防雪等处理。

2. 修整或更换支座

发生下列情况，导致支座不能正常工作时，需要修整或更换支座：①剪断支座的固定钳销，发生滚动，出现不平整，轴承存在裂纹或切口，在这些情况下必须更换支座；②支座座板变形、翘起、断裂时，需要更换支座，支座的焊缝发生开裂时，需要进行整修；③对于板式橡胶支座来说，如果出现脱空或不均匀压缩变形，就需要进行调整；④板式橡胶支座的剪切变形过大，或者出现中间钢板外露，橡胶开裂、老化，需要及时更换板式橡胶支座；⑤油毡垫层支座失去功能时，需要及时进行更换或调整。

（四）伸缩缝装置维修养护要点

1. 混凝土养护

在混凝土初凝后，应采用草帘等遮挡物对混凝土进行及时覆盖，并经常浇水进行保湿，养护时间大于七昼夜。

2. 交通管制

混凝土养生期间，安排专人对交通进行管制，进而在一定程度上做好防护、封闭措施。例如，为了确保混凝土的质量，在离桥头两侧5 m处用挂彩旗的绳子对交通路线进行封闭，同时设立相应的指示、警示标志，进而在一定程度上严禁车辆、行人等通行。混凝土经过养生处理，其强度已经达到设计要求的50%，在这种情况下，可以安装相应的橡胶密封条。在安装密封条之前，全面清除缝内充当模板的泡沫板、纤维板、漏浆的砼硬块等杂物，然后将橡胶条嵌入其中。当混凝土强度符合设计要求后，开放交通，并且将缝中杂物及时清除，对伸缩装置各部位构件进行定期检查，避免出现松动或局部破坏，发现问题及时进行修理或更换。

（五）排水系统及防水层维修养护要点

保持桥面泄水管、排水槽的通畅性，发现堵塞及时疏通。对于梁式桥来说，当防水层发生损坏时，需要及时修整。选用隔水性能良好的材料对隔水层进行处理；在铺设防水层的过程中，气温不得低于5℃。对于桥面来说，其横坡坡度需要保持在1.5%～3.0%，以便于桥面排水。当桥头接坡纵坡坡度超过3%时，通过在桥头设置相应的截水沟，进而在一定程度上防止雨水进入桥面。如果排水系统是封闭式的，则需要对其畅通性进行定期检查；检查抽水泵等系统设施是否正常工作，管道出现堵塞需要及时疏通，如果出现损坏需要及时更换。

综上所述，对桥梁进行维修和养护是一项复杂的工作，在一定程度上关系着地区经济的发展，逐渐成为当前公路养护管理部门亟待解决的一个重要问题，需要每一位相关工作人员认真对待。

三、公路桥梁养护管理

随着社会的发展和人民生活水平的不断提高，公路工程建设的发展也进入一个新的层面。为了适应交通流量的不断增加以及高等级公路的高速发展，桥梁作为公路的心脏也显得日益重要，桥梁养护和管理的重要性更加凸显。近几年，桥梁塌垮事件时有发生，为了确保行人行车的安全，有必要对桥梁日常养护中出现的病害进行成因分析，归纳客观和主观原因，摒弃养路不养桥恶习，加大桥梁养护维修力度，保证行车安全，同时采取正确的技术措施，延长桥梁使用年限，有计划地对桥梁进行修整，提高和改善它的质量与状态。

（一）桥梁病害成因分析

随着交通量的日益增大，部分桥梁的承载能力已经不能满足新的荷载要求，同时这也加快了桥梁老化的步伐。

1. 负荷超载

有些桥梁修建质量较低，是由于早期桥梁荷载等级要求较低，同时由于资金短缺降低了设计及施工标准，加上技术管理薄弱，施工质量不能保证这些桥梁的使用寿命。桥梁的超载现象是客观存在的：①早期修建的老桥超龄超负载运营。②大量的交通流量和超载车辆使桥梁处于疲劳状况，从而加剧了损坏，甚至会出现一些因超载引发的结构破坏事故。

2. 养护资金短缺

桥梁养护资金短缺，养路不养桥，重建不重养，桥梁失养现象比较普遍。桥面不平整，引道路面与桥衔接处不平整，导致桥头跳车影响车速，增加桥梁构件疲劳，长期下去会影响桥梁的使用寿命。桥梁伸缩缝破损，各部件出现裂缝、空洞、砼剥落、露筋等病害，在日常养护中不能及时修补处理，最后病害逐渐扩大成为危桥。

3. 缺少桥隧检测设备

资金投入不足，缺少桥隧检测设备，使经常性检查流于形式，无法准确发现和掌握桥梁的技术状况。

4. 专业技术参差不齐

专业技术及业务能力参差不齐，不能准确描述桥梁的病害特征，也不能准确地对桥梁病害的技术状况进行判断，对存在隐患的桥梁不能及时采用养护管理措施，从而延缓了处置时间。

5. 人类活动影响较大

人类活动的影响也较大，路政执法力度不够。如桥位上下河道挖沙取石造成河床下切，桥梁基础外露，河道水流形式改变造成局部冲刷，以及在桥梁下部堆积易燃物，一旦失火对桥梁结构将会造成很大影响。

6.桥梁养护和管理过程中存在的问题

（1）养护不到位

桥梁养护不到位，维修不及时，如桥面不整洁、泄水孔堵塞、伸缩缝沙泥没有清理使桥面积水，伸缩缝破损造成局部构件变形损坏。

（2）桥面不平整

桥面不平整使车辆颠簸，增加桥梁构件疲劳，如不及时改善，将缩短桥梁的使用寿命。

（3）衔接处不平整

引道路面和桥衔接处不平整导致桥头跳车，使桥台及支座受力增大，损坏局部构件，影响桥梁的使用寿命。

（4）桥梁构件损坏

桥梁构件损坏维修不及时造成混凝土剥落，钢筋外露锈蚀，而雨水泥浆通过破损伸缩缝流入桥台支座，造成支座功能降低，影响桥梁使用寿命。

（5）桥梁养护管理不到位

桥梁养护管理中管理不到位主要表现在：①桥况不明。桥梁资料不全，桥梁技术状况不清等，都是由于技术资料不及时归档造成的；对桥梁不进行定期检查检验，桥梁病害的状况、病害发展过程不清楚，无法进行桥梁病害成因分析。②桥梁技术状况不统一。桥梁技术状况在各类报表资料中混乱，表与表之间不统一，容易造成病害混淆不清。③漏检严重。检查不仔细会造成病害出现时间混乱，不能准确反映桥梁的技术状况。④检查不规范。桥梁检查不规范、不系统，只检查表中对应局部构件，出现病害后未对其他导致局部构件损坏的原因进行分析检查，影响桥梁结构部件的整体受力，或受力不均导致桥梁局部构件损坏加剧，影响桥梁安全。⑤日常养护不到位。由于日常养护和管理过程的不到位，直接影响桥梁检查的客观和真实性，导致无法根据日常养护和管理数据归纳分析病害成因，从而影响上级决策及加固维修等处置方案的制定，使桥梁经常处于疲劳状况，导致局部构件损坏加剧，影响桥梁寿命和行车安全。

（二）加强桥梁养护管理的措施或方法

1.加强桥梁日常养护

加强桥梁的日常养护，严格桥梁检查制度，系统地掌握桥梁技术状况，及早发现桥梁的缺陷和异常，进而提出合理的养护措施。

（1）经常性检查

各段必须每月对辖区桥梁进行一次经常性检查，经常性检查除按有关规定检查外，还要对桥梁周边高危边坡及桥梁基础持力层等安全隐患进行检查，对检查发现的问题作好病害成因分析并及时上报上级主管部门。定期检查应按照部颁标准规定的频率进行检查（三年一次，特殊结构桥梁一年一次）。

（2）加大三、四、五类桥梁检查频率

对于三、四、五类桥梁应加大检查频率，对定期检查中难以判断损坏原因及程度的桥梁，四、五类桥梁应及时采取临时交通管制措施并上报省公路局安排特殊检查，同时进行桥梁监测，作好监测点的布设，详细记录桥梁病害的发展变化。为准确、及时掌握桥梁的技术状况，需配备望远镜、回弹仪、超声波测试仪、钢筋锈蚀测量仪、裂缝刻度放大仪等常规检查设备。

2. 加强日常养护管理

加强桥梁日常养护管理，实行养护"链条式"的目标责任管理制度，及时处置病害，确保公路桥梁的安全完好。

（1）依照评定的类别，对各类桥梁采用不同的养护措施

一类桥梁进行保养维护，二类桥梁进行小修或保养，三类桥梁进行中修，四类桥梁进行大修或改建并及时进行交通管制，五类桥梁进行改建或重建并及时关闭交通。

加固处置后的桥梁必须恢复至一、二类，对已加固改建的桥梁要及时销号。对不能及时处置的桥梁病害应立即设立警示标志，明确交通管制措施，安排专人监测桥梁病害，及时向上级桥梁养护工程师报告获取技术支持，确保桥梁运营安全。

（2）落实"三加二"制度

桥梁安全管理要落实"三加二"制度，即基层县段针对每一座桥梁要落实一名行政领导、一名桥梁工程师、一名桥梁巡查路政员三个责任人，每个基层道班要落实一名班长、一名养护工人两个责任人。市局与各县签订桥梁安全"三加二"责任书，按规范及相关要求逐条落实巡检责任，实行六级责任制并层层落实管理责任，建立责任档案。把桥梁养护目标、养护责任、责任追究三项内容细化、量化，分解到每个单位、每个人、每个环节，形成目标逐级细化、责任层层

深化、责任追究逐级明朗化的"链条式"责任管理制度。

（3）加强应急处的管理

加强公路桥梁应急处的管理。为应对四、五类桥梁损毁等突发事件的发生，成立应急处理工作领导小组和抢险突击队，制定"预防和处理公路桥梁突发事件应急预案和应急交通组织方案"，明确信息上报分级，响应交通保障与恢复、事故调查等工作职责和程序。

作好应对桥梁突发事件的准备。切实做好应对桥梁突发事件的人员、物资、资金保障工作，作好应急演练，积累经验确保应急工作正常有序进行。实行危桥病隧"动态报告"制度，特别是在汛期，应每天逐级报告24小时内的运营安全情况。

加强交通管制。加强交通管制，落实桥梁的管制安全，确保桥梁运营安全。对一、二类桥梁按设计荷载标准限制通行；对三类桥梁按设计荷载标准降一级限制通行；对四类桥梁采取"单车、居中、限速、匀速、限宽"等综合措施，按设计荷载降一级限制通行，并落实专人现场管制；对五类桥梁必须封闭，并制定绕行路线、交通管制应急预案等综合措施及标志标牌。同时加强信息报送，及时将有关桥梁管制措施、路线分流方案通行情况等上报省局路网调度中心，通过媒体、报纸等渠道向社会公布路况信息，保证公路安全畅通。

（4）加强桥梁治超管理

加强特殊结构桥梁的安全检测和预警；严格按要求实施危桥交通管制，要参照路产档案，准确掌握桥梁技术状况，对已确定为三、四、五类的桥梁要根据桥梁检测单位和养护部门提供的管制措施严格监管，要加大治超流动检测和巡查力度，禁止超出桥梁承载能力的车辆通过桥梁。

禁止采沙。禁止桥位处河道上下游开山采沙，使河道变窄或增大桥梁基础，冲刷桥下范围内的违章用地等人类活动；加大宣传力度，联合当地政府媒体、公安交警部门定期对超载超限车辆以及河道挖沙取石等活动进行管理。

宣传桥梁的安全隐患。对桥梁产生的安全隐患进行大力宣传，提高人们的安全意识，同时要加强特殊结构桥梁的安全监测评估制度和预警制度，对桥梁的重要受力构件，委托有资质的桥梁检测单位每年进行一次定期监测。及时掌握这些重要构件在外部荷载作用下的技术状况，若存在重大安全隐患，应立即发布预警信息并采取相关的应急措施，启动应急预案，确保桥梁安全。

（5）认真落实桥梁工程师制度

认真落实桥梁工程师制度，确保专职桥梁养护工程师到位。加强业务培训，提高桥梁养护人员和桥梁工程师的整体素质，使其迅速准确地掌握了解新工艺、新技术。提高养护管理水平，及时对桥梁养护并对桥梁进行经常性定期检查，及时准确全面地掌握桥梁技术状况，保障桥梁安全通行。

（6）实施动态管理

"一桥一档"。完善管理档案，实施动态管理，提高桥梁养护管理科学化、规范化程度。由桥梁工程师牵头组织技术过硬、经验丰富的专业技术人员对桥梁进行全面细致的检查，按照"一桥一档"的要求，填写计算桥梁的技术等级，并将其应用到桥梁养护管理系统。建立健全公路桥梁技术档案，并根据经常性和定期检查结果及时更新桥梁数据库，保证公路桥梁技术档案真实完整，实现电子化管理，为制定相应的养护维修加固措施提供科学依据。

预防为主、防治结合。为了加强公路桥梁养护管理工作，保持桥梁经常处于正常使用状态，保证车辆畅通安全，首先，在桥梁养护工作中必须坚持"预防为主，防治结合"的原则。以桥面养护为中心，以承重部件为重点，加强全面养护，推广应用先进的养护技术和科学的管理办法，改善养护生产，提高养护水平，大力推广和发展公路桥梁养护机械和新工艺、新技术；其次，要建立健全公路桥梁养护"链条式"责任目标。

周期性检查。依据管理制度以及公路桥梁的检查评定制度，对公路桥梁进行周期性检查，系统地掌握其技术状况，及时发现缺损和相关环境的变化。按桥梁检查结果对桥梁技术状况进行分类评定，找准病害成因，制定相应的养护处理对策。建立公路桥梁管理系统和公路桥梁数据库，实施桥梁病害全方位监控，实行科学决策，建立健全特大、特殊结构桥梁的应急保畅预警等预防决策系统，以确保桥梁的安全畅通。

四、公路桥梁养护维修与加固改造技术

桥梁是公路的重要组成部分，桥梁养护的好坏直接关系到公路交通的安全和畅通与否。我国国民经济的迅猛发展，对交通运输提出了更高的要求，反映为公路运输上的交通量猛增，运输车辆载重量加大等。公路运输对公路桥梁的通行能力和承载能力的要求越来越高，而一些旧桥陈旧老化，破损现象日趋严重，难以

适应日趋增长的交通量需要。

（一）桥梁的养护管理

1. 目前中小桥梁养护和管理存在的问题

（1）交通量问题

交通量问题越来越大，旧桥的承载能力已经不能满足新的荷载等级要求。

（2）桥梁耐久性问题

由于设计考虑欠周，钢筋腐蚀、冻融损坏、碱集料反应和化学物质侵袭、环境影响等，使得结构的承载力会随着时间的推移而降低。尤其是当混凝土保护层剥露、钢筋腐蚀后，其有效截面积会不断减小，使得其结构的承载能力迅速下降，并且不可恢复，严重时还会出现钢筋断裂。当结构的剩余承载能力低于作用荷载时，桥梁结构就有可能被破坏。因此，由钢筋腐蚀病害而引起的桥梁耐久性问题，已成为一个非常突出的灾害性问题。

（3）疲劳问题

桥梁所采用的材料往往含有微小的缺陷，在循环荷载作用下，这些微小缺陷（微裂纹和微孔洞）会成核，发展及合并形成损伤，并逐步地在材料中形成宏观裂纹。如果宏观裂纹得不到有效控制，极有可能引起材料、结构的脆性断裂。疲劳损伤是钢桥设计中的核心问题，有不少因疲劳断裂引起桥梁垮塌的案例。早期疲劳损伤往往不易被检测到，但其带来的后果可能是灾难性的。

（4）桥梁的超载

桥梁的超载现象是客观存在的，在某些路段十分突出，有两种情况：①早期修建的老桥超龄、超负载运营；②违规超载车辆的存在。前者主要是设计规范的变化和交通量的增加及重载车辆的发展所致，这种现象是必然的；而后者是由于车辆使用者违反交通运输法规超载营运，这样的违规超载现象在我国公路运输中是很普遍的。超载会使桥梁损伤、裂缝加剧，甚至会出现一些过载引发的结构破坏事故。

（5）维修资金紧缺、缺乏有效的监测和管理

由于资金和材料的紧缺，一方面不可能大量地拆除旧桥改建新桥；另一方面，还缺乏整套有效的桥梁运营监测和管理的系统，以帮助管理者维护桥梁。另外，一座桥梁从设计到使用，由于科技发展水平的限制，还有许多是未知的，如桥梁的地震特性、风振特性、控制及复杂结构确切的空间受力行为和强度机理等

方面。

2. 加强中小桥梁养护的必要性

（1）交通量剧增

公路交通量剧增加快了桥梁老化的步伐。根据车辆调查及车速调查资料，省道干线以上公路汽车绝对数增长230%，县道支线以下公路汽车绝对数增长40%，根据统计，混合车拥有量平均每年按13%左右的速度递增。

（2）超负荷载重

超重车、集装车、大吨位车的出现加大了桥梁的负荷，加快了桥梁损坏的进程。由于原桥设计荷载等级偏低，已不适应目前超重车、集装车、大吨位车增多的新情况，造成桥梁承受不了日益增长的负荷而成为危桥。

（3）质量水平低

桥梁修建中有些质量水平较低，造成桥梁使用的"先天不足"。相当数量的桥梁，尤其是早期修建的桥梁，由于资金短缺，设计、施工标准低，加上技术管理薄弱，施工质量不能保证其使用寿命，有些很快就会变成危桥。

（4）荷载等级低

桥梁设计计算荷载等级低，限制了公路的运输能力。在养护的桥梁中，汽-15以上只占桥梁总数的30%，汽-10以下的占桥梁总数的70%。

（5）桥梁管护不善

由于风、霜、雨、雪的侵蚀以及环境污染的日益加重，桥梁自身老化破损，衰老加快，寿命缩短。

3. 桥梁养护管理的原则

预防为主，防治结合。根据积累的技术经济资料和当地具体情况进行科学分析，预作防范，增强桥梁设施的耐久性和抗灾能力。做好雨季的防护工作，减免水毁损失。夏季做好主桥面的降温工作，以减少高温对桥面性能的影响。冬季做好防雪防冰工作，及时清除冰雪障碍，减少冰雪天气对大桥交通的影响。

因地制宜，就地取材，挖潜改造，合理利用，以降低养护成本。重视调查研究，针对病害原因采取相应的技术措施。尽量采用国内外有关科研成果，推广使用有关新技术、新材料、新设备、新经验，注意科学养护与经济效益相结合。

实施CBM工程，逐步实现标准化、美化和管理规范化。加强综合治理，保护生态平衡，防止环境污染。强化科学管理，坚持"质量否决权"制度。积极开发应用桥梁数据库和养护管理信息系统，逐步实现信息传输处理和病害处置对策科学化。

大力推广和发展养护机械化，实行大中小结合，以小型为主，逐步实现养护机械装备标准化、系统化，以保障养护质量，提高养护生产效率，降低劳动强度。积极研究并增设现代化交通工程设施和服务设施，及时抢险救援，提高桥梁服务水平。建立桥梁养护工程师制度，加强对桥梁的检查、测试、维护和改善工作。积极开展有针对性的应用科学研究，通过技术进步解决桥梁养护与管理手段方面的种种技术疑难。

开展全方位、多层次的职工技术培训，强化管理干部、技术人员的继续教育和技术更新，提高养护队伍的文化技术素质。加强养护工程的前期工作和各种材料试验及施工质量检验和监理，确保工程质量。认真做好交通情况调查工作，积极开发采用自动化观测和计算机处理技术，为桥梁规划、设计、养护、管理、科研等提供全面、准确、连续、可靠的交通信息资料。加强对桥梁设施、收费设施、服务管理设施等的设置、维护、更新工作，保障桥梁应有的服务水平。

4. 加强桥梁养护管理的建议

（1）提高对桥梁养护的认识

提高各部门对桥梁养护的认识，尤其是对于公路管理部门的基层单位来说，这一点至关重要。桥梁是公路构造物的重要组成部分，公路的全面养护，当然包括对桥梁的养护。养护中要克服重路面养护轻桥梁养护的倾向，在桥梁养护中如果不加强日常养护维修，小毛病同样会发展成大毛病，严重者甚至会造成桥梁寿命缩短。

（2）设立专门机构

确定专门人员，有条件的地方设立专门机构。忽视对桥梁养护管理的一个重要表现是基层公路管理部门没有专门的人员负责，缺乏桥梁养护和防治技术的人是做不好这项工作的，所以各级管理部门应安排专人具体负责，承担起桥梁日常的养护管理工作。

（3）进行桥梁普查登记

进行桥梁普查登记，建立和完善桥梁技术档案。在日常技术工作中，我们痛感桥梁资料极不完善，该归档的资料没有归档，该建卡的没有建卡。特别是近几年公路的新改建工作很多，桥梁技术状况变化较大，不在一个规定时期组织一批人员进行一次桥梁专项调查,难以系统地、完整地查清桥梁的技术状况,建立和完善桥梁技术档案。同时加强桥梁检查和检验,为系统地掌握桥梁技术状况、较早地发现缺损和异常情况、提出养护措施、保证行车安全、延长使用寿命做好准备工作。必须按照《公路养护技术规范》要求对桥梁开展经常性检查、定期检查和特殊检查。

（4）加强各级各类人员的培训

桥梁是一种专业性、技术性较复杂的建筑物,一方面,由于目前公路养护管理单位在桥梁养护方面大多缺乏专门的技术人员和技术工人,即使有附带管理的人员,其在桥梁养护管理方面的知识、专业技术也是比较缺乏的；另一方面,近年来各地在桥梁管理方面取得的经验表明,由于缺乏总结交流,导致桥梁养护管理水平难以提高。为了改变上述状况,有必要加强对各级公路管理部门技术干部、技术工人的培训工作,通过技术培训,提高他们对桥梁养护管理的认识水平,掌握桥梁检查、检测维修及加固的一些基本方法。

（5）加强对桥梁检查检测设备的配备工作

桥梁的检查检测要对桥梁的上部结构、附属构造物进行观察、测量,有许多工作要空中作业。"工欲善其事,必先利其器",没有专业的设备和仪器是做不好这项工作的。尤其是定期检查和特殊检查需要的设备、仪器要尽快配备,使检查的手段现代化,才能真正发挥其应有的作用。

（6）增加养护维修和管理资金的投入

在每年的年度养护工作计划中,安排一定经费保证桥梁养护维修经费的正常来源。增加养护维修和管理资金的投入,引进先进的现代化技术,加大对养护和管理科技方面的投入,实施有效的养护维修和管理,可以使目前相当数量的桥梁的使用性能得以改善,寿命得以延长,从而减少和避免灾难性事故的发生。

（7）设计健康的桥梁

桥梁设计工程师应重视桥梁的设计,选型方面要便于养护,材料要耐久,细部设计要周全,部分构件要尽可能考虑可更换,并应在可能遭受撞击的部位设置防撞设施,尽可能减少结构的暴露面,使之经济合理美观。

（8）建立桥梁健康档案和健康监测评估系统

桥梁工程具有投资大、设计周期长、使用环境恶劣,易受周围温度、湿度及大气的影响而发生劣化以及长期承受动荷载等特点,因而对桥梁结构进行施工监控和长期健康监测显得十分必要。

5. 桥梁养护管理措施

桥梁设施维修养护的目的是使之经常保持完好状态，并延长其使用寿命。反之，桥梁失养，则必使桥梁处于病害状态，带病工作，既有安全隐患，又将大大缩短其使用寿命。

（1）配备检查人员

为了了解桥梁的实际状况，需要对其进行检查。这就必须配备必要的检查人员，这些人员中的一部分应当具有桥梁专业知识，有一定的实践经验，并对管辖范围内桥梁的病害历史有所了解（这就需要有精干的常规维修队伍，而不是临时拼凑的人员）；也必须在桥梁上安设固定及活动的检查设备；检查人员还应当携带必要的观察仪表。

（2）各级领导和管理部门要充分重视

解决桥梁维护的检查设备和仪表问题并不困难。各级领导和管理部门应充分重视，拨发专款，由养护维修单位分期分批予以添设。建议颁发强制性条文，以强调检查设备的重要性。

（3）要遵守中小桥梁的定期全面检查的周期

《公路养护技术规范》规定中小桥梁的定期全面检查的周期一般为3年，视情况可1~5年进行一次，这已不适应客观实际的需要，一般定期全面检查应该每年一次；特殊检查应视实际需要而定，而且应该委托有相应能力的单位来承担。在检查的基础上分析病害，摸清小修、中修、大修工作量，再分轻重缓急去安排小修或大、中修工作计划与资金。通过桥梁病害的检查、分析，可以发现设计、施工考虑不周的问题，发现当时技术条件的局限，使以后的工作得到改进，也有助于今后相关规范条文的修订。

（4）桥梁病害的分析和旧桥、危桥的大修加固

桥梁病害的分析和旧桥、危桥的大修加固在技术上往往较设计新桥要繁杂，技术难度大，风险也大，而且经济效益差，没有很强的技术实力和奉献精神的单位和专家，一般是不愿意去接受这种任务的。

一些旧桥、危桥设计构造得不全面。设计理论固然十分重要，但一些旧桥、危桥在设计时往往为了实用和节约资金，而对问题作了必要的简化，忽略了一些难以计及的因素，或者有些设计构造只是经验使然，缺乏学理，导致桥梁的实际

工作状况和设计尚有一定的距离。病害分析时必须花更大精力，尽可能去搜集已经丢失的原始技术资料，更多地考虑桥梁的实际工作条件和状态，进行必要的试验检测，才能找准原因，对症下药，进行维修、加固或局部改造。

技术工人队伍素质有待提升。桥梁设施的管理、养护部门，也很需要一支素质高、稳定的工程技术人员和技术工人队伍。他们的工作以社会需要和社会效益为主要归宿（当然有其广义的、长远的、重大的经济效益），其事业性质似乎不宜变更。他们的工作就是保持桥梁经常处于良好状态，延长其使用寿命，对中小桥梁病害进行检查和分析、修理和加固、局部更新和全部重建等。

6. 中小桥梁病害

中小桥梁病害一般表现为以下几个方面。

桥梁在自然环境中受到侵蚀而产生病害。例如，桥梁所用钢铁产生锈蚀；通过泥石流沟谷的桥梁，雨季中被堵塞或冲毁；跨河桥受到洪水或冰凌的危害；通航河流上的桥梁可能受船只的意外碰撞；地震区的桥梁可能受地震的影响等。

桥位不当、桥梁孔径不足或基础深度不够等引起的病害。例如，钢梁结构不合理，钢梁铆焊质量不佳，结构细节上应力集中，疲劳引起钢梁裂纹等。

桥梁圬工质量不高造成的病害。例如，圬工梁在横隔板和腹板上产生竖向裂纹病害；支座锚螺栓孔灌注不实，在寒冷地区发生冻融作用，造成混凝土裂损；活动支座滚板粗糙不密贴或翘起，甚至生锈失去应有的作用，引起墩台断裂或剪断锚螺栓。

7. 桥梁养护工作

按照规定的技术标准和验收条件对桥梁进行的养护，主要包括桥梁日常保养、桥梁计划维修和桥梁大修等工作。

（1）桥梁日常保养工作

保持桥梁清洁，清除积水、冰雪、煤烟、污垢和尘土等，保养好各种螺栓，打紧道钉和防爬器。修理桥面木质的个别部分，修补桥梁小片的油漆，添换防火用的沙、水。

（2）桥梁计划维修工作

桥面修理，钢梁局部油漆，钢结构（包括支座）修理，圬工梁拱及墩台修理，防护设备及调节河流建筑物的修理，安全检查及照明设备的修理。

（3）桥梁大修工作

更换整孔桥面，油漆整孔钢梁，加固或更换钢梁、圬工梁拱、桥梁墩台及基础，进行桥梁扩孔。更换或增设圬工梁拱防水层，进行整座木桥大修，整治河道，增设或修理防护设备及调节河流建筑物。增设或更换安全检查设备等。

（4）栏杆伸缩缝和桥面板及伸缩缝的养护

栏杆日常保持完好状态，如有缺损应及时补齐。钢筋混凝土栏杆发生裂缝或脱落，可灌注环氧树脂，或凿除损坏部分，重新修补完整。桥头端柱及导向柱油漆要鲜明，经常校正歪斜。缘石要经常保持完好，如有缺损要及时修补或更换。经常养护伸缩缝，使其发挥正常作用。对U型伸缩缝要防止杂物嵌入；梳形伸缩缝有震断时要及时修复；橡胶伸缩缝损坏或者老化，要经常修理，适时更换。桥面排水管、排水横槽要及时疏通，不够长的要拉长，避免桥面水顺侧墙、腹板流泻。

（二）钢筋混凝土桥的养护

1. 混凝土桥的养护

钢筋混凝土构件如果发生允许范围内的裂缝，可涂刷环氧树脂或水玻璃封闭；裂缝超过允许范围时，应灌注环氧树脂充填；裂缝大于 0.4 cm 时要凿开裂缝，扫尽细土，立模补以环氧砂浆或者高标号水泥砂浆；裂缝较大时则采用小石子混凝土补强；裂缝严重时，应采用加固或者更换构件的办法解决。钢筋混凝土构件出现露筋、剥落时，应消除铁锈，凿去松动的保护层，用环氧砂浆修补；损坏面积过大时，要立模重新浇筑混凝土，或喷注高标号水泥砂浆。预应力混凝土箱梁，要经常开启窗口，保持通风，减少因内外温差引起的裂缝。

2. 加强桥梁支座的养护

支座各部分应保持完整、清洁，清除垃圾冰雪，确保梁跨自由伸缩。在滚动支座上要定期涂润滑油，涂油前要揩净滑动面。支座各部分除钢棍和滚动面外，都要涂油漆保护，以防生锈。检查锚栓的坚固程度，垫层要平整紧密，拧紧结合螺栓。油毡支座失效要立即更换。摆柱式支座若脱落，露筋要更换。切线弧形支座要防止生锈。橡胶支座要排除墩台面积水，防止支座变质老化，如若老化，要及时更换。

3. 桥墩及基础的养护

在桥梁上下游各 50 m 范围内，严禁挖土取石；河床要及时疏浚，洪水过后要及时清除桥孔上下游的漂浮物和沉淀物，使水流顺畅。墩台表面要清洁，及时清除青苔、杂草和污秽。

（三）桥梁的加固

桥梁维修与加固是桥梁养护管理的一项重要内容，是保证桥梁正常工作的有力手段。

1. 桥梁加固的任务

桥梁建成后，可能经过一段时间就会产生维修、改造和加固的需求，这时就要针对桥梁不能继续正常使用的状况进行处理，这些状况可分为三类：①桥梁使用一定年限后出现结构陈旧老化、破损等，影响到原有设计承载能力而危及运行的，必须予以修补，使其恢复到原有的设计承载能力；②桥梁基本完好，但当初设计标准低，经过一段时间的交通发展，荷载标准或桥上、桥下的净空不能满足新交通的需要，需对其加强才能适应新的交通要求；③桥梁设计标准合理，桥梁基本完好，但桥梁遇到某种特殊需求，比如增加了原设计没有考虑的荷载或结构发生变化，因此需要临时加强。对上述三种情况下的桥梁进行加固后，可以延长桥梁的使用寿命，用少量的资金投入，使桥梁能不断满足交通量的需求，缓和桥梁投资的集中性。

2. 桥梁加固存在的问题

桥梁加固过程中还存在些许问题，妨碍了桥梁维修加固的顺利进行，这些困难中客观因素表现在：①已通车的桥梁，有现实的交通需要，因此要求在不中断交通的情况下进行维修加固，所以维修加固时可能有交通干扰；②结构形式的限制，加固的原则一般为利用原有结构进行，只能在原有结构上做文章，所以受到局限；③新老结构的结合是个难题，这里包含新老结构的变化和过渡，还包括新老桥体的结合面；④风险大，凡是需维修加固的桥梁，多半是危桥，结构已处在不安全的状态。旧桥有的缺乏原有设计资料和施工记录，结构内部情况不详；有的受力情况不一样，很难确定其结构极限，这也给旧桥加固带来了风险。

除上述客观条件限制外，现有认识水平也妨碍了桥梁加固的顺利进行：①通常业主更愿意废弃旧桥、另修新桥，除非必要时才采取维修加固措施；②由于旧桥加固方案设计工作量大、收费低，所以一般大的设计单位不愿意承担这样的设计任务；③加固设计需要较高的桥梁理论水平和扎实的力学基础知识，确定加固方案时要能正确分析和判别旧桥的安危程度，即其结构状态和内力大小程度，这就需要一定的力学试验作为结构分析的支撑；④加固方案实施中存在复杂性，加固方案和处理方法要由具有一定施工经验的专业队伍制定。

3. 桥梁加固的方法

与维修养护是为保证桥梁正常运行状态做保护性和预防性工作不同，加固是从承载力的角度来处理的。一般来说，加固方案可以考虑减小内力或增大截面，也可以应用加固新材料。目前混凝土桥梁加固方法主要有两种：①结构性加固，如采用体外预应力、在结构的受拉区粘贴钢板或增设钢结构支撑；②非结构性加固，如对裂缝进行封闭或压浆处理等。

第二章 公路工程管理的内容

第一节 公路工程施工现场管理

施工现场管理是公路工程管理的重要组成部分,是公路施工企业以工程项目为对象组成施工组织机构,实行项目经理负责制,以企业内部承包合同为纽带,对工程项目施工现场进行高效率计划、组织和控制的活动。它是和工程项目现场施工密切相关的各项管理工作的总称。

一、施工现场管理概述

(一)施工现场管理的特征

公路工程施工现场管理有以下特征。

施工现场管理的对象是施工项目,施工项目是一次性的,而不是工厂式的重复生产,施工企业应当以施工项目为对象组织生产。

施工现场管理的组织机构是临时性的,随着施工项目的完成而撤销。管理组织机构的设置,要求最大限度地使企业各生产要素在施工现场得到最佳的动态组合。

项目经理是管理的核心,企业要建立以项目经理部或承包班子为主要组织管理形式的施工管理系统,实行项目经理负责制。

企业要建立以施工项目为对象的经济核算体系,以体现施工项目的责、权、利关系。

为适应施工管理的需要,企业要建立多功能的相对稳定的劳务管理后方基地,发展多种经营,以便转移、安置富余人员。

为适应施工管理的要求,企业应当建立内部市场机制,把社会市场的公平竞争、买卖关系、经济杠杆、优胜劣汰等机制引进内部管理中,为进一步推行施工管理创造条件。

综上所述，施工现场管理要求做到：第一，施工生产人员不拖家带口到现场；第二，动态投入生产要素；第三，按管理与劳务两个层次组织施工。

（二）施工现场管理职能

公路工程项目施工现场管理主要具有4个职能。

计划职能。在实施施工管理的全过程中，应将全部目标和全部经营活动统统纳入计划的轨道，用一个动态的计划来协调控制整个施工项目，使项目协调有序地达到预期目标。

组织职能。通过职权划分、授权、合同的签订与执行和运用各种规章制度等方式，建立统一高效的组织体系，以确保项目目标的实现。

协调职能。项目施工需要在不同阶段、不同部门、不同层次间进行协调与沟通。

控制职能。项目施工主要通过计划、决策、实施、反馈、调整来对项目实行有效的控制，其控制的中心内容是质量控制、工期控制、成本控制和安全控制。

（三）施工现场管理目标和任务

公路工程施工现场管理的目标是在确保承包合同规定的工期和质量要求的前提下，降低工程成本。然而质量、工期、成本三者不是彼此孤立的，施工现场管理的基本任务就在于求得上述三大目标的和谐统一。据此，施工现场管理的基本任务在于：合理组织项目的施工过程，充分利用人力、物力，有效使用时间和空间，保证综合协调施工，按期、保质并以较低的工程成本完成工程任务[①]。

（四）施工现场管理的工作内容

施工现场管理是指从施工项目合同签订直至工程竣工所进行的各项管理工作的总称。按阶段划分，可分为施工准备阶段管理和施工阶段管理。施工准备阶段管理是指为了工程项目施工的顺利进行而开展的技术准备、施工力量组织及各项基础工作。施工阶段管理是指为了使工程项目施工顺利完成而进行的各项调度和控制工作。

---

① 刘玉英.公路施工组织与管理[M].成都：西南交通大学出版社，2017.

二、施工准备阶段管理

（一）施工准备阶段的工作内容

施工准备阶段是工程项目施工生产的首要环节，其基本任务是为工程的正式展开和顺利施工创造必需的条件。

1. 建立施工的技术条件

主要包括：研究和熟悉设计文件并进行现场核对，补充调查资料，设计交桩和设计技术交底，建立工地实验室，编制施工组织设计，编制施工预算。

2. 建立施工的物资条件

主要包括：组织材料订货、加工、运输和进场，施工机械设备的进场、安装和调试，设置施工临时设施。

3. 组织施工力量

主要包括：组建施工队伍，成立项目管理机构；组织特殊工种、新技术工种的技术培训；落实协作配合条件，组织专业施工班组，签订专业分包合同；对临时工的教育和培训。

4. 做好项目管理的基础工作

建立以责任制为核心的规章制度，如人人有基本职责，有明确的考核标准，有明确的办事细则。

经济管理规章制度。如内外合同制度、考勤制度、奖惩制度、领用料制度、仓库保管制度、内部计价及核算制度、财务制度等。

标准化工作。包括技术标准、技术规程和管理标准的制定、执行和管理工作。

制定各类技术经济定额。根据项目管理的实际情况，制定出反映项目水平的消耗定额、状态定额和效率定额。

计划工作。包括计量核定、测试、化验分析等方面的计量技术和计量手段的管理工作。

5. 建立施工的现场准备

根据施工组织设计及施工平面图布局的要求，进行施工；完成场地准备及工作面的准备工作。

工程施工对象的性质、规模不同，施工准备工作的内容和组成也不尽相同。

施工准备工作的基本内容主要有两个方面：①抓规划，编制施工组织设计；②在施工组织设计指导下，抓施工条件的落实。

（二）技术准备

1.研究和熟悉设计文件并进行现场核对

组织有关人员学习设计文件，是为了对设计文件、图纸及资料进行了解和研究，使施工人员明确设计者的设计意图，熟悉设计图纸的细节，掌握设计人员收集的各种原始资料，对设计文件和图纸进行现场核对。其主要内容：①各项计划的布置、安排是否符合国家有关方针政策和规定；②设计文件所依据的水文、气象、土壤等资料是否准确、可靠、齐全；③对水土流失、环境影响的处理措施；④路基平、纵、横断面，构造物总体布置和桥涵结构物形式等是否合理，相互之间是否有错误和矛盾；⑤核对路线中线、主要控制点、水准点、三角点、基线等是否准确无误，主要构造物的位置、尺寸大小、孔径等是否恰当，能否采用更先进的技术或使用新型材料；⑥路线或构造物与农田、水利、航道、公路、铁路、电信、管线及其他建筑物的互相干扰情况及其解决办法是否恰当，干扰可否避免；⑦对地质不良地段采取的处理措施；⑧主要材料、劳动力、机械台班等计算（含运距）是否准确；⑨施工方法、料场分布、运输工具、道路条件等是否符合实际情况；⑩临时便桥、便道、房屋布设是否合理，电力、电信设备，桥梁吊装方案、设备，临时供水，场地布置等是否恰当。

2.补充调查

现场补充调查的目的是为编制施工组织设计进行资料准备。这与投标前的事前调查在大的范围上是基本一致的，但是深度不同。因为编制施工规划和编制施工组织设计要求掌握的资料更为具体和详细。调查的主要内容有：①施工地区的自然条件，如气象、水文、地质、地形情况等。②地方材料市场及供应情况，如灰、沙、石等地方材料的生产、质量、价格、供应条件等；同时必须了解材料供应季节性的特点和要求。③施工地区的交通运输条件，如现有交通运输设施条件及可能为施工服务的能力等。④施工地区可供施工使用的施工机械设备情况，包括数量、规格、能力等。⑤施工现场情况，如有无障碍物和待拆迁的设施、可供施工利用的原有建筑物及设施、可作为施工临时用地的面积大小等。⑥当地市政、公用服务设施情况，如当地供水、供电、通信、生活、医疗等方面的条件，可为施工服务的能力等。⑦施工地区的其他建筑安装企业、建筑制品或构件工厂的可能协作配合条件,以及当地可作为临时工的劳动力情况等。⑧施工地区对环境保护、防治施工公害方面的要求及技术标准等。

3. 设计交桩和设计技术交底

工程在正式施工之前,应由勘测设计单位向施工单位进行交桩和设计技术交底。交桩应在现场进行,设计单位将路线测设时所设置的导线控制点和水准点及其他重要点位的标志逐一移交给施工单位。施工单位在接受这些控制点后,要采取必要的措施妥善加固保护。

设计技术交底一般由建设单位主持,设计、监理和施工单位参加。交底时,设计单位应说明工程的设计依据、设计意图和功能要求,并对某些特殊结构、新材料、新技术以及施工中的难点和需注意的方面详细说明,提出设计要求。施工单位则提出在研究设计文件中发现的问题及有关修改设计的意见,由设计单位对有关问题进行澄清和解释,对于合理的修改意见,经讨论认为确有必要,可在统一认识的基础上,对所讨论的结果逐一记录,并形成纪要,由建设单位正式行文,参加单位共同会签,作为与设计文件同时使用的技术文件和指导施工的依据,以及进行工程结算的依据。

4. 建立工地试验室

公路工程施工过程中必须进行各种材料试验,选用合适的材料及材料性能参数,才能保证公路工程结构物的强度和耐久性,并有利于掌握各种材料的施工质量指标,保证结构物的施工质量。

工地试验室是为施工现场提供直接服务的试验室,主要任务是配合路基、路面施工,对工地所用的各种原材料、加工材料及结构性材料的物理力学性能,以及施工结构的几何尺寸等技术参数进行检测。

一个比较正规的工地试验室,应配备3~6名基本试验人员。其中,试验室主任或负责人1人,试验员2~5名。至少应有100 m^2 的试验用房,才能布置好不同项目所需要的使用仪器(具)设备和办公、保管用房。试验室除了配备加热设备、测温仪器、计量衡器、计时仪表等一些通用的仪具外,还应按施工过程中需进行的试验和检查测试项目配备相应的专用试验仪具。

5. 编制施工组织设计

公路施工组织设计是指导公路施工的基本技术经济文件,也是对施工实行科学管理的重要手段。编制施工组织设计的目的在于全面、合理、有计划地组织施工,从而具体实现设计意图,按质、按量、按期完成施工任务。实践证明,一个工程如果施工组织设计编制得好,能正确地反映客观实际,并能认真地执行,那么施工就可以有条不紊地进行,否则就会出现盲目施工的混乱局面,造成不必要的损失。

6. 编制施工预算

施工预算是在施工图预算的基础上,根据施工图纸、施工组织设计或施工方案、施工定额等文件编制的,是企业内部控制各项成本支出、考核用工、签发施工任务单、限额领料和进行经济核算的依据。

(三) 物资准备

物资准备的主要内容包括:①路基、路面工程所需的沙石料、石灰、水泥、工业废渣、沥青等材料的准备;②沿线结构物所需的钢材、木材、沙石料和水泥等材料的准备;③施工工艺设备的准备;④其他各种小型生产工具、小型配件等的准备。

物资准备是一项非常重要的工作,应与施工组织设计及作业计划配合,进行相应内容的准备,不要因为准备不足而造成工程窝工,也不要因为准备过剩而造成材料的积压、变质和机械台班的闲置。

(四) 施工管理组织的组建

施工企业通过投标方式获得工程施工任务后,应根据签订的施工合同要求,迅速组建符合本工程实际的施工管理机构,组织施工队伍进场施工。施工管理的组织机构是指为了实现项目的总目标,对所需一切资源进行合理配置而建立的以项目经理为项目实施的最高领导者、组织者和责任者,以分工协作、责权利一致、命令统一、精干高效等为原则的一次性临时组织机构。

1. 施工管理组织机构的类型

工程项目施工管理组织机构有多种类型,分别适应于规模、地域、工艺技术等各不相同的工程项目。根据我国具体情况及以往的公路施工经验,比较合理的组织机构类型有以下三种。

(1) 部门控制式

它是在不打乱企业现行建制的条件下,把项目委托给企业内部某一工程处或施工队,由其组织项目实施的项目管理组织形式。一般适用于小型简单项目和单一专业型项目，不需涉及众多部门，职责明确，职能专一，关系简单，便于协调。但这种形式不适合大型复杂项目或涉及多个部门的项目，局限性较大。

（2）混合工程队式

这是完全按照对象原则组建的项目管理组织机构，适用于大型项目和工期要求紧迫的项目，或者要求多工种、多部门密切配合的项目。项目管理组织成员来自公司内不同部门和单位。首先聘任项目经理，从有关部门抽调管理人员组成项目班子，然后抽调队伍归其指挥，建立一个项目工程队，组成新的项目管理经济实体。项目完成后，工程队成员仍回原单位。

混合工程队项目管理组织的优点：①可以培养一专多能人才；②减少矛盾，能及时解决问题；③权力集中，决策及时，工作效率高；④减少管理界面和行政干预，便于协调。

缺点：①人员来自不同部门，缺乏共同语言；②职工长期离开原单位，容易影响积极性的发挥；③人员分散，培训困难。这种形式也有它的局限性，因此，当有多个项目需要完成人才紧缺时，或对人工效率要求很高时，不宜采用。

（3）矩阵式

这是现代大型项目管理中应用最为广泛的新型组织形式，我国已有为数不少的施工企业开始采用这种形式。当企业同时承担多个项目，对专业技术和管理人才需求量很大，而施工企业人才资源又有一定限度，且大型复杂项目又要求多部门、多工种配合实施，对人工利用率要求很高时最适用。在矩阵组织中，永久性专业职能部门和一次性项目管理组织同时交互起作用。

矩阵式管理组织的具体做法是公司设置综合性的具有弹性的管理科室，科室负责人根据不同项目的需要和忙闲程度，将本部门的专业人员在项目之间进行增减调配。项目经理部则视项目管理需要，在项目经理之下设经营经理、施工经理、生活经理等，这样便使得项目管理中既有职能系统的竖向联系，又有以项目为中心的横向联系。纵向上表现出施工生产上的决断，横向上表现出现场动作协调、平衡。对劳务作业力量实行切块分包任务，根据项目网络计划的需要确定进场时间，完成任务后自行撤离现场，从而为项目提供了一支灵活机动、弹性多变的施工力量。一个项目由多个工程队承担，一个工程队同时用于多个项目，利用各项目施工高潮的错落起伏统筹安排、穿插交错、多点使用，使人力、财力、物力得到最大限度的利用。

矩阵式项目组织形式的好处是有利于充分利用人力,特别是技术力量,用较少的人力完成较多的项目。同时项目中各项专业管理可以由专业精通、经验丰富的人员担任,有利于各项专业管理的加强。其局限性是纵、横双重领导的体制容易发生纵、横向需求矛盾而使当事人无所适从,管理要求高,协调难度大,而且矩阵式项目组织一般不形成经济实体,容易发生责、权、利脱节现象,不能很好地起到约束项目组织成员行为的作用,对管理人员责任心的要求较高。

2. 项目管理组织类型的选择

选择什么样的项目管理组织形式,要根据企业和项目的具体条件选择,一般说来,应考虑的因素有企业人员素质、管理基础的情况以及项目本身的规模、技术复杂程度、专业多寡和项目经理的素质与能力。项目组织类型选择组合如表2-1所示。

表 2-1　项目组织类型选择组合表

项目组织形式	适用项目特点	适用施工企业类型及企业资质状况
部门控制式	小型项目 简单项目 只涉及少数部门的项目	任何施工企业均可适用 企业人员构成较为单一,力量较为薄弱 企业总体水平虽不甚高,但其中某个部门或某个下属单位较强,可以承担项目管理,少数人员素质较高,可以实施项目管理
混合工程队式	大型项目 复杂项目 工期至关重要的项目 远离企业总部的单独项目	大型综合施工企业和有得力的项目经理的企业 管理人才济济,可以组织若干高水平的项目班子和项目组织的企业 管理水平较高,基础工作较强,管理经验丰富,且欲较快培养项目管理后备人才
矩阵式	多工种、多部门、多技术配合的项目 人工效率要求很高的项目 企业总部附近的项目,或虽远离总部但有多个互相来往较为方便的项目	大型综合施工企业 经营范围很宽、实力很强的施工企业 文化及管理素质、技术素质很高,但人才紧缺的施工企业管理水平较高,管理渠道畅通,信息沟通灵敏,管理经验丰富的施工企业

(五)建立健全各项管理制度

为了保证工程按设计要求的质量、计划规定的进度和低于合同总价的成本,安全、顺利地完成施工任务，应针对施工管理工作复杂、困难的特点，建立一整套完善的施工管理制度，采用科学的管理方法，进行切实有效的工作，才能达到预期的目的。

1. 施工计划管理制度

施工计划管理是施工管理工作的中心环节，一切其他管理工作都要围绕计划管理来开展。计划管理包括编制计划、实施计划、检查和调整计划等环节。由于公路施工受自然条件的影响大，其他客观情况的变化也难以准确预测，这就要求施工计划必须要在经过充分调查研究后制订，同时在执行过程中应随时检查，发现问题及时采取措施解决，必要时还应对计划进行调整修改，使之符合新的客观情况，从而保证计划的顺利实施。

2. 施工技术管理制度

施工技术管理是对施工技术进行一系列组织、指挥、调节和控制等活动的总称。其主要内容包括：施工工艺管理、工程质量管理、施工技术措施计划、技术革新和技术改造、安全生产技术措施、技术文件管理等。要搞好各项技术管理工作，关键是建立并严格执行各种技术管理制度。有了健全的技术管理制度，并能认真执行，才能很好地发挥技术管理作用，圆满地完成技术管理的任务。

（1）技术责任制

技术责任制就是在一个施工单位的技术工作系统，对各级技术人员规定明确的职责范围，使其各负其责、各司其事，把整个施工技术活动和谐、有节奏地组织起来。它对调动各级技术人员的积极性和创造性、促进施工技术的发展和保证工程质量，都有极其重要的作用。

根据施工单位的组织机构情况，制定分级技术责任制。上级技术负责人应履行向下级技术负责人进行技术交底和技术指导，监督下级按施工图纸、施工规范和操作规程进行施工，处理下级请示的技术问题等职责。下级技术负责人应该接受上级技术负责人的技术指导和监督，执行自己所在岗位的任务。各级技术负责人应负的责任，应根据组织机构和施工任务情况明确规定在技术责任制中。

（2）技术交底制度

工程开工前，为了使参与施工的人员及工人了解所承担的工程任务的技术特点、施工方法、施工程序、质量标准、安全措施等，必须实施技术交底制度，认真做好交底工作。

技术交底不仅要针对技术干部，而且要把它交给所有从事施工操作的工人，从而提高他们自觉研究技术问题的积极性和主动性，为更好地完成施工任务和提高技术水平创造条件。

技术交底按技术责任制的分工分级进行。施工单位的技术总负责人应将公路施工质量标准、施工方法、施工程序、进度要求、安全措施、各分部工程施工组织的分工和配合、主要施工机具的安排和调配等，连同整个工程的施工计划向所属工程队长及全体技术人员进行交底。

工程队技术负责人应将本队承担的工程项目向所属班组长及全体技术人员进行交底。班级技术负责人，应将本班组承担工程项目的施工方法、劳动组合、机具配备等，对全组工人进行交底。班组技术交底是技术交底制度最重要的环节，班组工人应在接受交底后进行讨论，目的是使参加施工实际操作的所有人员，充分了解自己在施工中应掌握的正确方法和应尽的具体责任，并对改进施工劳动组织和操作方法，以及提高工程质量和保证施工安全等方面提出合理化建议。因为工人是对施工操作最熟悉、经验最丰富的实践者，他们的意见和建议往往能切中要害，能提出和解决工程师考虑不到的问题，对完善施工计划起到良好的促进作用。分级交底时都应作好记录，作为检查施工技术执行情况和检查技术责任制的一项依据。

3. 工程成本管理制度

工程成本管理是施工企业为降低工程成本而进行的各项管理工作的总称。

4. 施工安全管理责任制

加强施工安全、劳动保护对公路工程的质量、成本和工期有着重要的意义，也是企业管理的一项基本原则。其基本任务是正确贯彻执行"安全为了生产，生产必须安全"和"预防为主"的方针。建立安全施工责任制，加强安全检查，开展安全教育，在保证安全施工的条件下，创优质工程。

（1）施工安全责任制

施工工地应设安全工程师，班组应设不脱产或半脱产的安全检查员。各安全检查员应该负责本班组或单位工程施工的安全工作，督促和帮助操作人员遵守操作规程和各项安全施工制度。组织班前和班后的安全检查，一旦发现事故苗头应及时向工程管理人员报告，采取预防措施，防止事故的发生。

(2) 安全教育、检查及事故处理

安全教育是增长施工人员安全施工知识和预防作业时发生事故的一项重要手段。安全检查是预防各种事故发生的重要措施。发生伤亡事故时应立即采取紧急措施，组织力量抢救，并将情况向有关方面报告。

(3) 加强安全技术工作

安全施工是一项技术性很强的工作，应根据公路工程作业的各种特点来制定安全规范、作业章程。

（六）施工的现场准备

现场准备的主要内容包括：①恢复定线测量，包括公路中线、边桩的恢复测量，桥梁、涵洞的定位测量等。②建造临时设施，包括工地行政办公用房、宿舍、文化福利用房及作业棚、仓库等。③进行"三通一平"，包括临时交通便道、便桥，施工、生活及消防用水、用电，场地平整等工作。④设置安全设施，包括仓库的消防措施、用电安全设施、爆破作业的安全设施以及消防车道的设置等。

三、施工计划管理

（一）施工计划的管理

公路施工企业计划管理的内容是安排施工进度、编制施工计划、管理下属施工单位的年度计划和施工班组的作业计划。计划管理是通过计划来组织和调节企业生产、技术和经营活动的一项管理制度，包括长远计划、年度计划和生产作业计划。公路施工的计划管理主要是生产作业计划的管理。公路生产作业计划即施工计划，又分为年度计划、季度计划、月份计划和旬施工任务单。

1. 施工计划的种类和指标体系

(1) 施工计划的种类

按照不同的施工对象、计划用途和要求，有不同类型的计划。

工程项目总体计划是针对施工企业所承担的工程项目而编制的计划，是施工组织设计的重要组成部分，是施工总体方案在时间序列上的反应，可用以合理确定各单位工程施工的先后顺序、施工期限、开工和竣工日期，以及各单位工程之间的搭接关系和搭接时间，综合平衡各施工阶段的工作量、不同时期的资源量以及投资分配。它是工程从开工一直到竣工，各个主要环节的进度安排，起着控制构成工程总体的各个单位工程或各个施工阶段工期的作用。项目总体施工计划的内容有建筑安装工程计划、劳动工资计划、材料供应计划、技术组织措施计划、降低成本计划、财务计划及辅助生产计划等。

单位工程施工进度计划，是指一个公路工程项目中具体某一单位工程，如一座桥梁、隧道工程的进度计划。它的任务是确定单位工程中各工序的施工内容、作业顺序和时间，并使工序任务及其要求的作业时间，与完成任务所需的主要资源（人力、设备和物资等）联系起来，以指导和控制单位工程在规定时间内有条不紊地完成。单位工程进度必须服从工程的总进度计划。

在总进度计划和单位工程进度计划编制完成后，可根据需要编制年度、季度、月份和旬施工进度计划。年度、季度、月份和旬施工进度计划要以总进度计划和单位工程进度计划为依据，即年度、季度、月份和旬施工进度计划受总进度计划和单位工程进度计划的控制。年度施工计划应反映本年度施工的各单位工程的形象进度控制指标，同时也应突出组织顺序上的关系，即各工程项目的施工工序。

季度、月份（旬）施工计划在于确定季、月、旬施工任务，以及它们包括哪些施工内容，预计要完成什么部位，工作量和工程量多少，由谁完成，项目间如何配合等。这些内容确定后可以具体地指导施工作业，即相关的施工队伍（班组）如何实现流水作业，以及施工顺序如何等。

（2）技术经济指标

在施工计划中，对完成的任务、耗费的资源以及相关因素（如时间、安全等）应有定性、定量的明确要求，即期望通过努力达到的目标和水平，称为经济技术指标。它是生产经营活动的规模、技术水平和经济效果等多方面管理目标的具体体现，在企业生产经营活动过程中发挥着约束、监督和促进的作用。一般而言，它用各自独立而又相互联系的一系列具体量化指标来综合反映企业的生产经营状况，这就构成了企业的计划指标体系。经济指标按其性质可分为两类。

数量指标。它是计划期内企业生产经营应达到的数量目标，通常用绝对值表示，例如工程项目及数量、建筑安装工作量、劳动工资总额、固定资产总额、流动资金总量、物资设备数量、降低成本额等指标。

质量指标。它是计划期内企业生产经营应达到的效率指标，通常用相对值表示，例如工程项目合格率、劳动生产率、机械利用率、成本降低率和利润等指标。

2. 施工计划的重要性与任务

公路工程施工，特别是高速公路和一级公路的施工，是一项复杂的工程，在施工过程中常常会遇到各种各样的问题。施工企业承接和完成公路工程施工项目，必须努力满足以下两个方面的要求才能生存和发展：第一，企业本身为了适应社会主义市场经济条件下市场竞争的要求，应不断提高企业的经营素质和竞争能力；第二，满足建设方（业主）对工程项目提出的有关工期、质量和费用等的要求。施工计划是施工管理的主要内容。为了充分发挥施工计划的作用，每一具体计划都应认真制订、实施和调整。施工企业计划管理的任务：从企业经营管理的基本目标出发，根据施工承包合同中的有关具体要求，结合施工企业具体条件，应用系统设计知识和工程管理经验，经过科学的预测，反复进行综合平衡，采用最合理、最有效的措施，充分挖掘内部人力、财力、物力的潜力，制定和贯彻各种先进合理的技术经济指标，组织有节奏的、均衡的施工，并在施工过程中依据实际的反馈信息，进行即时的调整和控制，以保证施工企业高速、优质、低耗地完成施工任务。

3. 计划管理的特点和基本方针

（1）计划管理的特点

在接到工程项目之后、施工之前，要有针对性地制订一个计划，用以指导、调整和检验具体的行动，从而保证施工任务高效完成。由于公路工程施工管理的特殊性，计划管理呈现以下几方面特点。

计划的多变性。当施工单位按承包合同组织进场施工后，由于施工条件的变化、设计的修改、工程的变更，以及业主、监理对工程工期的要求等不可预见因素较多，这就造成施工企业施工计划的多变性。因此，编制施工计划除了要积极可靠和留有余地外，还要迅速收集和分析变化的信息，及时调整计划，以便适应随时变化的新情况。

计划的可检验性。施工完成后，只有达到了工程计划所规定的目标，计划工作才是有效的。工程管理目标包括时间、费用、质量、信誉四个方面，施工企业往往以时间和费用作为主要控制对象，而时间和费用计划包括许多作业和费用估算，是可定量评价和权衡的。因而，所编制的计划应具有可操作性和易检验性，这样才能发挥计划的指导和控制作用。即把每一项具体施工生产和经营活动与最终目标紧密联系起来，通过了解和分析施工全过程中的每一步骤、每一环节挡土墙的实施情况，就可推断整个工程最终的完成结果。

（2）计划管理的基本方针

计划管理的主体是人，计划管理的过程就是管理者意志的体现，因而，计划管理的效果在很大程度上取决于管理活动参与者的思想认识。为此，施工企业计划管理必须遵循以下基本方针：①计划管理的科学性；②计划管理的严肃性。

4.施工计划的编制原则、程序和方法

计划的编制原则、程序和方法是编制者必须注重的三个方面。编制原则贯穿于编制程序和方法中，它是编制计划的指导思想；而编制程序就是编制步骤在一般情况下应遵守的先后顺序。在编制过程中，积极应用合理有效的编制方法和技巧，可以优质、高效、快速地完成计划编制工作，制定可靠、实用的，能有效指导施工活动的施工计划。

（1）施工计划的编制原则

施工计划的编制，通常应紧密围绕四个方面的问题来进行：计划应达到的目标、计划由谁实施、计划在什么时候执行、采用什么方法进行。为了使编制的计划高效、实用，一般应遵循以下原则：①施工计划要以工程承包合同为依据，以提高经营效益和社会信誉为目标，提出相应的指标作为计划执行的检验标准。②施工计划要与各项工程的施工组织设计中的有关内容相衔接，如施工顺序、进度安排、工期要求等。③安排施工计划应合理，努力实现施工的连续性和均衡性。施工准备工作的内容应列入计划，以便得到监督和保证；施工顺序、计划持续时间和间隔时间的确定要符合客观生产规律的要求。④坚持实事求是的态度，在认真调查研究，摸清内部、外部情况的基础上，通过不断调整，搞好综合平衡。综合平衡是计划管理的核心，也是计划工作的基本方法。⑤为了在施工计划执行过程中对工程进度进行适时检查、调整、优化与控制，应使用电子计算机，采用网络计划技术来编制实施性的作业计划。

（2）计划的编制步骤

多数情况下，较为完善的计划可分为五个步骤来编制。

确定目标。主要包括应完成施工项目的名称及其工程量、施工进度、竣工日期限、承包费用、质量要求等。

计划准备。就是为编制计划摸清情况和准备资料。例如收集各种定额，分析设计、资源、加工、运输等方面的情况,并掌握有关的信息。

计划草案。各项计划往往存在多个可行方案,有的是表面化的,有的是非表面化的。为了使计划有可比性和选择性,应由计划专职人员根据承包合同、实施性施工组分别编制具有一定可行性的计划草案,交部门领导或单位领导,以供择优。

计划评价。对各个计划草案分别加以分析和评价,指出各个草案的优缺点、现实性和相关经济指标。

计划定案。在各计划草案经过分析评价之后,即可通过决策,最后选择和确定一个方案,作为正式计划,付诸实施。

(二)施工进度计划与控制

1. 进度计划制定

公路工程施工企业根据项目自身的特点,为保证施工计划的准确性,首先按照招标文件要求、施工图设计文件等,复合计算公路工程项目的分部分项工程量。公路工程施工企业必须进行如下工作。

(1)划分施工项目,一一分解施工项目后列出施工工序。

(2)按施工图和相关标准计算工程数量,按分项工程、分部计算项目的实际工程量。

(3)按交通行业现行的预算定额和劳动定额计算劳动量。确定施工顺序和每项工序的开竣工时间与相互搭接关系主要考虑以下六个方面。

①某一时期内开工的分项工程较多,对人力、物力、资金、设备等的需求过于集中。要尽量使主要工程材料、施工设备、劳动力、资金的供应在整个项目工期范围内均衡供应。

②路基排水施工对雨季路基施工非常重要,所以要尽量提前建设可供使用的永久性工程(例如排水工程,利用已完工的排水管线,在雨季施工时可使路基内的水及时排出)以节省措施费用。

③急需和关键工程(污水、雨水工程,挡土墙工程)的施工要优先开工,确保工程项目按合同工期完工。对于施工困难较多的桥梁、涵洞等工程,由于施工时间长、技术复杂,应安排提前开工,才能保证合同工期顺利实现。

④施工顺序必须与主要系统投入使用的先后次序相一致,配套的附属工程也要及时完工,确保已完工程在投入使用时发挥最大的效用。

⑤冬、雨季施工时，为了不影响工程质量，确保合同工期顺利实现，必须制定冬、雨季施工方案。

⑥注意主要工序和主要施工机械的连续施工。

以上工作完成以后，就可以绘制进度计划网络图。

2. 项目进度控制

公路工程项目的施工过程是一个动态的实施过程，进度控制也应该是一个动态的管理过程。公路工程项目进度控制，是指在公路工程项目执行项目进度计划的施工过程中，经常检查实际进度情况，并将其和计划进度之间作比较，若出现偏差，就要分析产生的原因和对总工期的影响程度，找到必要的调整措施，修改原施工计划，不断循环反复，直至工程竣工验收。确保实现公路工程项目的既定目标，从而在不增加实际费用支出、确保公路工程施工质量的同时，适当缩短工期。为了保证项目的实施进度，项目进度控制检查系统是非常必要的，从公司的总经理到项目经理再到作业班组都需要设置专门的人员或者职能部门来负责汇报和检查，统计和整理实际施工过程中的进度资料，并且将其与计划进度进行分析、比较，如存在偏差，分析原因并及时作出调整。由不同级别的人员负不同的施工进度控制责任，项目部全体人员分工协作，组成保证公路工程项目进度计划实施的组织机构。

信息反馈是项目进度控制最主要的环节，在现场施工时，将信息反馈到基层的施工人员手中，他们在职责范围内对信息进行加工、整理，再将信息逐层反馈到项目部进度计划控制部门，由进度计划控制部门统计和整理各方面的信息，正确及时作出决策，对计划进行调整，让其符合预期的工期目标。假若没有进行信息反馈，那么项目的计划控制调整将不能进行，所以说项目施工进度控制其实就是信息反馈及调整的过程。

3. 公路工程施工资源计划与平衡

（1）资源计划的特殊性

公路工程项目实施过程中，所需资源的种类多，需求量大。资源供应过程复杂，受外界影响大。当多项目同时使用相同的资源时，必须协调每个项目的资源投入量、投入时间、投入品种等问题，这时资源的均衡使用计划就显得非常重要。资源计划对实施工程的影响很大。

（2）资源计划

根据每一项公路工程的施工特点、工程数量及拆动迁情况，公路工程项目中标单位的计划工程师与采购工程师必须密切配合，制订各种资源（人员、资金、设施、设备、材料）的需求计划，以保证公路工程施工项目总体施工进度、工程质量、安全与费用成本等各项管理工作平稳有序进行。节约材料和能源消耗，提高工作效率，降低工程成本，以确保项目管理目标的实现。

（3）控制措施

资源计划的调整是和进度计划的调整密不可分的，公路改扩建工程都有当地百姓要求尽快恢复通行的需求，所以公路改扩建工程的工期一般是不能变化的，这就要求施工企业要有充分的思想准备，做好拆、排迁工作滞后而导致的后期赶工的准备。首先，应按照项目进度的总体要求，利用网络技术优化施工进度计划，尽量减少工程材料的现场存放时间，随进场随使用，增加作业效率，杜绝浪费。其次，合理安排资金的使用，避免工程赶工期时沥青、碎石、水泥类材料短缺，造成停工待料现象，致使作业效率低下，不能完成计划进度。必要时采取预付定金的方式将所需材料确定下来，签订随时优先供货合同。最后，所有的作业工作都得由人和机械来完成，与专业劳务分包单位和机械租赁单位签订劳动力资源和机械使用合同，也是为抢工期作准备。增加作业面，将单一流水施工变为多个平行作业面的流水施工，会使同一时间内资源的消耗量都是原消耗量的2倍或3倍。

4. 公路工程施工费用计划与控制

在当前市场经济体制环境下，建筑市场格局已发生根本性改变，施工项目少，施工企业多，大多数项目的利润已经很低甚至是零利润中标。随着科技的不断进步，施工质量要求越来越高，材料费用日益降低，但流通性等辅助成本的比重却不断攀升。而我国许多工程施工企业都脱胎于计划经济体制，大多以降低直接材料费、直接人工费和机械购买与使用费作为费用管理的主要手段，忽略了现代科技和机械化施工对辅助性生产资料及安全防护等方面所发生费用的控制作用，对提高经济效益、节约工程费用的认识有待加强。

（1）费用计划

当前，公路工程项目的利润越来越低，某些项目甚至是零利润，即使这样，施工项目的竞争也非常激烈。要在保证施工企业获取最佳利润的同时保证工程质量，增加施工人员的工资收入，必须制订项目费用计划和费用计划的控制措施，这也是解决公路工程费用问题最有效的方法。对公路施工所消耗的工、料、机以及资金等资源，一定要制订科学合理的费用计划，并及时检查、调整费用计划，使各项生产费用的实际支出控制在费用计划的范围之内。

（2）公路工程项目成本费用计划

在公路工程项目中标以后、开工之前，需要编制公路工程项目费用计划。该计划是对施工过程进行科学管理与目标考核的依据。制订工程的费用计划，要考查供应商的资质与能力、产品数量与质量、价格等因素，择优选取合格供应商，确定优选后的施工方案、施工方法，通过科学的分析论证制订出完整的符合每项公路工程特点的费用计划。费用计划由管理费用计划和成本计划组成。

公路工程项目管理费用计划。项目管理费用包括项目部管理人员的办公、劳保、差旅、招待等费用，还包括项目部全体人员工资、固定资产使用费等项目。编制项目费用计划时既要实事求是，又要尽可能地节约。编制切实可行的费用计划必须从项目的施工特点和企业的实际情况出发，充分利用企业自有资源，实施费用控制以降低费用开支。

公路工程项目成本计划。编制公路工程成本计划是项目部为完成所承接的公路工程项目实体所需要的成本计划，它由直接工程费（工料机费用）、间接费、施工技术装备费、暂定金等构成。工、料、机（直接工程费）费用控制是公路工程成本控制的关键。工程有大有小，可是不论大小都是由材料构成的，这部分成本占公路工程总费用的60%~75%，所以控制好工程成本最重要的是控制好材料的采购质量和成本，项目部要组织专业人员制定详细的材料数量、质量、价格控制说明书，并且充分调查市场情况，与合格的材料供应商进行谈判，采购质优价廉的工程材料。机械费占公路工程总成本的20%左右，要尽量利用自有机械、车辆等进行施工。外包部分工程时，也要考虑使用自有机械，以免发生自有机械闲置现象，造成浪费。

（3）公路工程的费用计划控制方法

在公路工程项目施工过程中，选取最优的技术方案，核算实际发生的成本及费用，与预先制订的费用计划进行比较分析。比较的内容有直接费的比较和间接费的比较等。直接费控制包括工、料、机三个方面。

控制人工费的措施：①尽可能地降低非生产人员的数量。②加强技术教育和培训工作，不断提高队伍技能，使劳动力之间配合默契，优化劳动组合，熟练操作机械，人机配合默契，杜绝窝工现象。③避免工时浪费，合理组织生产，提高工作时间的工作效率，减少工作中的非生产时间，形成流水施工。④提高临时用工的劳动生产率，加强对临时用工的管理。

控制材料费的措施：①加强对材料在采购、收发、运输、保管环节的管理，科学制订符合实际情况的材料使用计划，减少各个环节的损耗。②制定材料进场验收操作规程和限额领料单制度，杜绝材料浪费现象的发生；合理堆置工程物资，避免或减少二次搬运，避免因材料的浪费而增加费用；制定并严格执行超料浪费者惩罚和节约材料者奖励的措施，以保证项目部全体人员合理使用材料，杜绝浪费。在控制材料费时应主要控制以下四个方面的内容。

一是控制材料的数量。因为材料成本占整个公路工程施工项目成本的60%～75%，所以材料费的控制是公路工程成本控制中最重要的内容。公路工程施工项目需要使用大量的钢材、水泥、沙砾、碎石等材料，必须贯彻执行限额发料制度。

二是控制材料的单价。在公路工程施工项目的成本控制中，另一个重要内容是降低材料单价。必须组织项目部技术、采购、财务等人员到材料供应地进行充分的调查、谈判，货比三家，了解材料的真正单价，争取以最优惠的价格，采购性价比高的工程材料。

三是制定施工现场的材料领用操作指南。公路工程施工项目一般都是远离居民聚集区的野外施工，材料管理工作不到位，材料领用制定不落实，很容易造成公路工程材料的浪费。项目部材料管理人员要依据材料领域操作指南，按规定执行一切工程材料的收、发、领、退。工程材料的进场、领取、余料退库、不合格材料需分别填写"材料入库单""限额领用单""退料单""残次料交库单"等凭证，项目部材料管理人员要定期盘点库存材料资产，保证账物相符。

四是要广泛考察料源，争取采购到质优价廉的工程材料。应按照少量库存的原则，安排材料进场，随用随进，以节约资金，降低工程成本。还要及时掌握最新材料价格，密切关注市场供求信息，提前储备价格较低或在一定时间内供求紧张的工程材料。

控制机械费的措施：①要最大限度地使工程机械的效能发挥到极致。②根据施工进度计划以及现场实际调整后工期、分部分项工程开工的具体时间，合理安排机械设备种类、数量，按需求相继进场，避免施工设备闲置。③科学合理组合机械设备。机械设备的数量要满足数量要求且留有余地。在保证工程质量的前提下，机械设备的选取可以小型代大型，以国产代进口。④工作间歇搞好机械设备的维修保养工作，提高机械的完好率、利用率，以做到连续不间断的流水施工，这样才能加快施工进度、提高工作效率、降低机械使用费。

5. 公路工程施工质量计划与控制

在项目管理中，由于公路工程项目的特点为露天作业、施工路线长、施工作业点多、施工具有不可重复性，所以施工质量一次性合格难度大。因此，要作好质量的事前控制和过程控制。事前控制的主要方法是做好质量策划与质量计划工作。

（1）制订公路工程施工质量计划

施工项目部建立后、工程开工前，根据每个公路工程项目的施工特点及施工企业的人员素质及管理方式，组织项目部的全体技术人员认真学习合同文件、技术规范、部门规章，制订详细的公路工程项目质量计划，明确每个施工人员的岗位职责、质量责任，以保证公路工程的施工质量。组织项目部全体成员参加岗前教育培训，全体施工人员经严格考核，持证上岗。组织相关人员认真进行施工前的准备工作，内容包括：原材料检查复试、机械设备性能检测、施工工艺方案检查、检测方法论证、质量通病预防措施。制定严格的质量控制程序，确保工程质量目标的实现。为便于直观地了解质量计划，绘制质量保证体系框图和质量检验流程图。

（2）质量控制

公路工程的质量控制分析可以通过绘制因果关系图（又叫逻辑图或鱼刺图）进行，通过工、料、机、环、法五个方面与质量有关的因素分别进行不同层次的分析，找出质量特性与质量因素之间的关系，再将这些众多的原因、因素进行分析、分解，确定影响公路工程质量的主要原因及其子原因，最终明确问题与原因之间的关系。

材料检查中所采取的措施。公路工程的质量与使用的工程材料有着直接的联系。工程材料性能的优劣，直接决定着工程的质量优劣和寿命长短。施工原材料的质量是保证施工质量的第一道关口。公路工程包括道路工程、桥梁工程及其附属构造物工程，它们常年暴露在大气环境下，不仅要承受较大的荷载，还要受各种复杂环境变化的影响,因此应对公路工程施工所需原材料质量进行严格控制管理。

施工过程中所采取的措施。在市场经济条件下,公路工程的质量控制当然要与经济奖罚有关,但经济奖罚不是管理的真正目的,它只是一种管理手段,不能本末倒置。进行质量控制的实际效果表现为施工质量管理水平的提升和公路工程各项指标的优良情况。

6. 公路工程施工安全计划与控制

(1) 公路工程施工的特点

安全生产是每一个工程在施工中都必须做到的,公路工程项目的施工更不能例外。公路工程项目施工的安全管理是施工项目管理的重要组成部分,与其他工程相比,公路工程具有一定的特殊性,主要表现在以下几个方面:①公路工程几乎全部都是在野外工作,因此,其施工受天气气象的影响比较大,遇到极端天气,很容易发生安全事故。②公路工程有的是高空作业,有的则是地下作业,因此,其施工的环境是多变的,且有些比较特殊,所以在施工时要多加注意。③公路工程项目的完成需要多工种的相互配合,但是在实际的施工中要想做好这些工种之间的协调是比较困难的。④公路工程在施工的过程中需要用到的机械设备是比较多也比较重大的,所以对于这些设备的移动和使用也是一项极不容易的事情。⑤公路工程建设的过程中需要用到的材料是多种多样的,并且材料的型号也是不尽相同的。正是由于公路工程项目施工的特殊性、单一性,没有相同的经验可以照搬,所以一定要充分考虑到施工中的安全隐患,做好施工的安全计划,防止安全事故的发生。

(2) 公路工程施工安全控制措施

严格落实安全生产责任制。首先,公路工程施工单位应建立起有效的、由项目经理任组长的安全生产组织机构,其主要职责是负责全面的施工安全管理工作,签发由项目总工编制的施工安全技术保障措施文件,严格落实安全生产监督和检查职责,调查、处理安全事故等。其次,项目部应配备专职安全员,负责对安全生产进行现场巡查监督,并指出安全生产隐患,提出预防安全事故发生的措施。最后,必须定期召开安全生产会议,强调"安全第一,预防为主",要求项目部各级管理人员必须做到"管生产必须管安全"和"谁主管谁负责"。施工作业的进行要服从安全生产的需要,严肃考核,严格管理,落实安全生产责任制。

施工企业要建立健全安全生产管理规章制度并认真执行。第一，公路工程施工企业要制定相关的安全制度，并用制度约束施工人员的行为。第二，在制定安全制度时对危险源要考虑全面，为了保证安全制度落到实处，制定的约束条款，不仅要约束一般工人，更要约束领导。第三，施工企业会同相关部门举行专门的培训班，对施工人员进行公路工程相关安全知识的培训，并使其掌握应急方案及事故发生后的处理措施和程序。第四，公路工程开工之前，由项目安全负责人组织项目部全体人员按照项目的特点设想将会出现的各种危险事故，然后根据事故发生的原因及后果提出相关的预防措施。第五，工程施工过程中，要有专门的人员在现场进行监督，及时发现问题，并及时进行处理。第六，对于危险性较大的专项作业，要严格进行岗前培训，由专职人员进行施工，不具备上岗资格的施工人员严禁上岗作业。鼓励施工人员培养安全意识，做好安全技术交底工作，对于特别危险的操作，在没有进行安全技术交底的前提下，其可以拒绝执行。

（3）施工企业要从思想上提高安全意识

公路工程施工事故的防范要从预防做起。只有做好预防工作，作好充足的准备，才能防患于未然。一些安全事故的发生是因为施工人员自身心存侥幸造成的。作为工程第一负责人的项目经理，一定要有正确的安全意识，要做到警钟长鸣。

在安排施工作业时，要把安全生产放在绝对重要的位置，为施工人员创造安全的施工环境，制定预防事故发生的安全防范措施。要体现以人为本的安全理念，对施工作业人员进行安全教育培训，使工人牢固树立"我要安全""我想安全""我必须安全"的理念。尤其要教会施工人员在雷击、地震、泥石流等灾害发生时应如何进行自救和他救，尽量减少伤害的发生。

（4）检查分包单位的安全资质条件

首先，检查工程分包单位的安全资质条件是否符合所分包工程的要求，审查分包单位是否有针对所分包工程的安全技术措施和设备，还要审查分包单位是否有确保施工安全的专门从事安全管理工作的专职安全人员。其次，明确总包方和分包方的权利义务，分包方的安全管理（特别是人工、材料、机械等）必须服从总包方安全管理的规定，分包方向总包方负责，发生安全事故时总包方承担连带责任。

（5）必须做好公路工程施工中的设备管理工作

项目管理机构的相关人员要做好机械设备的组织调配工作，严格按照机械的操作规程精心操作，专业机械的操作手必须进行岗前培训，持证上岗。施工员要正确指挥操作手进行工程施工，对于违反操作规程和可能引起危险事故的指挥，操作手有权拒绝执行。做好施工机械设备的维修保养工作，随时观察机械设备的动态，及时排除各种安全隐患，确保施工顺利进行。

（三）施工采购计划与控制

在公路工程中，施工材料费用约占整个工程费用的60%~75%，有的项目工程材料的费用占整个工程费用的75%~85%，这么巨大的材料需求量，决定了公路工程项目费用的计划与控制中最主要的内容就是材料的采购计划与控制。

1. 科学制订公路工程的材料采购计划

公路工程的施工组织方案是制定材料采购计划的前提和基础，根据优选的施工组织方案计算出材料采购数量，确定材料采购成本。如果材料采购计划编制得不科学，且材料采购人员仍然按原计划执行，就必然会影响到材料采购工作以及费用控制工作。公路工程项目费用控制最重要的环节就是材料采购环节。

材料采购费用主要包括：材料购买价格、运输费用、存储和保管费用等。公路工程主要材料采购成本控制要点有：第一，购买价格控制；第二，运输费用控制。考虑运输条件好坏、运输路线长短等因素，合理组织运输。材料采购量大时，应与材料供应商协商，将运输费用包含在材料采购费用内。在保证质量的前提下，就近采购材料，能大大降低运输费用。

2. 制定完善的材料采购管理制度

施工项目的材料采购主要是由材料采购部门的人员负责完成的，完善的材料采购管理制度能够保障材料采购管理工作的顺利进行。若是施工材料采购流程不科学，采购方案编制不合理，没有完善的材料采购制度作保障，就无法有效约束材料采购部门或人员。材料采购人员与项目部其他人员之间缺乏经常性沟通和联系，加上项目部材料采购部门与项目部生产、财务、合同、质检、安全等部门之间的联系不紧密，就会使得项目采购部门的采购决策缺乏其他部门的动态信息支持，这样一来，材料采购环节就极易发生问题。

3. 制定先进合理的材料采购管理方法

计算机云计算技术的应用和网络信息化的普及，使得实现材料采购工作的信息化管理成为公路工程项目科学管理的必然趋势。可是，由于我国绝大多数的公路施工企业工程材料的采购管理工作停留在传统的手工操作方式上，所以大大降低了材料采购管理的工作效率，造成采购信息不全面、材料采购不及时、材料采购费用过高。并且材料采购工作不具有根据实际情况进行动态调整的特性，在科技飞速发展的今天，这非常不利于项目部对材料采购管理工作计划的执行与动态控制。

（四）施工的设计计划变更与控制

公路工程施工的特点是面广、线长、野外施工、露天作业，所以项目很容易发生变更且变更的影响因素比较多。变更的发生不可避免，而当公路工程项目发生变更时，或多或少会对工程实施的各个方面产生不同程度的影响，尤其是进度与费用方面。所以对变更的控制管理，是项目实施过程中控制工程进度、质量、安全、费用时需要考虑的非常重要的一项内容。

1. 加强公路设计变更管理的必要性

公路工程变更设计必须由原设计单位对原设计内容进行修改、调整、优化及完善，并加盖变更专用章。变更内容涉及工程施工时间、顺序、施工材料、工程量、地质条件、结构形式等的改变，必须得到总监理工程师签发的变更指令后才能进行施工。从公路工程的施工实践来看，变更设计是不可避免的，而且贯穿于施工阶段的整个过程。公路工程项目一旦发生设计变更必然涉及质量、进度、费用等多方面内容，因此做好变更设计的管理工作是确保工程施工质量、保证施工进度、控制施工费用支出的一个重要环节。

2. 公路工程施工设计变更的相关原则

（1）必须依据设计任务书并采用与初步设计相同的审批程序审批设计变更

设计变更的提出必须符合有关技术标准和设计规范，以提高工程质量、节约工程投资、加快工程进度。

（2）对于设计进行变更调整的条件

原设计地形地貌、地质资料与实际情况不一致；因施工条件的限制，工程材料规格、数量不能满足原设计要求；存在质量隐患和不安全条件。

（3）针对变更发生的专门条款解释

任何变更都不能使合同失效。施工承包合同中已有单价的变更项目仍执行原合同单价，合同中没有的单价，应按建设部门、定额管理部门或合同规定的计算方法重新计算价格。按照条款的解释设计变更令必须由总监理工程师签发，否则驻地监理工程师可对实施变更发生的工程价款不予计量和支付。

3. 公路工程施工过程中设计变更的控制

要保证公路工程项目的设计变更工作规范有序进行，必须采取如下措施。

（1）严格申报审批程序

必须严格执行变更申报审批程序，才能避免变更的随意性。经过各个审批部门的专家论证，才能较好地完善公路工程的施工图设计，达到降低工程成本、提高工程质量、加快施工进度的目的。

（2）规范变更设计文件

总监理工程师签发的公路工程变更单，一般具有很强的法律性，它是施工单位变更执行、计量支付、交工、竣工验收的依据；更是政府监督检查、项目决算审计时不可缺少的文件，因此工程变更单必须是严密和公正的。

工程变更单的内容有变更的原因和依据、内容和范围、预算价格、技术标准、变更项目工程量清单等。工程变更中的工程量清单同原合同中的工程量清单基本相同，其区别在于每个项目都需要填写变更前后的单价、数量和金额，目的是便于检查该变更对原合同价格的影响，还要有经原设计单位签字盖章的设计图纸及其他有关文件及证明材料。

第二节　公路工程施工质量管理

一、公路工程质量控制的常用方法

（一）进行工程质量管理策划

在对设计文件进行审核与分析后，项目经理应负总责，协调相关部门进行项目质量管理策划，包括：①质量目标和要求；②质量管理组织和职责；③施工管理依据的文件；④人员、技术、施工机具等资源的需求和配置；⑤场地、道路、水电、消防、临时设施规划；⑥质量控制关键点分析及设置；⑦进度控制措施；⑧施工质量检查、验收及相关标准；⑨突发事件的应急措施；⑩对违规事件的报告和处理。

（二）现场质量检查控制

现场工程质量检查分开工前检查、施工过程中检查和分项工程完成后检查。现场质量检查控制的方法主要有测量、试验、观察、分析、记录、监督、总结改进。

开工前检查：目的是检查是否具备开工条件，施工工艺与施工组织设计对照是否正确无误，开工后能否连续正常施工，能否保证工程质量。

工序交接检查与工序检查：工序交接检查应建立制度化控制，坚持实施。对于关键工序或对工程质量有重大影响的工序，在自检、互检的基础上还要组织专职人员进行工序交接检查，以确保工序合格，使下道工序能顺利展开。

隐蔽工程检查：凡是隐蔽工程均应经检查认证后方可覆盖。

停工后复工前的检查：因处理质量问题或某种原因停工后再复工时，均应检查认可后方可复工。

分项、分部工程完工后的检查：应按规定的程序和要求，经检查认可并签署验收记录后，才允许进行下一工程项目施工。

成品、材料、机械设备等的检查：主要检查成品、材料等有无可靠的保护措施及其落实，以控制不发生损坏、变质等问题；检查机械设备的技术状态，以确保其处于完好的可控制状态。

巡视检查：对施工操作质量应进行巡视检查，必要时还应进行跟踪检查。

（三）工程质量控制关键点

1. 质量控制关键点的设置

应根据不同管理层次和职能，按以下原则分级设置：①施工过程中的重要项目、薄弱环节和关键部位。②影响工期、质量、成本、安全、材料消耗等重要因素的环节。③新材料、新技术、新工艺的施工环节。④质量信息反馈中缺陷频数较多的项目。⑤关键点应随施工进度和影响因素的变化而调整。

2. 质量控制关键点的控制

质量控制关键点的控制包括：制定质量控制关键点的管理办法，落实质量控制关键点的质量责任，开展质量控制关键点QC小组活动，在质量控制关键点上开展一次抽检合格的活动，认真填写与版本相结合的检查考核制度。

3. 质量控制关键点的文件

质量控制关键点的文件包括：作业流程图，质量控制关键点明细表，质量控制关键点（岗位）质量因素分析表，质量控制关键点作业指导书，自检、交接检、专业检查记录以及控制图表，工序质量统计与分析，质量保证与质量改进的措施与实施记录，工序质量信息。

4. 质量控制关键点实际效果的考查

质量控制关键点的文件包括质量控制关键点的实际效果表现在施工质量管理水平和各项指标的实现情况上。要运用数理统计方法绘制工程项目总体质量情况分析图表，该图表要反映动态控制过程与施工项目实际质量情况。各阶段质量分析要纳入施工项目方针目标管理。

5. 公路工程质量控制关键点

（1）土方路基工程施工的质量控制关键点

土方路基工程施工中常见质量控制关键点：①施工放样与断面测量；②路基原地面处理，按施工技术合同或规范规定要求处理，并认真整平压实；③使用适宜材料，必须采用设计和规范规定的适用材料，保证原材料合格，正确确定土的最大干密度和最佳含水量；④压实设备及压实方案；⑤路基纵、横向排水系统设置；⑥每层的松铺厚度，横坡及填筑速率；⑦分层压实，控制填土的含水量，确保压实度达到设计要求。

土的最佳含水量是土基施工的一个重要控制参数，是土基达到最大干密度所对应的含水量。根据不同的土的性质，测定最佳含水量的试验方法通常有：①轻型、重型击实试验；②振动台法；③表面振动击实仪法。

压实度是路基质量控制的重要指标之一，是现场干密度和室内最大干密度的比值。压实度越高，路基密实度越大，材料整体性能越好。其现场密度的测定方法有：①灌沙法；②环刀法；③核子密度湿度仪法。

（2）路面基层施工的质量控制关键点

路面基层（底基层）施工中常见的质量控制关键点：①基层施工所采用设备组合及拌和设备计量装置校验；②路面基层（底基层）所用结合料（如水泥、石灰）剂量；③路面基层（底基层）材料的含水量、拌和均匀性、配合比；④路面基层（底基层）的压实度、弯沉值、平整度及横坡等；⑤如采用级配碎（砾）石还需要注意集料的级配和石料的压碎值；⑥及时有效的养护。

（3）水泥混凝土路面施工的质量控制关键点

水泥混凝土路面施工中常见质量控制关键点：①基层强度、平整度、高程的检查与控制。②混凝土材料的检查与试验，水泥品种及用量确定。③混凝土拌和、摊铺设备及计量装置校验。④混凝土配合比设计和试件的试验。混凝土的水灰比、外加剂掺加量、坍落度应控制。⑤混凝土的摊铺、振捣、成型及避免离析。⑥切缝时间和养护技术的采用。

（4）混凝土材料质量检验

水泥混凝土抗折强度与抗压强度的测定是混凝土材料质量检验的两个重要试验。

水泥混凝土抗折（抗弯拉）强度试验是以 150 mm × 150 mm × 550 mm 的梁形试件在标准养护条件下达到规定龄期后，在净跨径 450 mm 的双支点荷载作用下进行弯拉破坏，并按规定的计算方法得到强度值。水泥混凝土抗折强度是混凝土主要的力学指标之一，通过试验取得的检测结果是路面混凝土组成设计的重要参数。

水泥混凝土抗压强度试验是以边长为 150 mm 的正立方体标准试件，标准养护 28 天，再在万能试验机上按规定方法进行破坏试验测得抗压强度。当混凝土抗压强度采用非标准试件时应进行换算得到抗压强度值。通过水泥混凝土抗压强度试验，可以确定混凝土强度等级，并作为评定混凝土品质的重要指标。

（5）沥青混凝土路面施工的质量控制关键点

沥青混凝土路面施工中常见质量控制关键点：①基层强度、平整度、高程的检查与控制；②沥青材料的检查与试验，沥青混凝土配合比设计和试验；③沥青混凝土拌和设备及计量装置校验；④路面施工机械设备配置与压实方案；⑤沥青混凝土的拌和、运输及摊铺温度控制；⑥沥青混凝土摊铺厚度的控制和摊铺中离析控制；⑦沥青混凝土的碾压与接缝施工。

沥青混凝土配合比设计采用马歇尔试验配合比设计法。该法是首先按配合比设计拌制沥青混合料，然后制成规定尺寸试件，12 小时之后测定其物理指标（包括表观密度、空隙率、沥青饱和度、矿料间隙率等），然后测定稳定度和流值。

热拌沥青混合料配合比设计应通过目标配合比设计、生产配合比设计及生产配合比验证三个阶段，确定沥青混合料的材料品种及配合比、矿料级配、最佳沥青用量。

马歇尔稳定度试验是使标准击实的试件在规定的温度和速度等条件下受压，以测定沥青混合料的稳定度和流值等指示的试验，这种方法适用于马歇尔稳定度试验和浸水马歇尔稳定度试验。马歇尔稳定度试验主要用于沥青混合料的配合比设计及沥青路面施工质量检验。浸水马歇尔稳定度试验主要是检验沥青混合料受水损害时抵抗剥落的能力，通过测试其水稳定性检验配合比设计的可行性。

（6）桥梁基础工程施工的质量控制关键点

桥梁基础工程施工中常见质量控制关键点：①扩大基础，基底地基承载力的检测确认；满足设计要求，基底表面松散层的清理，及时浇筑垫层混凝土，减少基底暴露时间；大体积混凝土施工裂缝控制。②钻孔桩，桩位坐标与垂直度控制；护筒埋深；泥浆指标控制；护筒内水头高度；孔径的控制，防止缩径；桩顶、桩底标高的控制；清孔质量（嵌岩桩与摩擦桩要求不同）；钢筋笼接头质量；导管接头质量检查与水下混凝土的灌注质量。③沉井，初始平面位置的控制；刃脚质量；下沉过程中沉井倾斜度与偏位的动态控制；封底混凝土的浇筑工艺，确保封底混凝土的质量。

（7）水中承台施工常见质量控制关键点

水中承台施工一般可采用筑岛围堰、钢板桩围堰、钢吊箱围堰、钢套箱围堰等方式。

钢围堰施工常见质量控制关键点：①钢围堰的设计与加工制造质量控制；②钢围堰入水、落床及入土下沉过程中平面位置、高程等的控制；③钢围堰下沉到位后的清底及整平；④封底混凝土浇筑时的导管布设与封底混凝土厚度控制；⑤承台混凝土配合比设计；⑥抽水后封底混凝土基底的调平；⑦承台混凝土浇筑导管布设及混凝土振捣；⑧大体积混凝土温控设施的设计、施工及大体积混凝土养护；⑨各类预埋件的施工质量控制。

钢套箱施工质量控制关键点：①钢套箱的设计与加工制造质量控制；②钢套箱水平及竖向限位装置的施工质量控制；③封底混凝土浇筑时的导管布设与封底混凝土厚度控制；④承台混凝土的配合比设计；⑤抽水后封底混凝土的调平；⑥承台混凝土浇筑导管布设及混凝土振捣；⑦大体积混凝土温控设施的设计、施工及大体积混凝土养护；⑧各类预埋件的施工质量控制。

（8）桥梁下部结构施工中常见质量控制关键点

实心墩：①墩身锚固钢筋预埋质量控制；②墩身平面位置控制；③墩身垂直度控制；④模板接缝错台控制；⑤墩顶支座预埋件位置、数量控制。

薄壁墩：①墩身锚固钢筋预埋质量控制；②墩身平面位置控制；③墩身垂直度控制；④模板接缝错台控制；⑤墩顶支座预埋件位置、数量控制；⑥墩身与承台联结处混凝土裂缝控制；⑦墩顶实心段混凝土裂缝控制。

（9）桥梁上部结构施工中常见质量控制关键点

简支梁桥：①简支梁混凝土的强度控制；②预拱度的控制；③支座预埋件的位置控制；④大梁安装时梁与梁之间高差控制；⑤支座安装型号、方向的控制；⑥梁板之间现浇带混凝土质量控制；⑦伸缩缝安装质量控制。

连续梁桥：①支架施工，支架沉降量的控制；②先简支后连续，后浇段工艺控制、体系转换工艺控制、后浇段收缩控制、临时支座安装与拆除控制；③挂篮悬臂施工，浇筑过程中的线形控制、边跨及跨中合龙段混凝土的裂缝控制；④预应力梁，张拉力及预应力钢筋伸长量控制。

拱桥：①预制拼装，拱肋拱轴线的控制；②支架施工，支架基础承载力控制、支架沉降控制、拱架加载控制、卸架工艺控制；③钢管拱，钢管混凝土压注质量控制。

斜拉桥（斜拉索为专业制索厂制造）：①主塔空间位置的控制；②斜拉索锚固管或锚箱空间定位控制；③斜拉桥线形控制；④牵索挂篮悬臂施工，斜拉索索力控制、调整；⑤悬臂吊装，梁段外形尺寸控制、斜拉索索力控制、索力调整；⑥合龙段的控制。

悬索桥：①猫道线形控制；②主缆架设线形控制；③索股安装，基准索股的定位控制、索股锚固力的控制；④索股架设中塔顶位移及索鞍位置的调整；⑤紧缆，空隙率的控制；⑥索夹定位控制；⑦缠丝拉力控制；⑧吊索长度的确定；⑨加劲梁的焊接质量控制。

（10）公路隧道施工中常见质量控制关键点

正确判断围岩级别，及时调整施工方案；认真测量、检查和修正开挖断面，减少超挖；制定切实可行的开挖方案，包括新奥法、矿山法的选择、炮孔布置、装药量、每一循环的掘进深度；喷锚支护，控制在开挖后围岩自稳定时间的1/2以内完成；认真观测，收集资料，作好施工质量的信息反馈[①]。

二、公路工程质量缺陷处理方法

（一）质量缺陷性质的确定

质量缺陷性质的确定，是最终确定缺陷问题处理办法的首要工作和根本依

---

① 贾雄. 公路工程施工质量管理与控制重点分析[J]. 工程技术研究，2022，7（6）：151-152.

据。一般通过下列方法来确定缺陷的性质。

1. 观察现场情况和查阅记录资料

指对有缺陷的工程的现场情况、施工过程、施工设备和施工操作情况等进行现场观察和检查，主要包括查阅试验检测报告、施工技术资料、施工过程记录、施工日志、施工工艺流程、施工方案、施工机械运转记录等相关记录，同时在特殊季节关注天气情况等。

2. 检验与试验

通过检查和了解可以发现一些表面的问题，得出初步结论，但这些结论往往需要进一步的检验与试验来加以验证。检验与试验，主要是通过检查、测量与该缺陷工程有关的技术指标，以准确找出产生缺陷的原因。例如若发现石灰土的强度不足，则在检验强度指标的同时，还应检验石灰剂量、石灰与土的物理化学性质，以便发现石灰土强度不足是因为材料不合格、配比不合格或养护不好，还是因为其他如气候之类的原因造成的，检测和试验的结果将作为确定缺陷性质和制定随后的处理措施的主要依据。

3. 专题调研

有些质量问题，仅仅通过以上两种方法仍不能确定。如某大桥在交工后不到一年的时间就出现了超过规范要求的裂缝，仅通过简单的观察和查阅现有资料很难确定产生裂缝的根本原因，找不到原因也就无从确定进一步的处理措施。在这种情况下就需要采用专项调研方式，通过对勘测、设计、施工各个环节的调查、分析、研究，辅之以辅助的检测手段，确定质量问题的性质以为随后采取的措施提供依据。在这种情况下，为了查明产生问题的根本原因，有必要组织有关方面的专家或专题调查组提出检测方案，对所得到的一系列参考依据和指标进行综合分析研究，找出产生缺陷的原因，确定缺陷的性质。这种专题研究，对缺陷问题的妥善解决作用重大，因此经常采用。

（二）质量缺陷处理方法

1. 整修与返工

缺陷的整修，主要是针对局部性的、轻微的且不会给整体工程质量带来严重影响的缺陷。如水泥混凝土结构的局部蜂窝、麻面，道路结构层的局部压实度不足等。这类缺陷一般可以比较简单地通过修整得到处理，不会影响工程总体的关键性技术指标。由于这类缺陷很容易出现，因而修补处理方法最为常用。

返工的决定应建立在认真调查研究的基础上。是否返工，应视缺陷经过补救后能否达到规范标准而定，对于补救后不能满足标准的工程必须返工。如某承包人为赶工期，曾在雨中铺筑沥青混凝土，监理工程师只得责令承包人将已经铺完的沥青面层全部清除重铺。

2. 综合处理办法

综合处理办法主要是针对较大的质量事故而言的。这种处理办法不像返工和整修那样简单具体，它是一种综合的缺陷（事故）补救措施，能够使得工程缺陷（事故）以最小的经济代价和工期损失得到补救从而重新满足规范要求。处理的办法因工程缺陷（事故）的性质而异，性质的确定则以大量的调查及丰富的施工经验和技术理论为基础。具体做法可通过组织联合调查组、召开专家论证会等方式研究确定。实践证明，这是合理解决这类问题的有效途径。例如某桥梁上部为四孔 20 m 预制空心板结构，下部为桩基础形式。0 号桥台施工放样时发生错误，导致第一孔跨径增加了 50 cm，发现时桩基础、承台、台身已全部完成，空心板预制了 1/2。经综合论证，采用下部不变、改变上部的方式，第一孔空心板跨径增加了 50 cm，增加费用约 2 万元。而采用返工方式，需要大约 8 万元和 2 个月工期。

三、路基工程质量检验

（一）土方路基工程质量检验

1. 基本要求

在路基用地和取土坑范围内，应清除地表植被、杂物、积水、淤泥和表土，处理坑塘，并按规范和设计要求对基底进行压实。

路基填料应符合规范和设计的规定，经认真调查、试验后合理选用。填方路基需要分层填筑压实，每层表面平整，路拱合适，排水良好。

施工临时排水系统应与设计排水系统结合，避免冲刷边坡，勿使路基附近积水。

在设定取土区内合理取土，不得滥开滥挖。完工后应按要求对取土坑和弃土场进行修整，保持合理的几何外形。

2. 实测项目

土方路基实测项目：压实度、弯沉值、纵断高程、中线偏位、宽度、平整度、横坡、边坡。

（二）石方路基工程质量检验

1. 基本要求

石方路堑的开挖宜采用光面爆破法，爆破后应及时清理险石、松石，确保边坡安全、稳定。修筑填石路堤时应进行地表清理，逐层水平填筑石块，摆放平稳，码砌边部。填筑层厚度及石块尺寸应符合设计和施工规范规定。上、下路床填料和石料最大尺寸应符合规范规定。采用振动压路机分层碾压，压至填筑层顶面石块稳定，压路机振压两遍无明显标高差异。路基表面应整修平整。

2. 实测项目

石方路基实测项目：压实、纵断高程、中线偏位、宽度、平整度、横坡、边坡坡度和平顺度。

（三）砌体挡土墙质量检验

1. 基本要求

石料或混凝土预制块的强度、规格和质量应符合有关规范和设计要求。砂浆所用的水泥、沙、水的质量应符合有关规范的要求，按规定的配合比施工。地基承载力必须满足设计要求，基础埋置深度应满足施工规范要求。砌筑应分层错缝。浆砌时坐浆挤紧，嵌填饱满密实，不得有空洞；干砌时不得松动、叠砌和浮塞。沉降缝、泄水孔、反滤层的设置位置、质量和数量应符合设计要求。

2. 实测项目

砌体挡土墙实测项目：砂浆强度、平面位置、顶面高程、竖直度或坡度、断面尺寸、底面高程、表面平整度。

干砌挡土墙实测项目：平面位置、顶面高程、竖直度或坡度、断面尺寸、底面高程、表面平整度。

四、路面工程质量检验

（一）水泥稳定粒料路面基层（底基层）的检验

1. 基本要求

粒料应符合设计和施工规范要求，并应根据当地料源选择质坚、干净的粒料，矿渣应分解稳定，未分解渣块应予剔除。水泥用量和矿料级配按设计控制准确。路拌深度要达到层底。摊铺时要注意消除离析现象。混合料处于最佳含水量状况下，用重型压路机碾压至要求的压实度，从加水拌和到碾压终了的时间不应超过3小时，并应短于水泥的终凝时间。碾压检查合格后立即覆盖或洒水养护，养护期要符合规范要求。

2. 实测项目

水泥稳定粒料（碎石、沙砾或矿渣等）基层和底基层主要检验内容包括压实度、平整度、纵断高程、宽度、厚度、横坡、强度。

级配碎（砾）石或填隙碎石（矿渣）基层和底基层实测项目：压实度、弯沉值、平整度、纵断高程、宽度、厚度、横坡。

（二）水泥混凝土面层的检验

1. 基本要求

基层质量必须符合规定要求，并应进行弯沉测定，验算的基层整体模量应满足设计要求。水泥强度、物理性能和化学成分应符合国家标准及有关规范的规定。粗细集料、水、外加剂及接缝填缝料应符合设计和施工规范要求。施工配合比应根据现场测定水泥的实际强度进行计算，并经试验，采用最佳配合比。接缝的位置、规格、尺寸及传力杆、拉力杆的设置应符合设计要求。路面拉毛或机具压槽等抗滑措施，其构造深度应符合施工规范要求。面层与其他构造物相接应平顺，检查井井盖顶面高程应高于周边路面 1~3mm。雨水口标高按设计比路面低 5~8mm，路面边缘无积水现象。混凝土路面铺筑后按施工规范要求养护。

2. 实测项目

水泥混凝土面层实测项目：水泥混凝土面板的弯拉强度、平整度、板厚度，水泥混凝土路面的抗滑构造深度，相邻板间的高差、纵横缝顺直度，水泥混凝土路面中线平面偏位，路面宽度、纵断高程和路面横坡。

（三）沥青混凝土面层和沥青碎（砾）石面层的检验

1. 基本要求

沥青混合料的矿料质量及矿料级配应符合设计要求和施工规范的规定。严格控制各种矿料和沥青用量及各种材料和沥青混合料的加热温度，沥青材料及混合料的各项指标应符合设计和施工规范要求。沥青混合料的生产，每日应做抽提试验、马歇尔稳定度试验。矿料级配、沥青含量、马歇尔稳定度等结果的合格率应不小于90%。拌和后的沥青混合料应均匀一致，无花白，无粗细料分离和结团成块现象。基层必须碾压密实，表面干燥、清洁、无浮土，其平整度和路拱度应符合要求。摊铺时应严格控制摊铺厚度和平整度，避免离析，注意控制摊铺和碾压温度，碾压至要求的密实度。

2. 实测项目

沥青混凝土面层和沥青碎（砾）石面层的实测项目：厚度、平整度、压实度、弯沉值、渗水系数、抗滑（含摩擦系数和构造深度）、中线平面偏位、纵断高程、路面宽度及路面横坡。

五、桥梁工程质量检验

（一）桥梁总体

1. 基本要求

桥梁施工应严格按照设计图纸、施工技术规范和有关技术操作规程要求进行。桥下净空不得小于设计要求。特大跨径桥梁或结构复杂的桥梁必要时进行荷载测试。

2. 实测项目

桥梁总体实测项目：桥面中线偏位、桥宽（含车行道和人行道）、桥长、引道中心线与桥梁中心线的衔接以及桥头高程衔接。

（二）钻孔灌注桩施工质量检验

1. 基本要求

桩身混凝土所用的水泥、沙、石、水、外加剂及混合材料的质量和规格必须符合有关规范的要求，按规定的配合比施工。成孔后必须清孔，测量孔径、孔深、孔位和沉淀层厚度，确认满足设计或施工技术规范要求后，方可灌注水下混凝土。水下混凝土应连续灌注，严禁有夹层和断桩。嵌入承台的锚固钢筋长度不得低于设计规范规定的最小锚固长度要求。应选择有代表性的桩用无破损法进行检测，重要工程或重要部位的桩宜逐根进行检测。设计有规定或对桩的质量有怀疑时，应采取钻取芯样法对桩进行检测。凿除桩头预留混凝土后，桩顶应无残余的松散混凝土。

2. 实测项目

钻孔灌注桩实测项目：混凝土强度、桩位、孔深、孔径、钻孔倾斜度、沉淀厚度、钢筋骨架底面高程。

（三）沉井施工质量检验

1. 基本要求

混凝土桩所用的水泥、沙、石、水、外加剂及混合材料的质量和规格必须符合有关规范的要求，按规定的配合比施工。沉井下沉应在井壁混凝土达到规定强度后进行。浮式沉井在下水、浮运前，应进行水密性试验。沉井接高时，各节的竖向中轴线应与第一节竖向中轴线相重合。接高前应纠正沉井的倾斜。沉井下沉到设计高程时，应检查基底，确认符合设计要求后方可封底。沉井下沉中出现开裂，必须查明原因，进行处理后才可继续下沉。下沉应有完整、准确的施工记录。

2. 实测项目

沉井实测项目：各节沉井混凝土强度、沉井平面尺寸、井壁厚度、沉井刃脚高程、中心偏位（纵、横向）、沉井最大倾斜度（纵、横方向）、平面扭转角。

（四）扩大基础质量检验

1. 基本要求

所用的水泥、沙、石、水、外加剂及混合材料的质量和规格必须符合有关规范的要求，按规定的配合比施工，不得出现露筋和空洞现象。基础的地基承载力必须满足设计要求，严禁超挖回填虚土。

2. 实测项目

主要实测项目：混凝土强度、平面尺寸、基础底面高程、基础顶面高程、轴线偏位。

（五）钢筋加工及安装施工质量检验

1. 基本要求

钢筋、机械连接器、焊条等的品种、规格和技术性能应符合国家现行标准规定和设计要求。冷拉钢筋的机械性能必须符合规范要求，钢筋平直，表面不应有裂皮和油污。受力钢筋同一截面的接头数量、搭接长度、焊接和机械接头质量应符合施工技术规范要求。钢筋安装时，必须保证设计要求的钢筋根数。受力钢筋应平直，表面不得有裂纹及其他损伤。

2. 实测项目

钢筋加工及安装施工的实测项目：受力钢筋间距、螺旋筋间距、钢筋骨架尺寸、弯起钢筋位置、保护层厚度等。

（六）预应力筋的加工和张拉质量检验

1. 基本要求

预应力筋的各项技术性能必须符合国家现行标准规定和设计要求。预应力束中的钢丝、钢绞线应梳理顺直，不得有缠绞、扭麻花现象，表面不应有损伤。单根钢绞线不允许断丝。单根钢筋不允许断筋或滑移。同一截面预应力筋接头面积不超过预应力筋总面积的25%，接头质量应满足施工技术规范的要求。预应力筋张拉或放张时混凝土强度和龄期必须符合设计要求，严格按照设计规定的张拉顺序进行操作。预应力钢丝采用镦头锚时，镦头应头形圆整，不得有斜歪或破裂现象。制孔管道应安装牢固，接头密合，弯曲圆顺，垫板平面应与孔道轴线垂直。千斤顶、油表、钢尺等器具应经检验校正。锚具、夹具和连接器应符合设计要求，按施工技术规范的要求经检验合格后方可使用。压浆工作在5℃以下进行时，应采取防冻或保温措施。孔道压浆的水泥浆性能和强度应符合施工技术规范要求，压浆时排气、排水孔应在有水泥原浆溢出后方可封闭。按设计要求浇筑封锚混凝土。

2. 实测项目

预应力筋的加工和张拉实测项目：管道坐标（包含梁长方向和梁高方向）、管道间距（包含同排和上下层）、张拉应力值、张拉伸长率、断丝滑丝数。

（七）承台质量检验

1. 基本要求

所用的水泥、沙、石、水、外加剂及混合材料的质量和规格必须符合有关规范的要求，按规定的配合比施工。必须采取措施控制水化热引起的混凝土内最高温度及内外温差在允许范围内，防止出现温度裂缝。不得出现露筋和空洞现象。

2. 实测项目

承台实测项目：混凝土强度、尺寸、顶面高程和轴线偏位。

（八）混凝土墩、台身浇筑质量检验

1. 基本要求

混凝土所用的水泥、沙、石、水、外加剂及混合材料的质量和规格必须符合有关技术规范的要求，按规定的配合比施工，不得出现空洞和露筋现象。

2. 实测项目

混凝土墩、台身浇筑的实测项目：混凝土强度、断面尺寸、竖直度或斜度、顶面高程、轴线偏位、节段间错台、大面积平整度、预埋件位置。

（九）墩、台帽或盖梁混凝土浇筑质量检验

1. 基本要求

混凝土所用的水泥、沙、石、水、外加剂及混合材料的质量和规格必须符合有关技术规范的要求，按规定的配合比施工，不得出现露筋和空洞现象。

2. 实测项目

墩、台帽或盖梁混凝土浇筑实测项目：混凝土强度、断面尺寸、轴线偏位、顶面高程、支座垫石预留位置。

六、隧道工程质量检验

（一）隧道总体质量检验

1. 基本要求

洞口设置应符合设计要求。必须按设计设置洞内外的排水系统，不淤积、不堵塞。隧道防排水施工质量须符合相关规定。

2. 实测项目

隧道总体实测项目：车行道、净总宽、隧道净高、隧道偏位、路线中心线与隧道中心线的衔接、边坡、仰坡。

（二）（钢纤维）喷射混凝土支护质量检验

1. 基本要求

材料必须满足规范或设计要求。喷射前要检查开挖断面的质量，处理好超欠挖。喷射前，岩面必须清洁。喷射混凝土与围岩紧密黏合，结合牢固，喷层厚度应符合要求，不能有空洞，喷层内不容许添加片石和木板等杂物，必要时应进行黏结力测试，喷射混凝土严禁挂模喷射。受喷面必须是原岩面。支护前应采取排

水措施，对渗漏水孔洞、缝隙应采取堵水措施，保证喷射混凝土质量。采用钢纤维喷射混凝土时，钢纤维抗拉强度不得低于380 MPa，且不得有油渍及明显的锈蚀。钢纤维直径宜为0.3~0.5 mm，长度为20~25 mm，且不得大于25 mm。钢纤维含量宜为混合料质量的1%~3%。

2. 实测项目

（钢纤维）喷射混凝土支护实测项目：喷射混凝土强度、喷层厚度、空洞检测。

七、质量检验评定

（一）公路工程质量检验和评定的标准

公路工程质量检验和评定的标准是交通运输部颁布的《公路工程质量检验评定标准 第一册 土建工程》及项目专用技术规范。

（二）单位工程、分部工程和分项工程的划分

1. 单位工程

单位工程，是指在建设项目中根据签订的合同，具有独立施工条件的工程。

2. 分部工程

在单位工程中，应按结构部位、路段长度及施工特点或施工任务划分为若干个分部工程。

3. 分项工程

在分部工程中，应按不同的施工方法、材料、工序及路段长度等划分为若干个分项工程。

（三）工程质量评分方法

工程质量检验评分以分项工程为单元，采用百分制进行。在分项工程评分的基础上，逐级计算各相应分部工程、单位工程、合同段和建设项目评分值。

工程质量评定等级分为合格与不合格，应按分项、分部、单位工程、合同段和建设项目逐级评定。

施工单位应对各分项工程按《公路工程质量检验评定标准 第一册 土建工程》所列基本要求、实测项目和外观鉴定进行自检，按标准中的"工程质量检验评定用表"及相关施工技术规范提交真实、完整的自检资料，对工程质量进行自

我评定。

工程监理单位应按规定要求对工程质量进行独立抽检，对施工单位检评资料进行签认，对工程质量进行评定。

建设单位根据对工程质量的检查及平时掌握的情况，对工程监理单位所做的工程质量评分及等级进行审定。

质量监督部门、质量检测机构依据《公路工程质量检验评定标准 第一册 土建工程》对公路工程质量进行检测评定。

（四）质量保证资料

施工单位应有完整的施工原始记录、试验数据、分项工程自查数据等质量保证资料，并进行整理分析，负责提交齐全、真实和系统的施工资料和图表。工程监理单位负责提交齐全、真实和系统的监理资料。质量保证资料应包括以下六个方面：①所用原材料、半成品和成品质量检验结果；②材料配比、拌和加工控制检验和试验数据；③地基处理、隐蔽工程施工记录和大桥、隧道施工监控资料；④各项质量控制指标的试验记录和质量检验汇总图表；⑤施工过程中遇到的非正常情况记录及其对工程质量的影响分析；⑥施工过程中如发生质量事故，经处理补救后达到设计要求的认可证明文件等。

第三章 桥梁工程管理的内容

第一节 桥梁工程施工技术管理

技术管理是施工单位对生产技术工作进行的一系列组织、指挥、实施、协调和控制等活动的总称,也就是对施工中的各项目技术活动(如图纸会审、技术交底、材料和工程质量检验等)和技术工作的各要素(如技术责任制、技术文件、技术资料及技术档案等)进行的科学管理工作,这是实现施工项目技术目标的必要手段。

项目技术管理是一项复杂的、综合性的工作。首先,应建立有效的组织系统,确定技术管理责任制度等;其次,在工程施工的不同阶段有着不同的工作内容及重点,应明确各个阶段的工作重心,采用相应的组织和措施,同时将技术管理的必要性与具体活动的可操作性有机结合起来,才能发挥技术管理对实现桥梁施工目标的保证作用。

一、概述

施工技术管理的任务是对项目施工全过程运用计划、组织、指挥、协调和控制等管理职能,促进技术工作的开展,正确贯彻国家的技术政策、技术法规和上级有关技术工作的指示与决定。动态地组织各项技术工作,优化技术方案,推进技术进步,使施工生产始终在技术标准的控制下按设计文件和图纸规定的技术要求进行,使技术规范与施工进度、质量、成本达到统一,从而保证安全、优质、低耗、高效地按期完成项目施工任务[1]。

二、施工技术管理的基础工作

在工程项目实现施工质量、工期、成本、安全等预定目标的进程中,为充分

---

[1] 张振华. 桥梁工程标准化施工管理[D]. 西安:长安大学,2012.

发挥技术管理的保证作用，必须做好各项基础工作。

（一）建立技术管理组织系统及管理制度

1.技术管理组织系统

（1）施工企业组织系统

施工企业设总工程师和技术管理部门，对各工程项目的技术管理工作实行集中统一领导。通过各项管理活动，对各工程项目在施工全过程中的技术要求，包括现代化施工水平、施工技术难点等进行预测、预计，对施工技术力量进行综合协调平衡。充分发挥企业整体的技术优势，对高难度的技术问题组织攻关，以保证各项目的施工活动正常、有效地进行。

（2）项目组织结构

项目经理部设项目总工程师和负责项目施工全过程技术管理工作的机构，针对具体工程项目的技术需要开展工作。该机构的职能人员来自企业技术管理部门，在业务上受企业技术管理部门的指导。参与项目施工的作业层施工队的项目技术负责人和单位工程技术负责人，在业务上受该项目的施工技术管理机构领导。项目总工程师、施工队项目技术负责人和单位工程技术负责人在项目施工期间应保持相对稳定。

2.管理制度

建立健全严格的技术管理制度，把施工项目的技术管理工作科学地组织起来，使技术活动无论在室内还是作业现场，都有明确的目标、具体的内容和严格的检查制度，从而增强技术活动的可操作性和可检验性，保证管理工作有章可循。这对于有条不紊、有目的地开展技术工作，建立正常的生产技术秩序都有很重要的意义。管理制度的内容取决于施工管理体制和管理水平，难以形成统一的标准或规定。一般认为，根据在施工过程中开展的技术活动，主要应建立下述几种管理制度。

（1）图纸会审及设计变更技术核定制度

图纸会审是为了及时发现和纠正图纸本身的错误，避免因盲目"按图施工"而导致严重后果，影响正常的施工生产。会审图纸必须有领导、有组织、有步骤地进行，一般由建设单位组织，设计单位交底，监理单位、施工单位及有关部门参加。会审图纸的内容主要有：①设计是否符合国家有关技术标准、技术规范和技术规程的规定。②图纸及设计说明是否完整、齐全、清楚，图中尺寸、坐标、标高、轴线、各种管线等是否准确；一套图纸前后是否一致；互相联系的各套图纸设计是否有矛盾；同一设计的地上与地下部分是否吻合。③主要结构的设计在强度、刚度、稳定性等方面有无问题，主要部位的结构构造是否合理。④施工技术装备条件能否满足工程设计的要求；采用新结构、新工艺、新技术的设计，施工单位在技术上有无困难，能否确保工程质量和满足安全施工的要求。⑤道路、桥涵等各种图纸之间是否有矛盾，在互相交叉施工时有无问题。⑥设计所选用的各种材料、配件、构件（包括特殊和新型的），在采购供应时，其品种、规格、性能、质量、数量等方面能否满足设计需要。⑦对设计中的疑问，可请设计单位解释清楚。⑧其他有关问题及合理化建议。

在施工过程中，由于设计图纸本身的差错，使得设计图纸或图纸会审纪要与实际情况仍不相符，或由于施工条件变化，造成原材料的规格、品种、质量不符合设计要求，以及职工提出合理化建议等，需对设计图纸部分内容进行修改，此时，必须按照规定程序办理工程设计变更。对设计图纸的变更，施工单位、设计单位、建设单位都可以根据具体情况提出，但都必须严格执行技术核定制度。所谓技术核定制度，就是针对工程变更内容，召集有关部门在技术上、经济上、质量上和使用功能上充分研究、协商，当各方取得一致意见后，以文字形式记录下来，并由技术负责人签署。任何一方提出的变更联系单都必须经另两方签署同意后，才可作为施工的依据。工程设计变更联系单是对设计图纸的修改和补充，与设计图纸具有同等效能，是施工和竣工决算的重要依据之一，应认真地整理并归入技术档案。

（2）施工日记和施工记录制度

施工日记是在整个施工阶段，对施工活动（包括施工组织管理和施工技术）和现场情况变化的综合性记录。从开始施工时，就应以单位工程技术负责人为首，由全体技术人员参与，按单位工程分别逐日记录，直至工程竣工。在工程竣工验收时，施工日记是质量评定的一项重要依据，也是施工技术人员处理施工问题的备忘录和总结施工管理经验的基本素材。工程投入使用后，施工日记在制定维修和加固方案时也是一个重要依据，工程竣工后，由施工单位列入技术档案保存。施工日记的主要内容：日期、气候、工程部位、施工队组、施工活动记载。其中施工活动记载包括：①主要分部、分项工程施工的起止日期的记录；②施工中的特殊情况（停电、停水、停工等）记录；③质量、安全、设备事故（含未遂事故）发生的原因、处理意见和处理方法的记录；④设计单位在现场解决问题的记录（若设计变更应由设计单位出具变更设计联系单）；⑤变更施工方法或在紧急情况下采取的特殊措施和施工方法的记录；⑥进行技术交底、技术复核和隐蔽工程验收等的摘要记载；⑦有关领导或部门对该项工程所作的指示、决定或建议的记录；⑧其他情况记录（如混凝土、砂浆试块编号等）。

施工记录是按工程施工技术规范及验收规范中的规定填写的各种记录，是检验施工操作和工程质量是否符合设计要求的原始数据。其中有些记录（如隐蔽工程、地质钻孔资料等），须经有关各方鉴证后方可生效。作为技术资料，在工程完工时，应交建设单位列入工程技术档案保存。

（3）技术交底制度

技术交底应在分部、分项工程施工前进行。要结合各分部、分项工程特点有的放矢地作好交底。通过技术交底，使参与施工的技术人员和工人明确所担负工程任务的特点、技术要求、施工工艺等，做到心中有数，以利于有计划、有组织地开展工程施工。

技术交底工作一般应分级进行。凡重要工程项目，以及采用新技术、新结构、新材料、新工艺等的工程，应先由公司总工程师或项目总工程师向有关职能部门人员、作业层技术员以及有关班（组）长进行交底，如桥梁施工单位的技术总负责人，应将全桥各部的结构构造、主要尺寸、质量标准、施工方法、施工程序、进度要求及安全措施，各分部工程施工组织的分工和配合，主要施工机具的安排和调配等，连同整个工程的施工计划，向所属工程队长及全体技术人员进行交底。作业层技术员再根据上级技术领导交底的内容和要求，向操作队长及全体技术人员进行交底。一般工程项目，操作工人较为熟悉的，可以由作业层技术员向工人交底。

作业层技术员向工人交底的主要内容：①图纸交底，主要是设计图纸上必须特别注意的问题，如全桥各部的结构、尺寸、中线、标高等；②工艺交底，采用的施工方法、操作工艺和其他工种的配合要求等；③材料交底，所用材料的规格、品种、质量及使用要求；④规范、标准交底，施工规范、质量评定标准中的有关要求；⑤措施交底，保证质量、安全生产、降低成本、文明施工和工程产品保护等技术措施的要求；⑥样板交底，凡采用新技术、新工艺、新材料的工程和技术复杂的工程，应在正式施工前做出样板或实际样品，经有关各方核查研究同意后，方可正式施工。

交底的方式有会议交底、书面交底、口头交底、挂牌交底、样板交底等，使用时应根据工程实际灵活运用。

（4）材料、构配件检验制度

工程材料、构配件质量的优劣，在很大程度上决定了桥梁工程质量的好坏。正确合理地使用材料、构配件，是确保工程质量、降低成本、节约原材料的关键。因此，应该重视材料、构配件的试验、检验工作。

凡用于施工的原料、材料、构件等物资，必须由供应部门提出合格证明文件，对那些没有合格证明文件，或虽有证明文件但技术领导或质量管理单位认为有必要检验的物资，在使用前应按规定程序进行抽查、复验，证明合格后才能使用。

为了做好材料、构配件的检验工作，施工企业及各个项目经理部都应根据实际需要，建立和健全试验、检验机构，配备试验人员，补充仪器设备。试验、检验机构应在各级主管工程师或技术部门的领导下，严格按照国家有关的试验操作规程进行操作，提出准确可靠的数据，确保试验、检验工作的质量。

凡初次使用的材料、结构构件或特殊材料、代用材料，必须经过试验和鉴定，并制定操作规程，经上级技术主管部门批准后，才能正式用于施工或推广应用。有关材料、构件、半成品等的合格证明文件或抽样检验报告，应列入技术档案资料，妥善保存。

3. 桥梁工程验收制度

桥梁工程验收是检查评定工程质量的重要一环。在施工过程中除按有关质量标准逐项检查操作质量以外，还必须根据桥梁工程的施工特点对隐蔽工程、结构工程和竣工工程进行工程产品验收。

桥梁工程质量验收的内容，应按《公路桥涵施工技术规范》及《公路工程质量检验评定标准》的规定进行。应特别注意基础地质、基础墩台位置及尺寸，各种结构物的外观及尺寸，钢筋弯制、焊接、安装的质量，模板制作、安装的质量，混凝土配料精度及拌和、浇注、振捣，养护的质量及其强度，桥面、栏杆的外观及线形等，所有检验工作都应进行记录。

（1）隐蔽工程验收

所谓隐蔽工程是指那些在施工过程中上一工序的工作结果会被下一工序所掩

盖，今后无法进行复查的工程部位。例如湿软地基的换填层、墩基承台的基坑和基础、钢筋混凝土工程中的钢筋等。因此，这些工程在下一工序施工以前，须由作业层技术员通知工程监理人员对其进行检查、验收，并认真办好隐蔽工程验收签证手续。做好隐蔽工程验收是保证质量、防止留下质量隐患的重要措施。

（2）结构中间验收

在分部或单位工程施工过程中，经由监理工程师逐道工序检查认可，待该项工程完工后，再由项目经理部总工程师及时通知监理工程师，对工程质量进行全面检查和评定。

中间验收的内容包括：外观检查，即检查工程结构外观质量是否符合质量标准和设计要求；各项工程技术鉴定，包括原材料试验、试块强度、隐蔽工程验收、技术复核、质量评定，必要时需进行实验或复验。中间验收合格后，须由双方共同签字留证。

（3）桥梁竣工验收

桥梁工程竣工验收由建设业主、监理工程师和工程承包施工方共同组织，依据是承包合同和有关的通用工程质量验收管理办法及标准，对所建项目进行全面、综合、最终的检查验收。在交工过程中，若存在不合格的项目，应限期修复完工，到时再行验收，直至合格。竣工验收合格后，应评定质量等级，办理工程交接手续，存入技术档案，同时开放交通。这时，施工方应将工程使用管理权交还建设业主，但施工承包单位在缺陷责任期中仍负有保修职责。

（二）建立以主管工程师为首的各级技术负责制

施工企业一般实行四级技术负责制，企业设企业总工程师，项目经理部设项目总工程师，施工队设主任工程师，单位工程设技术负责人，实行技术工作的统一领导和分级管理，推行责任制。

企业总工程师是企业经理在技术管理工作和推行技术进步方面的助手，在企业经理的领导下，对企业的技术工作负全面责任。

项目总工程师是项目施工现场的技术总负责人，业务上受企业总工程师的直接领导，在项目经理的具体领导下，对该项目的技术工作全面负责。他的基本任务是协助项目经理，组织领导该项目经理部的技术管理机构和各参与施工的作业层全体技术人员，通过各项技术管理活动，合理组织施工，执行国家有关技术政策和实施上级颁发的技术标准、技术规范、规程，以及各项技术管理标准、质量管理标准。

施工队主任工程师是工程队长在技术管理、推行技术进步和现代化管理等方面的助手，是施工队技术管理系统的负责人，对工程队的技术工作负全面责任。根据有关技术要求，结合施工现场实际情况，编制或组织编制工程队承担的施工项目的施工组织设计或施工方案。当一个施工队同时承担多个项目施工时，工程队主任工程师应当对工程项目的各项技术管理工作巡回检查指导。

单位工程技术负责人是施工队主任工程师（或项目技术负责人）在技术管理工作方面的助手，在施工队长的领导下，合理安排施工顺序，具体指导作业班组按施工图的设计要求组织施工，执行施工技术标准、规范、规程及有关规定，执行技术管理标准和质量管理标准。

（三）建立技术管理和标准化体系

技术标准和技术规程是技术标准化的主要内容，是组织现代化施工的重要技术保证，是组织施工和检验、评定各种材料的技术性能或等级技术依据，也是检查和评定工程质量的标准。

桥梁工程施工技术标准，是对桥梁、工程施工方法进行指导和控制，对施工质量及其检查验收标准作出规定的法令性文件。技术规程是技术标准的具体化、规程化。这些技术规程有：工艺规程，规定产品生产的步骤和方法；操作规程，主要规定工人操作方法和使用工具设备的注意事项；设备维护和检修规程，规定设备维护检修的方法和要求；安全技术规程，规定施工生产过程中应遵守的安全要求、注意事项等。桥梁工程施工，还应根据其特点，制定某些专用的安全规程，如水上作业、高空作业、沉井施工、桩基施工等安全操作规程。

技术标准和规程分国家标准、部级标准和企业标准三级。后一级必须依据和遵循前一级的标准和要求，且是对前一级的具体化和补充。

标准和规程，是一定历史条件和技术经济条件下工程实践的总结。因此，它不是一成不变的，必然要随着生产力的发展、技术水平的提高，每隔一定时期作必要的补充、修订和完善，以适应施工生产的技术管理需要。

贯彻执行技术标准和规程的基本要求：组织施工人员学习各种有关的标准与规程，并要求他们熟悉和掌握；加强技术监督和检查；将技术标准和规程作必要的分解和具体化。如对工程质量标准和操作规程，从原材料到每道工序、半成品和成品，在每一个具体工种的施工生产过程中进行分解，从而规定具体的要求，以便执行者明白技术标准和规程所要求达到的目标，从而更好地执行。

（四）收集信息和开展科学技术研究

随着科学技术和社会生产力的发展，现代化大生产的生产力虽然仍由劳动力、劳动对象和生产资料三要素构成，但其内涵发生了重大变化。技术管理作为智力型生产力要素，在生产力形成过程中发挥越来越重要的作用。因此要高质量、高速度、高效益地完成工程项目的建设，必须依靠科学技术的进步。技术进步工作的内涵和内容，已由单纯对技术成果的开发与管理发展为"全面技术管理"的概念。在具体实施过程中，就是通过大量运用企业内外及国内外的信息资料，密切结合本企业的施工实际，以提高企业施工效益和社会信誉为总目标，针对桥梁工程项目实施过程中存在的各种技术问题，不断进行科学的分析、实验和研究，提出行之有效的技术方法、手段和措施，积极指导和运用于施工实践，使技术进步的巨大作用在工程项目建设中得到发挥。因此，这是一项全面、长期和准备性的技术管理工作，要促进这项工作积极开展，有效的办法就是建立固定的组织和制定明确的制度，有计划地开展活动，定期检查总结，使其真正贯穿于整个技术活动之中。

对于科技信息，必须重视信息资源，建立信息系统，组织信息交流。科技信息工作的内容，主要包括有关资料的收集、整理和报道等。科技信息的获取方式，可采用人工检索、参观学习或计算机上网查询等方式，对生产中的关键问题和普遍问题，可按专题系统收集资料，组织小型研究会、专题讲座、现场交流等。

技术文件是根据施工的需要在施工过程中产生的，是施工经验的积累和总结，是技术管理的重要手段和对象。技术文件的内容十分丰富，主要包括各种施工图纸和说明书、各种技术标准以及施工中的记录、签证材料等有关的技术档案。技术文件的管理应根据实际需要，建立和健全专职管理机构。总公司和公司一级应建立技术档案资料室，项目经理部等基层单位应设立技术资料组或安排专职人员实行集中统一管理。对技术文件的收发、复制、修改、审批、会签、归档、保管、借用和保密等环节，都应该建立一套严格的管理制度，以保证技术文件的完整性、正确性和及时性，从而满足施工生产和科学研究的需要。

三、施工技术的目标控制管理

在项目施工中的技术管理推行项目技术系统目标控制管理,对于顺利完成各项技术管理工作是非常有效的。技术系统目标管理是方针目标管理在技术系统管理中的具体应用。它要求从技术管理、质量管理、安全技术、计划管理、技术进步等方面,将方针目标层层展开,抓住主要控制环节,制定出实施对策,并明确责任单位和完成日期。其核心是用现代化的管理技术与方法实行目标预控,体现管理的先导性和规范性。其措施和方法是从基础工作入手,全过程与全员参与技术管理,并通过层层相关的计划—执行—检查—总结的技术管理的 PDCA 运作循环,逐个实现各个具体目标,从而在项目实施过程中保证总目标的最终实现。下面从项目施工的三个阶段及缺陷责任期的技术管理角度来依次阐述。

(一)施工准备阶段的技术管理

施工前的技术准备工作是为了创造有利的施工条件,保证施工任务得以顺利完成。它的主要工作内容及基本任务是了解和分析建设工程特点和进度要求,摸清施工的客观条件,编制施工组织设计,合理部署和全面规划施工力量,制定合理的施工方案,充分、及时地从技术、物资、人力和组织等方面为工程施工创造一切必要的条件,使施工过程连续、均衡、有节奏地进行,保证工程在规定期限内交付使用,同时使工程施工在保证质量的前提下做到提高劳动生产率和降低工程成本。在施工准备的诸项工作之中,以网络计划技术为手段的施工组织设计的编制应列为中心内容。

施工组织设计既是指导一个工程项目进行施工准备和施工的基本技术经济文件,又是企业作好项目之间动态平衡的依据。根据各工程项目的施工组织设计,企业可在人力和物力、时间和空间、技术和施工组织上作出全面且合理的安排,最大限度地满足人力、财力、物资、机械等在项目之间的合理流动,达到在动态中实现平衡的目的。项目动态管理加快了各项工作的节奏,施工组织设计的编制也应适应动态管理的需要。

加强施工组织设计编制的组织工作。在工程承包合同签订以后,及时组织编制施工组织设计。大型工程项目由企业总工程师领导,技术管理部门具体组织,项目经理部及参加施工的有关人员具体编写;中心型项目由项目总工程师组织项目经理部、技术管理机构和参加施工的有关人员一起编写,最后由主编汇总整理，组织相关人员修改定稿。大型工程项目的施工组织设计报企业总工审定，企业经理批准；中小型项目由项目总工审定，项目经理批准。

施工组织设计的编制依据、编写格式、基本内容和编写审批程序应有统一规定，编制时应尽可能采用图表形式，实行标准化管理。

（二）桥梁施工过程中的技术管理

施工过程的技术管理即施工现场技术管理，是施工技术管理的主要内容，是一个动态管理过程。项目经理部为了实现质量、工期、成本、安全的预定目标，搞好现场文明施工，必须加强施工过程的技术管理。桥梁工程的施工管理工作的主要内容：①搞好图纸会审，坚持按图施工；②编制并优化施工方案或施工措施，包括降低成本措施、合理化建议等；③严格按照施工组织设计和施工方案的各项要求组织施工，作好技术交底，认真执行规范和规程，保证施工质量和施工安全；④及时检查施工进度和计划执行情况，并根据实际变化有效地调整资源使用计划，确保工程按期完成；⑤认真记好施工日记，作好各种施工记录和隐蔽工程检查记录；⑥及时作好施工技术资料的积累和整理，按规定填写各种交工技术表格，由各有关人员签字认可，并办理质量评定验收手续，确保与施工进度保持同步，也为工程竣工验收阶段迅速完成交工技术资料作好准备；⑦项目经理部应结合网络计划节点考核，同时考核施工技术资料的积累是否与工程进度保持同步，并依据工作成效对相关人员进行考核。

（三）桥梁工程竣工验收阶段的技术管理

竣工验收是工程施工的最后一个环节，是全面考核施工成果、检验施工质量的重要技术管理阶段。竣工验收阶段的工作主要包括两个步骤：第一，施工单位自检；第二，正式验收阶段，即由施工企业会同建设单位、设计和监理单位共同验收。这里主要从施工企业方面简述这一阶段的技术管理工作。

竣工验收阶段技术管理的一般程序：竣工验收准备→编制竣工验收计划→组织现场验收→移交竣工资料→办理竣工手续。

在这一阶段中，施工企业开展的主要工作：①组织试验人员进行以试通车为主的全面试验检查；②按单位工程组织预验收，填报竣工报告；③整理交工报告，编写技术总结；④向业主及监理工程师办理竣工验收和交工技术文件归档。

竣工验收阶段时间短、工作量大，因此在该阶段，应特别重视作好交工资料的收集和整理，并与工程完工尽可能同步，保证迅速交工。

交工技术资料的整理有两项内容：第一，将平时积累的资料进行审查整理，检查有无错项和遗漏，使之成为一套完整齐全、先后有序、真实可靠、质量达标的竣工资料。第二，竣工图的绘制。由施工企业负责绘制的竣工图有两种情况，一种是按原图施工没有变动的，只要在原施工图上加盖"竣工图"章，即可作为竣工图归档，这种情况比较简单，工作量不大；另一种情况是在施工中仅作一般性设计变更，则要求在施工图上说明修改的部位，并附上设计变更文件，或直接在施工图上修改，再加盖"竣工图"章，作为竣工图，这种情况的工作量较大。为了减少工作量、提高功效、缩短绘制时间，可采用刻有"此处有修改，见××号设计变更联络笺"和"此外有修改，见×月×日技术签证"的印章，并印在施工图修改部位的附近，填上联络笺字号或技术签证日期，最后再加盖"竣工图"章。

作业层和项目经理部必须在工程竣工后一定时间（一般是一个月）内，将交工技术资料和竣工图整理装订成册，送交项目监理工程师审核，在一个月内为业主办理手续，并返回技术资料一份，送交企业综合档案室存档。这一工作应视为施工进度控制网络计划延伸的最后一个节点，为节点考核内容。

（四）桥梁工程缺陷责任期的技术管理

桥梁工程的缺陷责任期是工程项目交付使用后的保修期，在此期间，施工企业应主动对业主及施工项目进行回访，根据签订的缺陷责任期中明确的保修范围、期限及责任，对施工单位责任范围内的各项问题履行保修责任。

桥梁工程缺陷责任期的回访，一般可根据实际情况采用季节性、技术性回访，并对特殊工程进行专访，另外，在保修期结束前也应对其进行回访。施工企业在进行回访时，在技术方面应作好充分的准备，组织相关技术人员，必要时可以邀请科研人员及专家参加。责任期的回访应有认真的态度，必须能解决实际问题，同时应作好回访记录，必要时应写回访纪要。走形式的态度会放松这一阶段的技术管理，忽略一些施工中不易发现的问题。

桥梁工程缺陷责任期的回访与保修制度也是施工技术管理中的一个重要环节。首先，此项制度有利于施工企业重视对工程的管理，尤其是质量管理，同时可以及时发现问题，找到工程施工质量的通病，以及相应的技术管理的薄弱环节，从而不断改进施工工艺，提高施工的技术水平；其次，此项制度体现了工程施工企业对工程负责的精神，同时加强了业主与施工企业的沟通与联系，大大增强了施工企业的社会信誉。

桥梁工程缺陷责任期的回访与保修制度中的技术管理是对施工过程技术管理的有益补充，从其对工程项目的重要性以及对施工企业自身的作用方面来看，都是桥梁施工技术管理中不可或缺的重要环节。

第二节 桥梁工程施工质量管理

质量管理是施工单位在项目施工过程中，对工程质量方面的各项指挥和控制组织、协调的活动。通过确定施工项目的质量目标，建立有效的质量管理体系，通过各层面的 PDCA 循环，控制工程质量，使分部分项工程达到质量检验评定标准的各项要求，采取既定的保证施工质量的技术组织措施，确保施工项目质量目标的实现。

对于桥梁工程项目的质量管理，主要采用的是全面质量管理（TQC）。全面质量管理是全过程、全方位、全员参与的质量管理。管理的重点在于工序控制和质量检验，充分利用现代科技及检测手段，并将主动控制与被动控制相结合，同时建立职责明确的质量责任制，才是提高工序、分项、分部、单位工程，以至整个项目质量水平的有效途径。

一、桥梁施工全面质量管理

（一）质量管理的发展阶段

随着科学技术的发展，质量管理由初始的质量检验阶段逐步发展到现今的全面质量管理阶段，大体经历了以下三个阶段。

1. 质量检验阶段

从 20 世纪初至 20 世纪 30 年代，质量检验仅限于专业技术人员对产品质量进行检验，其目的是发现不合格产品，是一种事后检验。

2. 统计质量管理阶段

从"二战"结束后至 20 世纪 60 年代，在产品的生产过程中引入了统计学的理论，对生产过程实行工序控制，以达到既把关又帮助过关的目的。

3. 全面质量管理阶段

国外从 20 世纪 60 年代开始，国内从 20 世纪 70 年代末期开始进入全面质量管理阶段，其发展先于工业生产，后逐渐在工程施工中得到广泛的应用。

（二）桥梁工程质量管理的重要意义及原则

1. 桥梁工程质量管理的重要意义

桥梁工程质量是桥梁使用价值的集中表现，只有符合质量要求的工程才具有使用价值，才能投入生产和交付使用，取得投资效果。质量不合格，就丧失了使用价值，是最大的浪费。工程质量高，使用价值就大。因此，在施工中必须牢固树立"百年大计，质量第一"的思想，做到"好中求快，好中求省"。

投资者（建设单位）最关心工程的质量，从一定意义上说保证工程质量应被视作施工企业的生命，不重视工程质量的施工企业必将在竞争中被淘汰。

就企业来说，要增加社会物质财富和经济效益：第一，加快施工进度，增加产品数量；第二，提高产品质量；第三，降低成本。而提高产品质量则是国家根本利益所在，没有质量的工程就没有效益，就不能形成财富；如果不能保证工程质量，则无法谈及节约成本，速度再快也是浪费。

在现代化的建设中，工程质量好坏不仅关系到企业的信誉，而且关系到人民生活，关系到国民经济的全局。由于桥梁工程与道路工程不同，即便是一般的桥梁，其质量一旦出现问题，均会对行人的生命造成巨大危害，这样的惨痛教训为数不少，因此桥梁工程确为"百年大计，质量第一"。

总而言之，保证工程质量合格，是施工企业求产值产量、求速度、求成本节约、求企业信誉、求经济效益和社会综合效益的基础，必须把工程质量当成关系现代化建设的大事来抓。

2. 桥梁施工项目质量管理的原则

对施工项目而言，质量管理就是为了确保达到合同、规范所规定的质量标准，所采取的一系列检测与监控的措施、手段和方法。在进行施工项目质量管理过程中，应遵循以下几点原则。

（1）坚持"质量第一，用户至上"

桥梁工程作为一种特殊的商品，使用年限较长，是"百年大计"，其质量直接关系到人民生命财产安全。所以，桥梁工程项目在施工中应自始至终把"质量第一，用户至上"作为质量管理的基本原则。

（2）以人为本

人是质量的创造者，质量管理必须以人为本，把人作为控制的动力，调动人的积极性、创造性；增强人的责任感，树立质量第一观念；提高人的素质，避免人为失误，以人的工作质量保工序质量、促工程质量。

（3）全面控制施工过程，重点控制工序质量

任何一项工程均由若干分项、分部工程组成，而工序又是组成它们的基础单元，只要每一道工序均能保证质量，整个工程的质量就能得到保障。

（4）坚持质量标准、严格检查，一切用数据衡量

质量标准是评价产品质量的尺度，数据是质量管理的基础和依据。工序质量、工程质量是否符合质量标准，必须通过严格检查，应科学分析，用数据衡量。

（5）以防为主

以防为主，就是要从对质量的事后检查把关，转向对影响质量因素的事前管理，转向对质量的事前控制、事中控制；从对工程项目质量的检查，转向对投入品质量、工作质量的检查，对工序质量的检查，对中间产品的质量检查。这是确保施工项目质量的有效措施。

（6）贯彻科学、公正、守法的职业规范

桥梁施工项目经理在处理质量问题的过程中，要尊重客观事实、尊重科学、正直、公正，不持偏见；遵纪守法，杜绝不正之风；既要坚持原则、严格要求、秉公办事，又要谦虚谨慎、实事求是、以理服人[①]。

（三）桥梁工程全面质量管理的概念及基础要求

1. 桥梁工程全面质量管理

在桥梁工程的施工中，其质量的管理应采用全面质量管理。所谓全面质量管理，类似于全面技术管理，就是全过程、全方位、全员参与的质量管理，是施工项目部或企业为提高工程质量，组织项目部全体职工及企业有关职能部门同心协力，综合运用管理技术、专业技术和科学方法，经济合理地开发、研制、生产并提供令用户满意的工程的管理活动。

桥梁工程全面质量管理的直接目的是保证和提高桥梁施工生产工作质量和工

---

① 申爱国.桥梁工程施工技术[M].武汉：武汉大学出版社，2016.

程质量，提供令用户满意的工程。桥梁施工的全面质量管理中质量的含义主要有以下两方面。

第一，是指工程质量，即所造桥梁能够满足国家建设和人民需要的自然属性。工程质量一般包括适用性、可靠性、安全性、经济性和使用寿命等，也就是工程的使用价值。桥梁工程的施工质量，是指其所含构筑物或构件是否符合设计文件和《建筑安装工程施工及验收规范》《公路工程质量检验评定标准》的要求，以及施工周期、缺陷责任期的长短及服务内容和质量。

第二，指工序质量。施工企业工程项目的经营管理、技术组织工作不仅是提高工程质量的保证，也是提高企业经济效益的保证。它不像产品质量那样直观，它体现在有关施工工程的过程中，并通过经济效果、生产效率、工作效率和产品质量集中地表现出来。

2. 桥梁工程全面质量管理的基本要求

（1）桥梁工程全面质量管理所含的范围

桥梁工程全面质量管理所含的范围是质量产生、形成和实现的全过程。桥梁工程项目的全过程包括工程的设计、制造和使用过程，也就是工程项目质量的产生、形成和实现过程。要保证工程质量就要管好施工全过程，对施工全过程的质量管理应体现预防为主的思想，并将各个环节都管起来，形成一个全面的、综合性的质量管理工作体系；并要求施工全过程的各个环节都要树立为用户服务的思想。在项目部的内部，每道工序都应该把自己的下道工序当作用户，才能目标一致、协调地建造出令用户满意的工程来。

（2）桥梁工程全面质量管理要求

桥梁工程全面质量管理是全企业的管理。桥梁工程的施工虽然只是一个项目部的工作，但是其质量管理工作仍然与企业的管理体系、制度、目标息息相关。

项目部要实施企业的质量决策，进行质量方针展开、目标分解和质量计划的执行。项目部的职工要按照各自的质量职能，进行具体的业务管理；严格按照技术标准、规章制度进行具体工作，完成各项任务。全面质量管理必须是全企业的管理，同时，在工程质量的产生、形成与实现的全过程中，质量职能分散在与全过程有关的各个职能部门及人员之中，要保证或提高工程质量，就必须将分散在各部门及人员中的质量职能充分地发挥出来。所以企业的各有关部门及人员都要参加全面质量管理，全面质量管理必须是全企业的管理。

（3）全面质量管理是要求全员参加的质量管理

项目的全面质量管理所管的范围是全过程的，要求是全企业的管理，因此全面质量管理要求全体人员都来参加。只有通过企业的各级领导和各相关职能部门、项目部全体成员的共同努力，才能实现全面质量管理，才能真正把工程质量搞好。工程质量是施工各个环节相关部门的工作质量的综合反映，因此上至企业负责人、项目经理，下至每个工人，都应积极参加全面质量管理，自觉地参加质量管理的各项活动，努力做好本职工作，不断提高个人的技术素质、管理素质和政治素质，牢固地树立质量第一的思想，有强烈的质量意识，这样才能不断地提高施工质量，创造更高的经济效益和社会效益。

（4）全面质量管理应用的管理方法多样

现代科学技术的发展及社会文明的不断提高，对工程质量提出了越来越高的要求。同时，影响工程质量的因素也越来越多、越来越复杂。既有物的因素，又有人的因素；既有企业内部的因素，又有企业外部的因素；既有技术的因素，又有组织管理的因素。要满足社会需求，做好一系列影响工程质量的控制管理工作，必须采用一整套科学的质量管理方法。

全面质量管理所应用的方法是多种多样的，其中有排列图、直方图、控制图、回归分析法、抽样检查法、正交试验法等多种常见的统计方法，也有大家比较熟悉的 PDCA 循环工作法，还有价值分析法、系统工程和运筹方法等，同时又广泛地运用了科学技术的最新成果，如先进的专业技术、检测手段和计算机技术等。目前用得最多最有效的是数理统计方法。随着全面质量管理的推广和深入，它所应用的方法也会有所发展、有所创新，并更为有效。

（四）桥梁工程全面质量管理的基础工作

桥梁工程施工项目要推行全面质量管理，就必须做好质量教育、标准化、计量、质量责任制和质量信息等五项基础工作。为了更好地开展全面质量管理，还必须为施工项目组织起各种类型的质量管理小组，以吸收更多的职工参加质量管理活动并为建立健全质量保证体系打好群众基础。

1. 桥梁工程质量教育工作

（1）桥梁工程质量教育的内容

桥梁工程质量教育工作包括两个方面的内容：第一，技术教育与培训；第二，全面质量管理基础知识的宣传教育。工程质量的好坏，归根到底取决于参与施工的人员的技术水平、管理工作水平和质量意识,如果职工缺乏必要的技术训练,没有掌握好必要的操作技术,肯定创造不出好产品来;如果项目的管理人员和技术人员不能熟练地掌握有关的业务、技术和管理知识,缺乏工作能力与组织能力,也不能保证工程的施工质量及效益。所以必须对全体职工不断进行有关质量的教育与培训,使全体职工牢固树立质量第一的思想,强化质量意识,掌握全面质量管理的基本理论,熟练运用全面质量管理的各种方法。

(2)桥梁工程质量教育的任务

桥梁工程质量教育工作的主要任务就是要不断增强全体项目施工人员的质量意识,并使其能够掌握和运用质量管理的方法和技术。通过质量教育,使全体项目施工人员树立质量第一的思想,认识到质量与人民生活息息相关,识别到质量是企业生存和发展的根本所在,认识到提高质量对于现代化建设的重要意义,使每个职工明确自己在提高质量中的责任,自觉提高工作质量。因此,质量教育工作是项目施工的需要,是现代化建设的需要,也是企业推行全面质量管理的一项基础工作。

2. 标准化工作

(1)标准的内容

标准是指为取得全局的最佳效果,依据科学技术和实践经验的综合成果,在充分协商的基础上,对经济、技术和管理等活动中具有多样性、相关性特征的重复事物和概念,以特定的程序和形式颁发的统一规定。技术标准在我国一般又分为国家标准、部颁标准和企业标准。管理标准是组织和管理企业生产经营活动的依据和手段。管理标准包括企业规定的施工生产经营工作标准、管理业务标准和生产班组管理标准等。例如施工项目的各项管理活动的工作程序、办事准则、工作规程和规章制度等。

(2)标准化工作的重要性

标准化是指以国家利益为目标,以重复性特征事物和概念为对象,以管理、技术和科学实验为依据,以制定和贯彻标准为主要内容的一种有组织的活动过程。对施工企业来说,从原材料进场到产品完成的各个环节都要有标准,要建立一套完整的标准化体系,既有技术标准,又有管理标准。没有标准就无法进行质量管理。随着科学技术的发展和社会需要的扩大,标准化的对象与范围越来越广泛,几乎无所不包,其中大多数标准都同质量管理直接有关。可以说,标准是质量管理的基础，是质量管理体制贯彻执行标准的保证。在桥梁施工项目中要推行全面质量管理，就必须在施工企业及项目部中认真做好标准化这项基础工作。

3. 计量工作

计量工作是桥梁工程施工的重要环节，是保证工程质量的重要手段和方法。计量工作的首要任务是统一国家的计量单位制度，组织量值传递，保证量值的统一。没有计量单位制度的量值的统一，执行标准就是一句空话，全面质量管理也就无从谈起。所以做好计量工作，包括测试、化验、分析、能源计量等工作，是开展全面质量管理的一项重要的基础工作。

计量工作的主要要求：配备齐全必要的量具和分析、化验用的仪器，要做到完整无缺；保证量具和仪器的质量稳定，示值准确一致；出现异常时修复要及时；选择正确的测定计量方法。要搞好计量工作，必须着重抓好以下几个主要环节：①建立必要的计量组织机构并配备适当的计量人员；②建立健全计量管理制度；③保证计量器具和仪器的正确合理使用；④定期进行计量器具和仪器的检定；⑤及时修理（或报废）计量器具和仪器；⑥改进计量工具和计量方法。

4. 桥梁施工质量责任制

建立质量责任制，是施工项目中建立经济责任制的首要环节。只有实行严格的质量责任制，才能建立正常的生产技术工作秩序，才能加强对设备、工具、原材料和技术工作的管理，才能统一工艺操作，提高各项相关工程质量工作的质量和各项专业管理工作的质量，把各方面的隐患消灭在萌芽之中，防止工程质量缺陷的产生。

实行经济责任制，必须首先实行质量责任制。在建立质量责任制时，首先要明确的是责、权、利三者的关系，责任制的中心问题是责任问题，要以责定权、以权定利。要分对象、分层次、分专业分解并确定责任，制定各类人员的质量责任制，同时注意由粗到细，先易后难，先定性后定量，逐步完善。在制定经济责任制时，必须以质量责任为依据与主要内容，将经济利益与质量责任紧密相连，进行严格考核和奖励，使质量具有一票否决权。桥梁质量管理责任制的主要内容如下。

明确桥梁工程质量目标，建立和健全保证工程质量的各项管理制度，使项目各级机构、各个职能部门、各道环节从上到下都担负起质量管理的职责。推行质量管理标准化，促进各项质量管理基础工作的巩固和发展。

建立各级人员的质量岗位责任制，由项目经理负责项目的管理工作，对工程质量负全面责任。总工程师和主管技术、生产的副经理等要解决施工过程中的重大技术问题，组织技术攻关和建设工程创优活动，并协助经理督促检查各项质量计划的实现。同时将质量责任层层分解，明确与之相应的经济责任、权限和利益，并作为经济责任制的一项重要内容。

组织各种形式的质量检查，及时分析工程质量改进情况和存在的问题。依据质量、经济责任制对质量管理工作进行严格考核与奖惩，将质量责任与个人的经济利益挂钩。

建立质量回访制度，做好工程保修工作，及时进行信息反馈。

严肃处理质量事故，认真做到"三不放过"（即事故原因不清不放过，事故责任者和群众没有受到教育不放过，没有改进及防范措施不放过）。

5. 桥梁施工质量信息工作

桥梁施工质量信息是质量管理的"耳目"，它泛指反映施工各个环节工作质量和反映工程质量的各种基本数据、原始记录以及使用过程中反映出来的各种资料。

影响工程质量的因素是多方面的，也是错综复杂的。提高工程质量，关键是要对来自各方面的影响因素有清楚的认识，做到心中有数、决策及时。质量信息是质量管理不可缺少的重要依据，是改进产品质量、改善各项工作质量的依据，也是正确认识影响工程质量诸因素变化规律的依据，又是制定质量决策的依据。因此，施工项目推行全面质量管理就必须做好质量信息这项基础工作。

6. 开展桥梁施工质量管理小组活动

桥梁施工质量管理小组（简称 QC 小组），是职工参加民主管理活动、改进管理工作、提高管理水平、实行全面质量管理的一个重要环节和组织保证。

（1）质量管理小组的组建

小组的组建要从实际出发，自愿和行政组织相结合。可在班组和施工队内建立，也可跨班组、跨施工队建立。小组的组长应由热心质量管理、有一定文化技术水平且能带领全体组织成员开展活动的人员担任。

小组建立并确定课题后，要向所在工程队登记，并由工程队汇总报送项目质量管理部门。跨队的小组可直接向项目质量管理部门登记。

（2）质量管理小组的活动

小组的活动要根据工程的质量目标展开，从分析本岗位、班组、工程队的现状着手，围绕提高质量、降低消耗、文明施工、改善管理、提高小组素质等方面选择课题。项目负责人也可根据需要布置课题。

小组完成课题后，应选择新的课题，继续开展活动。课题变更时，要及时备案。小组活动要按照 PDCA 这一工作程序开展活动，做到目标明确、现状清楚、对策具体、措施落实，并要及时检查、总结。

小组活动要学创结合，讲求实效，注意吸取我国群众性质量管理活动经验。同时也要学习和借鉴外国的科学管理经验，努力做到专业技术、管理技术和其他科学方法相结合。小组要如实作好活动记录，包括课题、实施情况、现状分析、对策措施、数据处理及出席人员等内容。小组取得成果后，要制定标准化措施，逐步形成制度并予以巩固，并由项目质量管理部门定期组织经验交流、成果发表会，以推进小组活动。

（3）优秀质量管理小组的评选和奖励

为了总结经验、表彰先进，应当及时对优秀质量管理小组和为推动小组活动作出贡献的质量管理工作人员给予一定的奖励。

二、桥梁施工质量保证体系

（一）质量保证体系概念

质量保证是施工企业向用户保证其承建的工程在规定期限内的正常使用。它体现施工企业和业主之间的关系，体现施工企业对工程质量负责到底的精神，把现场施工的质量管理与交工后的使用质量联系在一起。

质量保证不是一种抽象的概念，在桥梁施工中是指采取具体的措施、制度和活动，以保证为业主提供合乎质量标准的工程；在项目缺陷责任期内，一旦因质量原因出现了问题，必须提供维修或赔偿损失等一系列补偿活动。

施工项目的质量保证体系，是在施工项目中，以保证和提高工程质量为目标，运用系统的概念和方法，把项目部各质量管理职能部门、施工各环节的质量管理组织起来，形成的一个有明确任务、职责、权限、互相协调、互相促进的有机整体。应使质量管理制度化、标准化，建造出令用户满意的桥梁工程，为用户提供满意的服务。

（二）桥梁工程质量保证体系的基本内容

桥梁工程施工项目的质量保证体系应包括施工准备、施工过程、使用过程的质量管理三个基本组成部分。

1. 桥梁工程施工准备阶段的质量管理

桥梁工程施工准备阶段的质量管理工作主要有以下几项。

图纸的审查。图纸是施工的依据，因此，要保证施工的质量首先就要在学习和熟悉图纸、了解设计意图的同时，通过熟悉和审查图纸，发现设计中可能存在的差错与不便施工或难以保证施工质量之处，并使之得到改正。

施工组织设计的编制。这是保证施工经济合理、有计划、有秩序地进行的重要措施和先决条件。

材料和预制构件、半成品等检验。施工单位必须建立和健全试验机构，充实试验人员，认真做好原材料、半成品、构件和设备的检验工作。凡是没有合格证明、材料或设备性能不清的，一定要严格按照规定进行检验，未经检验的设备不得安装，不合格的材料和半成品、构件不得使用。

施工机械设备的检修。开工前对施工机械必须进行检修并试机正常，要经常采用保养维护措施，保持机械设备的完好和精度。

对施工过程中可能出现的质量问题采用适当的预控措施。如在机孔开钻前及开钻后，认真调平钻机，以防孔斜超限。

2. 桥梁施工过程中的质量管理

桥梁施工过程是控制质量的主要阶段，此阶段的质量管理工作主要是全面管理施工过程，重点控制工序质量，措施主要有以下几点。

一是做好施工的技术交底，监督按照设计图纸和规范、规程施工。

二是进行施工质量检查和验收。保证和不断提高工程质量，必须坚持质量检查与验收制度，加强对施工过程各个环节的质量尤其是工序质量的检查。对于已完工的分部分项工程，特别是隐蔽工程进行验收，不合格的工程决不允许通过，该返工的必须坚决返工，不留隐患。上道工序不合格，下道工序就不得进行。对于质量容易波动、常见的质量通病，或对工程质量影响比较大的关键工序，检测手段或检验技术比较复杂，靠自检、互检不能保证质量的工序和最后交工前的检查，更要注意质量检验。质量检验要实行专职检验与群众检验相结合，以专职检验为主。但是工程建设十分复杂，每一道工序都要依靠专职检查人员检查是不可能的，而且施工质量的好坏归根到底还是取决于参加施工的工人。因此，除专职检验员外，还要发动工人群众参加自检、互检和工序交接检验验收，这对保证质量是非常重要的。

三是要加强质量教育与宣传，提高全员素质，要建立明确的经济责任制度，调动人的积极性、创造性，以人的工作质量保证工序质量，从而保证工程质量。

四是质量分析。检查验收终究是事后的，发现问题的时候往往事故已经发生、浪费已经造成。所以质量管理工作必须走在事故发生之前，防患于未然，方能发挥更大的作用。通过质量检验可以获得大量的反映质量问题的数据，应对这些数据进行分析，找出产生质量缺陷的种种原因，采取预防措施，尽可能把质量问题消除于出现之前，使不合格产品出现的概率和因返工或修理而产生的费用降到最低。

五是实现文明施工。按照施工组织设计的要求和施工程序进行施工，做好施工准备，搞好现场的平面布置与管理，保持现场的施工秩序和整齐清洁，对于保证和提高工程质量也是有重要意义的。

3. 桥梁施工缺陷责任期的质量管理

桥梁工程投入使用的过程是考验工程实际质量的过程，这既是施工企业的工程项目质量管理的归宿点，也是出发点。缺陷责任期的回访与保修制度充分体现了施工企业对工程质量负责到底的精神，因此，施工质量管理必须从现场施工延伸到一定期限，即工程的缺陷责任期。对施工企业而言，缺陷责任期的质量管理有两项内容。

第一，及时回访。对已完成的工程进行调查，听取业主单位对工程施工质量方面的意见，并从工程使用过程中发现工程质量存在的问题，分析原因，找出质量管理的薄弱环节，以便及时补救，并为日后改进施工质量管理、提高工程质量积累宝贵的经验。

第二，实行保修制度。在工程的缺陷责任期中，根据合同明确的缺陷期的保修范围、期限及责任，对于由施工原因造成的施工单位责任范围内的各项质量问题，施工方要负责无偿保修，履行保修责任。保修制度体现了施工企业对工程质量的责任感，同时也为施工企业树立了良好的信誉。

（三）质量保证体系运行的基本形式

质量管理工作是通过PDCA的不断循环而进行的全过程动态管理。

第一阶段是计划,包括分析现状、找出问题、分析各种影响因素、确定主要矛盾、制定措施计划;第二阶段是实施,要落实到部门和人,组织计划的实现;第三阶段是检查,即检查实施的效果;第四阶段是处理,对成功的经验加以肯定,形成标准,将没有解决的问题转入下期计划。

质量管理工作循环的特点:大环套小环,小环保大环,推动大循环。每完成一次循环,解决一批质量问题,都能使工程质量和工作质量达到一个新的水平。质量管理活动的全部过程就是反复地按照 PDCA 的循环不停地、周而复始地运转。

(四)质量保证体系的建立

1. 建立和健全专职质量管理机构

实现质量计划,组织质量信息系统,实行质量检验制度,都需要有组织保证。必须建立和健全相应的专职质量管理机构,并确定各级质量管理机构的职责、权限及相互关系,明确规定各部门、各类人员在实现质量总目标中必须完成的任务、承担的责任和具体权限。

项目专职质量管理部门在质量保证体系中的任务主要包括:协助经理进行日常质量管理工作,开展全面质量管理宣传教育,推动质量管理工作;组织编制质量计划,督促其认真执行,掌握质量管理的动态;组织和直辖有关部门的质量管理活动;研究、总结、推广质量管理的先进经验和先进控制方法;审定有关质量的奖惩制度,并组织贯彻执行;参与图纸会审,技术交底,新结构、新工艺、新材料的质量鉴定。

除项目部设置质量管理机构外,工区(工程处)和施工队要配备专职检查人员或成立质量管理领导小组;班组则设不脱产的质量管理员。从上到下形成一套完整的质量管理组织系统。

2. 制定明确的目标及计划

质量计划是实现质量目标、具体组织与协调质量管理活动的基本手段,也是各部门、各环节质量工作的行动纲领。既要有提高工程质量的综合计划,又要有各部门的具体计划,以形成一套完整的质量计划体系,并且有检查有分析。

3. 建立一套灵敏的质量信息反馈系统

工程质量的形成过程,伴随着大量的与质量有关的信息,这些质量信息是进行一切质量管理工作的依据。质量管理就是质量管理机构和有关职能部门根据质量信息，协调和控制质量活动的过程。要保证和提高工程质量，就要求信息畅通无阻，灵敏度高。没有信息反馈，就没有质量管理。信息的来源有外部和内部两个方面。

外部信息来源主要包括：材料、预制构件和设备供应部门的产品质量信息，用户对产品使用要求的质量信息，上级机关的指示、文件和各种信息，协作单位的信息。

内部信息包括：工序测试、质量检验、施工工艺、上下工序质量反馈、群众的革新和建议等。

建立和健全信息反馈系统，一定要抓好信息流转环节，注意和掌握数据的检测、收集、处理、传递和贮存。信息运动的流转速度要快、效率要高。

4. 建立质量管理的有关制度

保证工程质量，必须建立统一的制度。只有遵循统一的制度和工作程序，方能协调一致、有秩序地进行工作，提高施工质量。质量管理工作中有许多活动都是重复发生的，具有一定规律性。因此，可以把这些重复出现的质量管理业务按照客观要求分类归纳，并将处理办法定成规章制度，作为职工的行动准则，变成例行工作。把管理业务处理过程所经过的各环节、各管理岗位、先后工作步骤等，经过分析研究加以改进，定为标准的管理程序，使管理流程程序化。严格按照制度和程序进行管理，有利于质量管理活动的条理化、规格化，可以避免职责不清，防止前后左右脱节、互相推诿扯皮。

在质量管理的有关的制度中，最为重要的就是技术责任制和岗位责任制。项目部必须配备技术负责人，对各级的技术工作负责。同时，也要使每一个职工都明确自己的职责和权限，对自己承担的工作负责，做到每一件事都有人负责，每一个人都有自己的责任范围。同时，全面质量管理工作必须和收入分配政策挂钩，使每个职工在质量上的责任、权限、分工和考核奖惩、个人物质利益紧密结合起来。

（五）质量计划工作

质量目标制定及展开不仅重要，而且难度很大，必须下决心层层展开和落实质量目标值。然而，只有质量方针目标值的确定和展开还不够，还要制订更详细的质量计划，质量计划的内容有以下几个方面。

1. 质量目标计划

就是制订出可达到质量目标的时间进度计划，例如工艺过程的设计、安排的试验研究等。

2. 质量指标计划

为了实行质量目标管理，必须单独制订这种计划。在制订计划前，首先要确定指标项目。一般的质量指标有合格品率、废品率、单位缺陷数、均值、方差等。另外，还应该制定等级指标，如优良工程、合格工程及不合格工程。

3. 质量改进的措施计划

就是对为达到质量指标所采取的措施的实施计划，这个计划是按项目制订的，是专项计划。

除了上面所谈的三种计划外，在推行全面质量管理的过程中，还要根据工作进程的需要制订出各种质量工作计划：建立、完善和加强质量保证体系的工作计划，开展、指导质量管理小组活动、成果发表和评选计划，有关质量管理制度、标准的制定或修改计划，TQC 培训教育计划，标准化推进计划等。

三、质量管理的常用统计方法及简例

全面质量管理的基本思想有两个明显的特点：第一，强调有组织地进行全面管理；第二，强调运用数理统计方法（统计质量管理方法）。所谓运用数理统计方法，就是从统计学原理出发，收集、整理、分析、利用数据，并以这些数据作为判断、决策和解决质量问题的依据，从而预测和控制工程质量。

质量的好坏通常可以用质量特征值来表示。所谓质量特征值，就是我们常用的质量数据。表现在工程质量中的统计数据有两个基本特征：统计数据的差异性和统计数据的规律性。

统计数据的差异性，也叫分散性。产品测得的质量数据不可能是固定不变的，总存在着不同程度的差异。通过这种数量波动（变动）规律就可以估计整批产品的质量，判断其质量是否合格，从而判断出施工过程有没有异常。

施工过程出现的波动引起的数据的差异有两类：①在正常的条件下进行正确的操作所不可避免的，在正常允许范围之内的差异；②在施工过程中发生某些异常现象而造成的质量波动，这种波动经有关人员的共同努力在技术上是可以避免的。这种由于异常原因造成的误差，叫系统误差。

但是，当按工艺标准进行施工时，由于偶然原因而引起的产品质量波动和统计数据的差异，并不是漫无边际、相差悬殊的，而是具有一定规律性的，这就是统计数据的规律性。

统计质量管理的目的是在施工过程中控制异常原因，掌握产品质量的统计性分布，按统计推理，进而预测和控制产品的质量。

第三节　桥梁工程项目经济管理

工程项目的施工是以达到最佳经济效益为目标的，没有好的经济效益，企业将无法生存，更勿谈发展。成本是施工项目的各种消耗的综合价值体现，是消耗指标的全面代表，是经济核算的基本内容；同时成本也是施工企业市场竞争能力的经济表现，是施工项目实现经济效益的内在基础、衡量标准。成本管理是项目经济管理的核心，是控制、监督项目经济责任制的有效手段，只有对施工项目的成本进行管理，才能控制项目基本支出。同时，对施工项目的生产经营效果进行经济核算，才能全面地管理项目施工和财务计划执行情况，促使项目更好地完成各项经济目标，并争取最大的利益。

成本是项目经济管理的重点，项目成本管理应推行项目经理承包责任制，采用相应的管理方法，将可控成本责任分解落实，并加强成本预测与计划、实施与检查、核算、分析、考核的全过程的动态管理。

一、桥梁施工成本管理

（一）概述

施工项目成本是施工企业为完成施工项目的建筑安装工程任务所耗费的各项生产费用的总和。它分为直接成本和间接成本，其中直接成本是构成施工项目实体的费用，包括人工费、材料费、机械使用费、其他直接费和现场经费等；间接成本是企业为组织和管理施工项目而发生的经营管理费用。施工项目成本管理，是指在项目成本形成过程中（即施工过程中），运用一定的技术和管理手段对生产经营所消耗的人力、物资和费用进行组织、监督、调节和限制，及时纠正将要发生和已经发生的偏差，把各项施工费用控制在计划成本的范围内，以保证成本目标实现的一个系统过程。

由于项目管理的一次性,管理对象仅仅是一个工程项目,且将随项目建设完成而结束其管理,项目完成后有无经济效益关键就在于管理是否成功。为确保项目经营的经济效益,成本管理不仅必要,而且必须做好。

施工项目成本管理是施工企业成本管理的中心,是增加企业利润、扩大社会积累的主要途径。施工项目成本管理还是施工项目工作质量的综合反映。施工项目成本降低,显示了施工过程中物化劳动和活劳动消耗的节约,从而反映了劳动生产率的提高、固定资产利用率的提高和材料消耗率的降低。通过对成本的管理,实施施工组织设计中降低成本的措施,降低每个分项工程的直接成本,以实现工程施工的盈利目标,从而实现企业的利润目标。

施工项目成本管理是推行项目经理承包责任制的动力,成本目标是项目经理承包责任制中经济承包目标的综合体现,项目经理要实现这一目标,就必须利用生产要素市场机制,管好项目、控制消耗,将质量、工期、成本三大目标结合起来综合控制。这样,不仅能实现成本管理,还能带动施工项目的全面管理[1]。

(二)桥梁施工项目成本管理原则

1. 开源与节流相结合的原则

工程中每发生一笔金额较大的成本费用,都应检查是否有与之相对应的预算收入,是否支大于收。在成本核算中,必须进行实际成本和预算收入的对比分析,找出成本节超原因,纠正成本偏差,降低项目成本水平。

节流即节约人力、物力、财力的消耗,是提高经济效益的核心,也是成本管理的最基本原则。为此,要严格执行成本开支、范围、标准及财务制度,对各项成本费用的支出进行限制和监督;提高施工项目科学管理的水平,优化施工方案,提高生产效率,节约人、财、物的消耗;采取预防成本失控的措施,防止浪费的发生。

2. 全面控制原则

所谓全面控制,包括两层含义,即项目成本管理是全员参与的控制,同时又是全过程的控制。

---

[1] 张莎.道路桥梁工程造价管理与控制对提高工程经济效益的研究[J].交通世界,2021(12):164-165.

项目成本形成过程涉及项目组织中各部门、单位、班组甚至个人的工作业绩，也与每个职工的切身利益密切相关，因此，施工成本管理不仅需要项目经理和专业成本管理人员的努力，更需要所有项目建设者群策群力，才能收到预期效果。为此，要建立包括各部门、单位的成本责任网络和班组经济核算体制，形成全员成本管理体系。

施工项目成本的形成过程，伴随着施工生产全过程，因此，为对施工项目成本自始至终进行有效的控制，应随着项目施工进展的各个阶段连续进行成本管理，不能疏漏、间断和时松时紧。

在施工项目施工准备阶段，根据外部环境条件和项目要求所确定的成本目标、成本计划、成本管理方案，是在对未发生的事进行预测的基础上得到的，而现场施工过程中各种影响因素的变化，均可能使实际成本偏离计划，因此对现场施工阶段的成本管理是管理工作的重点。必须实行动态控制，根据实施状况对出现的"例外"问题进行重点检查、深入分析，并采取相应的措施，不断纠正成本形成过程中的偏差，保证最终实现成本目标。

3. 目标管理原则

成本目标管理是把计划的目标、任务、措施等加以分解，从纵、横向分别落实到执行计划的部门、单位甚至个人，形成一个目标成本体系，实现纵向一级保一级，横向关联部门明确责任、加强协作，使项目进展中每个参与单位、部门均承担各自的成本管理责任，并坚决执行。同时不断对目标执行结果进行检查，并评价和修正目标，形成成本目标管理的 PDCA 循环。

4. 责、权、利相结合的原则

在项目施工过程中，项目经理对工程成本管理全面负责，工程技术人员、管理人员和生产班组都对成本管理负有一定责任。一种资源在某一环节上的节约，可能与多个责任人相关，要分清各自的责任，并根据每个责任人、每个部门及层次之间成本责任的关系，形成整个项目的成本管理责任网络；与此同时，各部门、单位、班组还应享有相应的成本管理的权利，即在规定范围内决定某些费用的使用，以行使对项目成本的实质性控制；最后项目经理还要定期检查和考证各层次成本管理的业绩，并与工资分配挂钩，实行奖罚。只有责、权、利相结合的成本管理，才是真正的施工项目成本管理。

（三）桥梁施工项目成本管理的组织与分工

桥梁施工项目的成本管理，不仅仅是专业成本员的责任，所有的项目管理人员，特别是项目经理，均要按照自己的业务分工各负其责。为保证项目成本管理工作的顺利进行，需要把所有参与项目建设的人员都组织起来，并按各自的分工开展工作。

1. 建立以项目经理为核心的项目成本管理体系

项目管理要求实行项目经理承包责任制，即要求项目经理对项目建设的进度、质量、成本、安全和现场管理等全面负责，其中成本管理应放在首位，因为只有控制成本，才能获得项目的经济效益，完成预期的成本目标。

因此，以项目经理部为中心，把项目成本管理目标进行层层分解，变成具体的成本管理指标，用合同、责任制等形式确定横向各参与建设单位的成本管理的任务、责任、权利和利益，在纵向用内部分包合同和各项制度确定各参建施工队、施工班组，甚至个人在成本管理中的任务和责、权、利。通过每一个部门、每一个施工队、每一个施工班组和每个人成本管理指标的实现，来保证最终成本管理目标的实现。

2. 建立项目成本管理责任制

成本管理责任制，是指各项目管理人员在处理日常业务中，对成本管理应尽的责任。它针对项目不同层次、不同岗位的管理人员规定了他们在成本管理中应承担的责任，具体说明如下。

（1）项目经理的成本管理责任

对项目成本的总体控制，保证对外总承包数大于对内外分包数；控制材料采购成本；控制项目经理部机关管理费用；完成对公司的承包指标；控制暂设费、调迁费、福利基金等集中管理的费用。

（2）合同预算员的成本管理责任

编好施工图预算，认真研究合同规定的"开口"项目，努力增加工程收入；收集工程变更资料，及时办理增加账，及时收回垫付资金；参与对外经济合同谈判和决策；严格控制经济合同中的数量单价和金额，真正做到以收定支。

（3）工程技术人员的成本管理责任

合理规划施工现场平面布置，为文明施工、减少浪费创造条件；严格执行工程技术规范和预防措施，确保工程质量，降低质量成本；积极采用实用、有效的技术组织措施和合理化建议，为降低成本寻找新途径；严格执行安全操作规程，确保安全生产，将事故损失降到最低；抓组织措施，控制工期，增加产值，降低间接成本。

（4）材料人员的成本管理责任

降低材料、构件的采购（加工）成本，减少采购（加工）过程中的管理损耗；保证按时按量配套供应材料，防止停工待料造成损失；严格执行限额领料，作好余料的回收和利用；做好周转材料的清点、回收、整理、堆场、退场等工作，提高周转材料的周转速度；节约租金，合理安排材料储备，在保证供应的前提下，减少资金占用。

（5）机械管理人员的成本管理责任

根据工程特点和施工方案，合理选择机械型号，安排足够数量的施工机械，加强机械维修保养，以提高机械完好率和利用率，从而降低机械成本。

（6）行政管理人员的成本管理责任

合理安排项目管理人员的后勤服务人员，控制工资性支出和非生产性开支，管理好行政办公用物资；在勤俭节约的前提下，满足职工的生活需要。

（7）财务核算员的成本管理责任

严格审核各项成本费用，控制成本支出；建立月度财务收支计划制度，平衡调度，控制资金使用；建立辅助记录，及时向相关管理人员反馈信息；开展成本分析，提出存在的问题和解决方法的建议，以便项目经理部采取针对性措施纠正项目成本偏差；协助项目经理检查，考核各部门、各单位责任成本执行情况。

3. 实行对施工队分包成本的控制

（1）项目经理部对施工队分包成本的控制

项目经理部通过劳务合同把施工任务分包给施工队，项目经理部只有权对施工队完成任务的进度、质量、安全和现场管理标准进行监督，同时按合同规定支付劳务费用，而无权过问施工队内部成本的节超。因此，项目经理部对施工队分包成本的控制仅指以下情况。

工程量和劳动定额的控制：劳务费是以实物工程量和劳动定额为依据计算的，当工程设计和施工工艺在实际施工中发生变更时，工程量和劳动定额会与劳务合同产生出入，应按实际情况调整承包金额。对此，要强调技术签证，严格控制合同金额增加，并及时输增减账，以便通过工程结算从甲方那里取得补偿。

估点工的控制：对零星任务所用估点工的数量和费用应严格控制，对工作量较大的任务，可先确定科学的估工定额，控制估点工的数量在估工定额的范围内；或按定额用工的一定比例由施工队包干，并在劳务合同中明确规定。

坚持奖罚制度：项目经理部要根据施工队完成施工任务的业绩，对照劳务合同规定的标准，认真考核，分清优劣，有奖有罚。

（2）落实生产班组的责任成本

生产班组的责任成本就是分部分项工程成本，它既与施工队的效益有关，又是项目成本不可分割的一部分，一般由施工队以施工任务单和限额领料单的形式落实到生产班组，并由施工队负责回收和结算，以控制生产班组的责任成本。

当施工队签发施工任务单下达施工任务时，也向生产班组提出了进度、质量、安全和文明施工的具体要求及施工注意事项，这些是生产班组完成责任成本的约束条件。施工任务单结算中，要联系责任成本的实际完成情况进行综合考评。

（四）桥梁施工项目成本管理的运行

桥梁工程施工项目成本管理的全过程运行，包括施工项目的成本预测与决策、成本计划的编制与实施、成本核算、成本检查分析和考核等主要环节。进行施工项目成本管理，就必须研究每个环节的有效工作方式和关键控制措施。

1. 施工项目成本预测与计划

施工项目的成本预测与计划，是施工项目成本的事前控制，或称项目成本的主动控制。它是在研究所掌握成本的资料的基础上，对工程项目成本进行预算和估算、分析、研究，是制定降低成本的措施的方向和途径。通过成本计划的编制作出成本管理的安排，即提出一个可行的成本管理的实施纲要和设计。

施工项目成本预测，指通过取得历史资料，采用经验总结、统计分析、数学模型的方法，对成本进行判断和推测。它是在分析项目施工过程中各种经济与技术要素对成本升降的影响的基础上，对项目成本水平变化趋势及规律作出推算（必要时还需适当考虑风险成本），预测施工项目的实际成本。成本预测可为投标决策提供依据，是编制成本计划的基础，更是成本管理的重要环节。

目前采用的成本预测方法有时间序列法、回归分析法、量本利分析法、经验判断法、主观概率法、特尔菲法、成本试算法等。

2. 制定施工项目降低成本的措施

为了达到前面确定的施工项目的成本降低目标和成本目标，保证企业成本降低总目标的实现，仅在纸上计算、预测是不行的，必须通过一些降低成本的途径和方法来实现。为此，必须分析、研究影响工程成本的因素，制定出降低施工项目成本的措施。各施工项目工程特点不同，对项目成本的影响因素也不同。因此，应针对具体施工项目进行具体分析，采取有效的措施来实现降低成本的目标。一般能降低成本的途径有以下几种。

（1）降低材料成本

材料成本在项目成本中比重大，而且有较大的成本节约潜力。其中应把品种少而所占费用比重大的 A 类材料作为重点，更易显出成效。在降低材料成本措施设计中，价值工程的应用为其提供了有效的手段。在材料的日常管理中，应注意节约采购成本；认真计量验收；严格执行材料消耗定额；推广使用新技术、新工艺、新材料；扩大材料代用；合理储备材料，减少资金占用；加强现场管理，合理堆放，减少搬运、仓储等损耗。

（2）组织均衡施工，提高劳动生产率

提高劳动生产率，可以减少单位工程用工，增加单位时间完成的工程数量。这不仅可以减少单位工程成本中的人工费、生产工人辅助工资，同时由于组织均衡施工可以加快施工速度，从而可以减少项目管理人员的工资和办公费、现场临时设施费、施工机械和周转材料的租赁费等按时间计算的成本费用。但要注意由于加速施工进度而引起的成本增加，若甲方有赶工要求，应将赶工费列入施工图预算。

（3）提高机械使用率

降低机械使用费的途径是合理组织施工机械，提高机械利用率和机械效率。为此，首先应综合考虑机械性能、操作运行和台班成本等因素，选择好适合项目施工特点的施工机械；其次，要组织好工序、工种机械的施工，最大限度地发挥机械效能，同时要严格按规程操作机械，做好机械的维修保养工作，保证机械始终保持完好的状态，这是提高机械利用率的基础。

（4）制定先进、经济、合理的施工方案

施工方案的确定包括：施工方法和施工机具的选择、施工顺序的安排和流水施工的组织等。施工方案不同，工期就不同，所需机具也不同，因而发生的费用也不同。因此，正确选择施工方案是降低成本的关键。为此，应以合同为依据，联系项目的规模、性质、复杂程度、现场条件、装备情况、人员素质等因素综合考虑，制定几个可行的施工方案，再进行多方论证评价，从中优选一个最合理、最经济的施工方案。

二、施工项目成本计划的实施与检查

（一）成本计划的实施

建立成本计划的实施环节、有效的实施检查及信息反馈制度，随时掌握成本的变化情况，严格控制成本。具体环节为：①根据成本计划所作的具体安排，落实执行降低成本的各项措施，作好施工任务单的验收和限额领料单的结算。②将施工任务单和限额领料单的结算资料进行对比，分析分部分项工程的成本差异，分析产生差异的原因，并采取纠偏措施。③收集、整理月度成本原始资料，正确计算月度成本，分析月度诸成本和实际成本的差异，分析有利差异的原因，特别重视不利差异、盈亏比例异常现象的原因分析，并采取措施尽快消除异常现象。④在月度成本核算的基础上进行责任成本核算，即利用原有会计核算的资料，重新按责任部门或责任者核算成本费用，每月结算一次，与责任成本进行对比，由责任者自行分析成本差异和产生差异的原因，自行采取纠正措施，为全面实现责任成本制创造条件。⑤经常检查对外经济合同履行情况，为顺利施工提供物质保证，防止发生经济损失。⑥加强施工项目成本计划执行情况的检查与协调。⑦在竣工验收阶段搞好扫尾工作，缩短扫尾时间，认真理清费用，为结算创造条件，及时办理工程结算，在缺陷责任期的保修期间要搞好费用控制和核算。

（二）成本计划执行情况检查与协调的具体方法

项目经理部应定期检查成本计划的执行情况，并在检查后及时分析，采取措施，控制成本支出，保证成本计划的实现。

项目经理部应根据承包成本和计划成本，绘制月度成本折线图，即在成本计划实施过程中，按月在同一图上打点，形成实际成本折线。目标偏差越小，说明控制效果越好。根据成本偏差，用因果分析图分析产生偏差的原因，然后设计纠偏措施，制定对策，协调成本计划。对策要列成对策表，落实执行责任，对责任执行情况还应进一步考核。

(三)施工项目成本核算

施工项目成本核算是指以工程项目为对象,对施工生产过程中的各项费用进行审核、记录、汇集和核算。其核算对象根据实际情况可选择一个单位工程,或一个单位工程中某分部工程,或将几个施工地点、结构类型及开竣工时间相近的单位工程合并作为一个核算对象等,但均应以项目经理部为核算中心,形成辐射型项目成本核算体系。

这一核算体系是以外部市场通行的市场规则和企业内部相应的调控手段相结合的原则运行的,项目经理部与各内部市场主体是租赁买卖关系,一切以经济合同结算关系为基础。

1. 施工项目的成本

按计入成本的方法可将施工项目的生产费用分为直接成本和间接成本。

(1) 直接成本

直接成本是指施工过程中耗费的构成工程实体或有助于工程形成的各项支出,包括人工费、材料费、机械费和其他直接费。其他直接费又包括:施工过程中发生的材料二次搬运费、临时设施摊销费、生产工具使用费、检验试验费、工程定位复测费、工程点交费、场地清理费等。直接成本可根据原始凭证和原始凭证汇总表直接计入工程成本。

(2) 间接成本

间接成本是指项目经理部为准备、组织和管理施工生产所发生的全部施工间接费支出,它包括:现场管理人员奖金和工资性津贴等、劳动保护费、福利费、差旅交通费、保险费、工程保修费、工程排污费、业务活动经费、税金、劳保统筹费,这些成本只能按一定标准分配计入工程成本。

2. 施工项目成本核算的任务

执行国家有关成本开支范围、费用开支标准、工程预算定额和企业施工预算、成本计划的有关规定,控制费用,促使项目合理、节约地使用人力、物力、财力。及时正确地核算施工过程中发生的各种费用,同时加强对项目增减账、合同索赔的核算管理,计算施工项目的实际成本。动态反映和监督施工项目成本计划的完成情况,为项目成本预测及生产、技术和经营决策提供可靠的成本报告和有关资料。

3. 施工项目成本核算的要求

（1）划清成本费用支出和非成本费用支出的界限

划清成本性支出和收益性支出与其他支出、营业支出和营业外支出的界限。此界限，即成本开支范围的界限。其中，项目部为取得本期收益而在本期内发生的各项支出应全部作为本期的成本和费用。而营业外支出，因与本工程项目施工生产经营无关，不应计入工程成本，为此，应严格按施工企业财务制度划分界限。

（2）正确划分各种成本、费用界限

划分施工项目、工程成本和期间费用的界限，划清本期工程成本与下期工程成本的界限，划清不同核算对象之间的成本界限，划清未完工程成本与已完工程成本的界限等。只有清楚划分成本界限，施工项目成本核算才能准确。

（3）加强成本核算的基础工作

建立各种财务物资的收发、转移、报废、清查、盘点、索赔制度；健全原始记录和工程量统计制度；制定和修订各种内部消耗定额及内部指导价格，完善计量、检测、检验设施与制度等。

（4）项目成本核算必须有据可查

成本核算中所运用的数据资料必须真实可靠、准确、完整、及时，依据的原始凭证要审核无误、手续齐备，还应设立必要的台账。

（5）要求具备成本核算的内部条件

大型的桥梁工程的施工要求推行矩阵式的管理体制，实行管理层与作业层分离的管理模式，并建立内部市场（包括劳务、材料、机械设备租赁、技术资金等市场）。

（四）桥梁施工项目成本分析

桥梁施工项目的成本分析，即根据统计核算、业务核算和会计核算提供的资料，对项目成本的形成过程和影响成本升降的因素进行分析，以寻求纠正成本偏差或进一步降低成本的途径。同时，通过对核算资料的分析抓住成本实质，提高项目成本的透明度和可控性，为加强成本管理创造条件。

成本管理是项目管理的目标之一，判断项目成本的高低，必须将它与完成项目所花的时间、资源以及工程质量联系起来，按照投入产出效益的价值工程理论来衡量。就是说，项目管理的目标是寻求成本、时间、资源和工程质量四个要素之间最优均衡的控制结果。

项目管理四个要素之间的关系是联系紧密、相互影响的。例如，人们常说的"时间就是金钱"即指时间和成本的关系。

成本分析在具体进行过程中，可分为单项成本分析和综合成本分析，前者主要是对各分部分项工程的材料、人工、机械费用与计划成本的差异分析；后者则是从整个工程项目的预算出发，进行综合的盈亏分析。通过分析找出原因，采取对策，使工程成本处于有效的管理之中。实践证明，由于工程情况经常在变化，实际成本与计划成本总是有不同程度的出入，其变动的范围则是管理的重点。

在成本管理中，变动成本随产量的多少成正比升降，因而比较明确，较易掌握。固定成本则往往缺乏严格的界限，实际上，完全固定不变的成本项目很少，一般都是在一定产量的幅度内相对固定而已，超过了这个幅度，成本还是随之变化的，如机械折旧及管理人员的工资等。施工项目成本分析主要包括三大类：随项目施工进展而进行的成本分析，按成本项目进行的成本分析，针对特定问题和成本有关事项的分析。

（五）施工项目成本考核

施工项目成本考核是施工项目成本管理的最后环节，其目的在于贯彻落实责、权、利相结合的原则，提高成本管理水平，更好地完成施工项目的成本目标。特别是对于有一次性特点的施工项目，要强调施工过程中的中间考核。通过成本考核，做到有奖有罚，有效调动参建职工在各自岗位上完成成本目标的积极性，为项目成本目标的实现打下良好的基础。

施工项目的成本考核分两个层次：第一，企业对项目成本管理的考核；第二，项目经理对所属部门、施工队和班组的考核。

对施工项目的考核内容：项目成本目标和阶段成本目标的完成情况，以项目经理为核心的成本管理责任制落实情况，成本计划的编制落实情况，对各部门、各施工队和班组责任成本的检查与考核情况，成本管理中责、权、利相结合的执行情况。

对各部门的考核内容：本部门、本岗位责任成本的完成情况和成本管理责任的执行情况。对施工队（承包队）的考核内容：对劳务合同规定的承包范围和承包内容的执行情况，劳务合同以外的补充收费情况，对班组施工任务单的管理情况，对班组完成施工任务后的考核情况。对班组的考核内容：以分部分项工程成本考核班组责任成本的完成情况。

（六）施工项目成本管理的方法

成本管理的方法很多，各有其长处和适应范围，在具体的施工项目中应根据具体情况选择对项目有针对性、简单、实用的方法。

1. 以施工图预算控制成本支出

（1）人工费控制

项目经理部与施工队签订劳务合同时，应将人工费单价定得低于对外承包合同中签订的人工费单价，其余留部分考虑用于定额外人工费和关键工序的奖励费等，以保证人工费不超支。

（2）材料费控制

对材料成本进行控制的过程中，"三材"价格随行就市，地方材料的采购成本用其预算价格控制；材料消耗数量通过"限额领料单"控制。当市场价格大幅上涨，发生预算价格与市场价格严重背离而使采购成本失控的情况时，应向定额管理部门反映，同时争取甲方按实补贴。

（3）周转材料使用费控制

由于周转材料的预算使用费为耗用数量与市场价格之积，实际使用费为使用数与施工企业内部的租赁单价或摊销率之积，二者的计量基础和计算方法完全不同，因此应以周转材料预算收费的总量来控制实际使用费的总量。

（4）施工机械使用费控制

由于机械实际利用率低于预算定额的取定水平，而且预算定额设定的施工机械原值和折旧率有很大滞后，因而施工图预算的机械使用费往往小于实际发生的机械使用费，加上对于一些中小规模的桥梁，施工中所需的一些大型机械预算中计入的进出场费用显然不够，这些使某些机械费超支。因此，若取得甲方同意，可在承包合同中规定一定的机械费补贴，从而可用施工图预算的机械使用费和增加的机械费补贴来控制机械费支出。

（5）构件加工费和分包工程费控制

构件加工与分包均要用经济合同来明确双方的权利和义务，签订合同时，必须严格以施工图预算控制合同金额，不允许合同金额超过施工图预算。

2. 以施工预算控制人力和物资资源的消耗

资源消耗数量的货币表现就是成本费用，因此，控制了资源消耗，也就等于控制了成本费用。用施工预算控制资源消耗的实施步骤如下：①在项目开工前，根据设计图纸计算工程量，并按照企业定额或统一的施工预算定额编制整个工程项目或分阶段的施工预算，作为指导和管理施工的依据；若遇设计或施工方法变更，应由预算员对施工预算进行统一调整。②对生产班组的任务安排，应严格按施工预算签发施工任务单和限额领料单，并向工人进行技术交底。③在施工任务执行过程中，生产班组应根据实际完成的工程量和实耗人工、材料作好原始记录，作为施工任务单和限额领料单的结算依据。④任务完成后，根据回收的施工任务单和限额领料单进行结算，并按结算内容支付报酬（包括奖金）。

为保证施工任务单和限额领料单的正确性，要求对其执行情况进行认真验收、检查和逐项对比，为此，在签发施工任务单和限额领料单时要按照施工预算的统一编号对每一分项工程工序名称进行编号，以便对号检索对比，分析节超。

3. 建立资源消耗台账

资源消耗台账属于成本核算的辅助记录，它包括人工耗用台账、材料耗用台账、结构构件耗用台账、周转材料使用台账、机械使用台账等，分别记录各种资源的控制量、每月实际耗用数及逐月实际耗用的累计数等。项目财务成员应于每月月初根据资源消耗台账的记录，分别填制各种资源的消耗情况信息表，向项目经理和相关部门反馈。

当项目经理和相关部门收到各种资源情况信息表后，应立即根据本月资源消耗数，联系本月实际完成工作量，分析资源消耗水平和节超原因，对有节约的资源应继续从总量上控制以后的资源消耗，保证最终有所节约；对已超支的资源，应根据分析的原因，制定资源节约使用的措施，分别落实到有关人员和生产班组。

4. 建立项目月度财务收支计划制度

以月度计划产值作为当月财务收入计划，同时由项目各部门根据月度施工作业计划的具体内容编制本部门的用款计划。项目财务成本员根据各部门的月度用款计划进行汇总、平衡、调度，同时提出具体实施意见，经项目经理审批后执行。在月度财务收支计划执行过程中，项目财务成本员应根据各部门的实际用款作好记录，并于下月月初反馈给相关部门，由各部门自行检查分析节超原因，总结经验教训。对超支幅度大的部门，应以书面分析报告分送项目经理和财务部门，以便采取针对性措施。

5. 建立项目成本审核签证制度

建立以项目为中心的成本核算体系，所有经济业务，不论对内、对外均要与项目直接对口。所发生的经济业务，必须由有关项目管理人员审核，最后经项目经理签字后支付。这是项目成本管理的最后一关，应十分重视。审核成本费用支出的依据主要有国家规定的成本开支范围、国家和地方规定的费用开支标准和财务制度、内外部经济合同等。对于一些金额较小的经济业务也可授权财务部门或业务主管部门代为处理。

6. 控制质量成本

质量成本是指项目为保证和提高质量而花去的一切费用和未达到质量标准而产生的一切损失费用之和，包括控制成本和故障成本。控制成本又包括预防成本和鉴定成本，属质量保证费用，与质量水平成正比；故障成本包括内部和外部的故障成本，属损失性费用，与质量水平成反比。

控制质量成本，首先，要进行质量成本核算，即将施工过程中发生的质量成本费用按预防成本、鉴定成本、内部故障成本和外部故障成本的明细科目归集，计划各个时期各项质量成本的发生情况。其次，根据质量成本核算的资料进行归纳、比较和分析，主要分析质量成本总额的构成内容和构成比例、质量成本各要素之间的比例、质量成本占预算成本的比例等。最后，根据以上分析资料，对影响质量成本较大的关键因素，采取有效措施，进行质量成本管理。

三、桥梁施工经济核算

（一）概述

经济核算是用经济手段管理施工项目的基本方法，它是正确处理国家、企业以及具体项目承包组织三者之间经济关系的一项重要制度，是检查和考核各级管理层生产经营效果的手段和方法。通常在经济核算中，运用价格、成本、利润、税金、经济合同、奖金、罚款等经济杠杆来促进生产率和管理水平的提高。施工项目的经济核算，是利用价值规律的作用从事施工生产经营活动，借助货币的形式，计划和比较项目的施工生产经营活动中的消耗和收益，以收入抵偿支出，并争取最大的盈利。

1. 经济核算制的性质

经济核算制的建立和实行，具有以下基本性质：①独立经营权，就是在有关法规和合同协议的制约之下，工程项目经理部有相对的独立经营权，包括相应的计划权、财权、物资调配权等。②利益一致，是指施工项目经营的经济效果必须和项目部及其职工的物质利益相一致，促使大家主动自觉地关心生产经营的效果。③经济责任，即项目经理部对生产经营的经济效果必须承担经济责任，自负盈亏、奖优罚劣。

2. 经济核算制的要求

要使经济核算发挥应有的作用，必须在工程施工生产和经营的全过程中由全体项目部职工参与，即开展全面的经济核算，它包括以下几部分。

项目部经济核算：对项目经理部的施工、技术、经营管理和服务等各个环节、各个领域，都要实行经济核算。

项目施工过程经济核算：对施工的全过程，包括准备过程、施工过程、交工验收以及缺陷责任期回访保修过程都进行经济核算，讲究经济效果。重视基本生产过程、辅助生产过程和生产服务过程的经济核算。

全员经济核算：项目部所有职能部门、作业队、班组都要进行经济核算；内部的全体成员都参与经济核算工作，每个成员做到干什么、管什么，就核算什么。

3. 经济核算制的主要作用

促使全体项目部成员都关心经营的经济效果，帮助人们认识到只有在维护国家利益和提高经营效益的前提下，才能增加个人收入，从而充分调动职工增产节约的积极性。及时调整和正确处理项目部和各方面的经济关系，搞好人、财、物三要素和供、产、销三环节的管理和平衡，做到均衡施工。及时揭露生产经营活动中存在的问题和贪污浪费现象，促使项目部不断改进施工技术和经营管理，不断提高管理水平。推行经营承包制和全员合同制的现代管理方式，将经济核算结果与有关人员的个人利益紧密相连，做到奖惩分明，促进公平竞争。

（二）经济核算的内容和方法

1. 经济核算的内容

工程项目的经济核算的内容和指标，要能够全面反映完成施工项目的合同任务与指标、提高项目部经济效益的原则，并适应不同工程项目的施工技术特点。施工项目作为施工企业的成本中心，应在企业的经济管理责任制下，依照按时、优质、低耗的原则来建成项目，完成企业制定的管理目标。

（1）成果核算

经济核算主要通过对工程的工程量、工种、类别、质量等内容的核算来进行。为了综合地核算施工的成果，有时还利用价值指标，即产值指标。

（2）消耗核算

工程的施工要消耗一定的劳动和物质，劳动消耗和物资消耗的节约或浪费，综合地反映在成本中。所以，成本核算是经济核算的一个重要内容。

（3）盈利核算

成果和消耗比较的结果就是盈利，盈利减去税金就是利润，这是工程施工及管理活动的成果，在工程合同价不变，已完成计划产量、品种并保证质量的前提下，施工所用成本越低，利润就越多，表明经营管理就越有成效。工程施工经济核算的目的和相应的指标，作业层核算单位和施工班组，则主要核算施工成果和直接消耗。具体如表3-1所示。

表3-1 公路施工经济核算的内容

内容	核算目的	核算指标
施工成果核算	反映项目部完成合同任务及计划进度的程度	1. 产量：产值、交（竣）工数量、竣工率、主要实物工程量、工作总量等
	反映项目部施工成果（使用价值）满足社会需要的程度	2. 工期：工程进度完成百分率 3. 质量：工程质量优良率、合格率
消耗核算	反映施工过程的各种消耗（包括活劳动、物化劳动、成本费用等）及消耗的合理程度，计算经济效果并研究降低消耗的途径	1. 劳动消耗：劳动生产率、人工费 2. 物资消耗：材料节约率、材料费 3. 机械使用：利用率、效率、机械使用费 4. 成本：成本降低额、降低率
利润核算	反映项目部生产经营活动的优劣和盈利能力的强弱	利润率 成本利润率 产值利润率 资金利润率

2. 经济核算的方法

经济核算的各项指标、生产及财务计划的执行情况，都要通过一系列的分类计划，才能真正地、及时性地反映出来。现行的经济核算，是运用会计核算、统计核算和业务核算等方法，对品种、产量、质量、消耗、劳动效率、成本、资金、利润等各种指标进行综合核算。

（1）会计核算

会记核算是运用货币为综合尺度，对生产经营活动进行连续的、系统的、全面的核算。通过会计核算，可以提供项目部在施工中成本高低、资金周转快慢以及利润多少的综合情况。不仅如此，通过会计核算，还可以在生产经营活动中监督国家财经纪律和财务制度的执行情况，不断提高生产经营效果。因此，它是核算技术的中心，重视经济核算，就必须重视会计工作。

（2）统计核算

统计核算是运用各种量度（货币、实物、劳动工日等）来反映项目部的经营活动情况。通过统计核算，把大量的资料进行科学分类、分组，提供产量、品种、质量和总产量等计划的完成情况的数据统计。

（3）业务核算

业务核算是一种反映项目部方面经济活动的方法。如劳动部门职工人数、工资和工时利用率等，供销部门的原材料消耗定额，设备部门的设备利用情况等，都通过业务核算表现出来。

会计核算是经济核算的中心，但这三者又是相互联系的，必须有机地结合起来，形成经济核算体系。只有这样才能全面地反映项目生产和财务计划执行情况，促使项目部更好地完成各项经济核算指标。

第四章　公路桥梁工程常用建筑材料

第一节　土

一、土的性质

（一）土的构造

土的构造是表示天然土在沉积过程中的成层特性，包括结构单元的分布、颗粒成分的变化、土层是各向同性还是各向异性等。

由地层连续沉积而形成，其间并未受到冲刷，则土层构造是水平的。河流几经改道，使得附近的地层发生交替的冲刷与沉积，即形成斜交层理。山坡上的风化碎屑受重力作用堆积在山脚下，后来又经过河流沉积，即形成山坡土层。西北黄土地区，经大陆性季风的沉积与剥蚀，形成交错层理。

（二）黏土颗粒的胶体结构及电化学性质

土中最活泼的微粒部分，一般是次生矿物，它们构成了土中的黏土胶体颗粒。黏土胶粒具有高度的分散性和极性，因而存有大量的表面能，使土具有胶体分散体系的特征。黏土胶粒表面常常有未补偿的电荷，它们被处于较游离状态的离子所饱和。这些离子可能是阳离子，也可能是阴离子，但对于多数黏土胶粒来说主要是阳离子。当土中孔隙被水填满时，所吸附的离子部分地处在液相中，能与对矿物表面具有较大亲和力的离子进行当量吸附交换。

土中黏土胶粒具有吸附、水化、凝聚、分散等一系列固有的表面性质，这对土的性质起着决定性的作用。土胶体微粒表面常含有未补偿电荷，就是说黏土胶体微粒带有电荷，并且以负电荷居多。为了维持整个体系的电中性，往往被相当活泼的离子所饱和而形成反离子层。于是黏土胶体粒子表面的离子形成双电层，内层是吸附在固体粒子表面的或由于电离形成的离子；外层是分散介质中的反离子。内层离子沿离子表面分布，称为定势离子；外层离子是可动的。它们受到内层的吸力场和热运动这两种相反作用的影响。因此，外层离子的分布是扩散的，即随着与胶粒表面之间距离的增大而逐渐减少。它有一部分与定势离子层相连接，形成不能活动的吸附层，其外面一部分逐渐与颗粒间的溶液混合起来，形成离子的扩散层。

双电层的厚度主要取决于离子的电价、离子的浓度及离子的水化程度。反离子的电价越高，离子的浓度越大，离子的水化程度越低，双电层的厚度则越薄；反之则越厚。双电层的厚度直接影响到黏土的吸湿能力，一般双电层越厚，则吸湿能力越强，吸湿后土体大量膨胀，强度显著下降[①]。

二、土的工程性质及影响因素

（一）土的密度（容重）

土的密度是指土单位体积的质量。它是土的基本物理指标之一，也是对土的工程性质进行描述的重要指标之一，是对土进行室内试验、现场测试及质量控制所必须测定的。对土的密度（天然容重）一般用环刀法、蜡封法或灌沙法进行测定。压实土的密度一般在 $1.69 \sim 1.88 \text{ g/cm}^3$ 之间。

（二）土的强度

土是由不同的颗粒或团粒堆集而成的松散介质体系，颗粒本身的强度要大于颗粒之间的联结强度，土体的强度取决于颗粒之间的联结强度，土的强度一般用黏聚力 c 及内摩擦角 φ 来表示。对土的强度进行测试可通过土的直接剪切试验、三轴压缩试验、无侧限抗压强度试验来进行。因为土的结构性状对土的强度有明显影响，因此同样的土质在不同状态（如孔隙比、含水量时）强度不同，原状土试样与扰动土试样的强度也不同。

1. 路基土的相对含水量

土的相对含水量是土的天然含水量与土的液限的比值。

2. 路基土干湿类型

路基干湿类型划分为四类：干燥、中湿、潮湿、过湿。

---

① 刘立. 试论如何在建筑工程施工中合理运用新技术与新材料 [J]. 居舍，2018（18）：187.

(三)土的变形性及土基回弹模量

路基土在应力作用下所呈现的变形特性同理想的线性弹性材料有很大区别,在一次荷载作用下表现出的变形模量并不是常数,而具有非线性的特性。土基在重复荷载作用下,塑性变形逐渐积累,随着作用次数的增加,土基内的累积变形逐渐增大,但变形累积速度随作用次数的增加而减缓。

(四)土的湿化

黏性土块浸入水中时,由于土块表面首先吸水膨胀,土内产生不均匀应力及胶结物的溶解,使土的结构逐渐遭受破坏,因而引起土块部分或全部崩解成小块。这种现象一般称为土的湿化性。

(五)土的毛细管水上升高度

土内颗粒间微细的孔隙相互贯通,形成了无数的毛细管孔道,存在于其中的水分附着于管壁(颗粒),并产生了表面张力。此张力沿重力作用的反方向,使得毛细管内的水柱上升,直至上升的水柱重量与表面张力的作用平衡时才停止。此时水柱的高度称为毛细水上升高度。

(六)土的渗透性

土的渗透为水流通过多孔介质的现象。若土中渗透水流属于层流,则渗透速度与水力坡度成正比;水力坡度等于1时的渗透速度称为土的渗透系数。

1. 基本概念

(1) 渗流

水与其他液体一样,当其中某两点具有不同的压力时即发生流动,此种流动发生在土的孔隙中即成为渗流。

(2) 水头

水中某点所受压力常以与此压力相当的水柱高度来表示,即单位面积上水柱的重量与该压力相等。此水柱高度称为水头,水中任意两点间存在水头差时,就要产生渗流。

(3) 层流与紊流

水在流动时,其中任意质点的运动轨迹称为流线,如各流线互不相交,则称为层流;反之,如流线相交,则水中出现漩涡,使水流形成不规则状态,则称为紊流。土中的渗流一般情况下皆以层流出现,而紊流只有在均匀的粗砾卵石中才能产生。

2.影响渗透系数的因素

（1）水的黏滞度

水在土中的渗流速度与水的密度及黏滞度有关，而水的黏滞度及密度与温度有关。一般水的密度随温度变化很小，可略去不计。

（2）土中封闭气体

当土孔隙中存在密闭气泡时，会阻塞水的渗流，从而降低土的渗透性。

（3）土的结构

原状土和扰动土的渗透系数一般不相同。天然沉积而具有构造性的黏性土，由于颗粒排列的影响，常在不同的方向具有不同的透水性。如黄土及黄土状土，因具有垂直方向的大孔隙和节理，故在垂直方向的渗透系数一般均大于水平方向的渗透系数。

（4）土的颗粒组成及矿物成分

土的渗透系数随着土粒的增大而提高。黏性土中含有亲水性较大的黏土矿物（如蒙脱土）或有机质时，由于它们具有很大的膨胀性，就会大大降低土的渗透性。

（七）土的压实性

1.基本理论

压实就是用机械的方法，使土的密度增大、孔隙率减小，从而使土的内摩阻力和黏聚力增加，土的工程性质得到改善。土体的压实过程就是使得孔隙率减小、干密度增加的过程。

2.影响土体压实的因素

（1）含水量

在一定压实功下，土体随含水量不同达到的干密度不同，存在某一最佳含水量，在此最佳含水量下，土体达到的干密度最大。

（2）压实功能

使用相同的压实方法，压实功能变大，则压实后的最大干密度变大，最佳含水量变小。当土的含水量固定时，土体的干密度随压实功能的增大而增加，且两者之间大体上是半对数关系。压实曲线的"最佳点"连线一般处于饱和度（S_r）为80%～90%之间。

(3) 土的种类

在压实功能相同的条件下，土的塑性指数越大，其最佳含水量就越大，而最大干密度则越小。越是颗粒级配好的土，越能用低的含水量获得大的干密度。

填方土料含水量大小，直接影响到碾压或夯实遍数和碾压或夯实质量。重要土工构筑物在填筑之前应预做试验。一般以手握成团、落地开花为宜。当土料含水量过大，可通过晒干、风干、换土或掺入干土、吸水性材料等方法处理。过干时则应洒水润湿，补充水分量。

3. 土的击实试验

土能达到的最大干容重由室内试验确定。需要说明的是，过去土的最大干容重按轻型击实试验的方法确定，现在对于公路路基土最大干密度的确定按重型击实试验的方法确定。

第二节 钢材

钢材是公路工程大量使用的主要物资，其中，钢筋更是公路桥涵、隧道等钢筋混凝土结构物的主骨架，各种型钢也是各类结构物主要的施工用料。钢材随钢种、钢号（牌号）产品名称和规格的不同而不同，认识钢材需要了解钢的分类和型号表示方法。

一、钢的分类简介

钢是指以铁为主要元素，含碳量一般在 2% 以下，并含有其他元素的材料。钢的分类方法很多，日常使用中各种分类方法经常混合使用。

（一）按冶炼方法分类

按冶炼设备不同，钢可分为转炉钢、平炉钢和电炉钢三大类。

1. 转炉钢

根据风口位置分底吹、顶吹、侧吹三种；根据所鼓风的不同，分空气转炉和氧气转炉。每种转炉又因它们的炉衬材料不同分为酸性转炉和碱性转炉，凡以硅砂作炉衬耐火材料的为酸性，凡以镁砂和白云石作炉衬耐火材料并加石灰石熔炼的为碱性。酸性转炉炼钢质量较好，但对生铁的含硫、磷杂质要求严格，成本较高。

2. 平炉钢

利用火焰的氧化作用除去杂质。平炉也分酸性和碱性两种，平炉钢质量较好，但能耗高，属于被淘汰的炼钢方法。

3. 电炉钢

电炉分电弧炉、感应炉、电渣炉三种。系利用电热冶炼，温度高，易控制，钢的质量最好，但成本高，多炼制合金钢。电炉也分酸性和碱性两种。

（二）按脱氧程度分类

钢按脱氧程度分为沸腾钢、镇静钢、半镇静钢和特殊镇静钢。

沸腾钢：脱氧不充分，存有气泡，化学成分不均匀，偏析较大。

镇静钢：脱氧较充分，凝固后一般没有气泡或少气泡，化学成分比较均匀，机械性能较好，可作重要钢材，但成本也较高。

半镇静钢：脱氧程度、化学成分的均匀程度、钢的质量和成本等均介于沸腾钢和镇静钢之间。

特殊镇静钢：比镇静钢脱氧程度更充分、更彻底。

（三）按化学成分分类

1. 碳素钢

含碳量不大于 1.35%，含锰量不大于 1.2%，含硅量不大于 0.4%，并含有少量硫、磷杂质的铁碳合金，根据含碳量多少分为以下三种。

（1）低碳钢

含碳量 0.25% 以下，性质软韧，易加工，但不能淬火和退火，是建筑工程的主要用钢。

（2）中碳钢

含碳量 0.25%~0.6%，性质较硬，可淬火、退火，多用于机械部件。

（3）高碳钢

含碳量大于 0.6%，性质很硬，可淬火、退火，是一般工具的主要用钢。

2. 合金钢

在碳素钢的基础上加入一种或多种合金元素，以使钢材获得某些特殊性能。根据合金元素的含量分为：①低合金钢，合金元素总含量一般小于 3.5%；②中合金钢，合金元素总含量一般在 3.5%~10% 之间；③高合金钢，合金元素总含量大于 10%[①]。

（四）按工艺性质分类

1. 铸钢

用以浇铸成型的钢为铸钢，含碳量一般在 0.12%~0.6%。具有较高的强度、塑性和韧性。但缩孔较大，偏析严重，冷却迅速，内应力较大，因此铸钢件必须进行热处理，以消除内应力等。在工程中铸钢件有时被用作桥梁支座，但为了保证质量，需要对其进行探伤检查。

2. 压钢

以热轧、冷轧或冷拔等工艺加工成型的钢叫压钢。各种型钢大多是压钢制品。

3. 锻钢

以锤打或锻压（水压机压制）成型的钢叫锻钢。只有较重要的部件采用锻钢制品，同样的原料以锻钢件质量最高。

（五）按用途分类

1. 结构钢

结构钢根据化学成分不同分为碳素结构钢和合金结构钢。碳素结构钢分普通碳素结构钢和优质碳素结构钢两类：①普通碳素结构钢，最高含碳量不超过 0.38%，这是建筑工程方面的基本钢种，其产品有圆钢、方钢、扁钢、角钢、钢筋、钢板、工槽钢等，主要用于建筑工程结构。②优质碳素结构钢，比普通碳素结构钢杂质含量少，具有较好的综合性能，广泛用作机械制造、工具、弹簧等。优质碳素结构钢按使用加工方法不同分为压力加工用钢（热压力加工、顶锻、冷拔）和切削加工用钢。

2. 合金结构钢

普通低合金结构钢：也称低合金结构钢，是在普通碳素钢基础上加入少量合金元素而制成，具有高强度、高韧性和可焊性。这也是工程中大量使用的结构钢种，主要是钢筋、钢板等。

合金结构钢：此类钢品种繁多，包括合金结构钢，合金弹簧钢，滚珠轴承

[①] 王炜. 建筑工程材料 [M]. 北京：国防工业出版社，2021.

钢，各种锰钢、铬钢、镍钢、硼钢等，主要用于机械和设备的制造等。工程上有时少量地用作机械维修和结构件。

3. 工具钢

根据化学成分不同分为碳素工具钢、合金工具钢和高速工具钢，广泛用于各种刃具、模具、量具等。

（1）碳素工具钢

碳素工具钢通常含碳量为 0.65% ~ 1.35%，并根据硫、磷含量分为优质和高级优质两种，每种分 8 个钢号。工程中凿岩用钢钎和部分中空钢钎杆，是碳素工具钢制品。

（2）合金工具钢

合金工具钢通常因要求硬度大、耐磨、热处理变形小和可以在较高温度下工作的热硬性而含碳量较高。合金工具钢分量具、刃具用钢、耐冲击工具用钢、冷作模具钢、热作模具钢等。

（3）高速工具钢（锋钢）

高速工具钢系高合金钢，质量优于一般钢，但价格较贵，主要用于钻头、刃具等。

4. 特殊性能钢

多为高合金钢，主要有不锈钢、耐热钢、抗磨钢、电工硅钢等。

5. 专门用途钢

分有碳素钢和合金钢两种，主要有钢筋钢、桥梁钢、钢轨钢、锅炉钢、矿用钢、船用钢等。

（1）钢筋钢

主要为低合金钢、轧制钢筋混凝土用带肋钢筋。

（2）桥梁钢

因要承受一定强度和较高冲击韧性，一般必须用镇静钢轧成。桥梁钢有碳素钢和普通低合金钢钢种。

（3）钢轨钢

钢轨钢分为重轨钢和轻轨钢，由于钢轨的受力情况十分复杂，故重轨全以镇静钢轧制、轻轨以镇静钢和半镇静钢轧制。

(六)按质量分类

在计价、订货和统计中,根据钢中所含有害杂质(硫、磷)的多少,将钢分为普通钢和优质钢(包括高级优质钢和特级优质钢)。普通碳素钢、普通低合金结构钢等属于普通钢。优质碳素结构钢、合金结构钢、滚动轴承钢、弹簧钢、易切削钢、碳素工具钢、合金工具钢、高速工具钢、不锈耐酸钢、耐热钢、耐磨钢、电工用钢等属于优质钢。

二、钢产品的牌号表示方法

钢产品牌号的命名,采用汉语拼音字母、化学元素符号及阿拉伯数字相结合的方法表示。汉语拼音字母表示产品名称、用途、特性和工艺方法时,一般从代表该产品名称的汉字的汉语拼音中选取,原则上取第一个字母,当和另一产品所取字母重复时,改取第二个字母或第三个字母,或同时选取两个汉字的汉语拼音的第一个字母。采用的汉语拼音字母原则上只取一个,一般不超过两个。

第三节 水泥

水泥是公路施工中大量使用的主要材料之一,被广泛用于桥涵、路面、隧道、房建等构造物的混凝土工程和各种砌筑工程。水泥品种很多,根据熟料成分可分为硅酸盐类水泥、铝酸盐类水泥和无熟料(少熟料)类水泥。公路工程主要使用硅酸盐类水泥中的五种通用水泥,即硅酸盐水泥、普通硅酸盐水泥、矿渣硅酸盐水泥、火山灰质硅酸盐水泥和粉煤灰硅酸盐水泥。路面工程还会用道路硅酸盐水泥。

一、通用水泥

(一)硅酸盐水泥

硅酸盐水泥俗称纯熟料水泥,国际上通称为波特兰水泥。硅酸盐水泥成分有 P·I 型和 P·II 型两种类型。

凡以适当成分的生料,烧至部分熔融,所得以硅酸钙为主要成分的硅酸盐水泥熟料,加入适量的石膏,磨细制成的水硬性胶凝材料,即不掺加混合材料的为

P·I型硅酸盐水泥。在硅酸盐水泥熟料粉磨时掺加不超过水泥质量5%的石灰石或粒化高炉矿渣混合材料和适量石膏磨细而成的为P·Ⅱ型硅酸盐水泥。

特点：①凝结硬化快，早期强度高，由其制成的混凝土3天龄期的抗压强度比同强度等级普通水泥混凝土高3‰~7‰，强度等级高。②可满足配制高强度等级混凝土的需要。③耐磨性、抗冻性、抗渗性都比普通水泥好；施工中掺外加剂时，效果更好。④耐软水侵蚀和耐硫酸盐等盐类侵蚀性能差。

适用范围：①预应力混凝土构件，悬臂浇筑的预应力桥，公路路面混凝土工程；②早期要求强度高、拆模快的工程，严寒地区遭受反复冰冻的工程和水下工程；③抗渗要求的工程；④各种地下工程和隧道的喷射衬砌。

不适用于受流动的淡水和水压作用的工程，也不适用于受海水和矿物水作用的工程和有耐热要求的工程。水化热高，不适用于大体积的混凝土工程。

（二）普通硅酸盐水泥

凡由硅酸盐水泥熟料6%~15%混合材料，适量石膏磨细制成的水硬性胶凝材料，称为普通硅酸盐水泥。掺活性混合材料时，最大掺量不得超过水泥质量的15%，其中允许用不超过水泥质量5%的窑灰或不超过水泥质量10%的非活性混合材料来代替。掺非活性混合材料时，最大掺量不得超过水泥质量的10%。

特点：①普通硅酸盐水泥因混合材料含量少，其特性和使用范围大体上和硅酸盐水泥相同；②早期强度和水化热仅低于硅酸盐水泥，但比矿渣水泥、火山灰水泥、粉煤灰水泥高；③在低温环境中凝结硬化较矿渣水泥、火山灰水泥快，耐冻性比矿渣水泥、火山灰水泥好。

适用范围：①一般地上工程、水下工程和水中反复冰冻的工程；②有抗渗要求的工程；③有耐磨要求的公路路面混凝土工程；④水化热较高，不宜用于大体积混凝土工程。

（三）矿渣硅酸盐水泥

以硅酸盐水泥熟料和粒化高炉矿渣，加入适量石膏磨细制成的水硬性胶凝材料，称为矿渣硅酸盐水泥。水泥中粒化高炉矿渣掺加量按质量百分比计为20%~70%。允许用石灰石、窑灰、粉煤灰和火山灰质混合材料中的一种代替矿渣，代替数量不超过水泥质量的8%，替代后水泥中粒化高炉矿渣不得少于20%。

特点：①早期强度低，凝结较慢，低温（10℃以下）更甚。但在保持湿润的情况下，后期强度增进较快；②宜于蒸汽养护，在较高温（60℃以上）并保持湿润的情况下，强度发展较快；③有较好的抗软水侵蚀和抗硫酸盐侵蚀的能力；④耐热性较好，水化热低；⑤抗冻性差，干缩性大，常有泌水现象。

适用范围：①地下淡水或海水中的工程，经常受水压作用的工程；②大体积混凝土工程；③极宜用于较迟承受设计荷载并易保持湿润的工程；④也可以用于寒冷地区水位升降范围内的混凝土工程和路面工程；⑤需要早期达到要求强度的工程不宜使用；⑥在低温环境中，需要强度发展较快的工程，如不能采取加热保温措施，则不宜使用；⑦不宜在有抗渗要求的工程中使用[①]。

（四）火山灰质硅酸盐水泥

以硅酸盐水泥熟料和火山灰质混合材料，加入适量石膏磨细制成的水硬性胶凝材料称火山灰质硅酸盐水泥。水泥中火山灰质混合材料掺加量按质量百分比计为 20%～50%。

特点：①水化热较低，耐水性好，对硫酸盐类侵蚀的抵抗力较好。②早期强度低，凝结硬化慢，低温（10℃以下）尤甚。在保持潮湿的情况下，后期强度增进较快。③在高温（60℃以上）并保持潮湿的环境中（如蒸汽）强度发展比普通水泥快。④抗冻性差，干缩率较大，吸水性比普通水泥、矿渣水泥略大。

适应范围：①地下、水中尤其是海水中的工程及经常受水压作用的工程；②大体积混凝土工程，高湿条件下的地上工程；③泌水性小，凝结慢，宜用于集中搅拌、运输较远的混凝土工程；④极宜用于蒸汽养护的构件和蒸汽养护的混凝土工程；⑤不宜用于反复冻融及干湿变化的结构和干燥环境中的工程；⑥不宜用于要求耐磨的工程。

（五）粉煤灰硅酸盐水泥

以硅酸盐水泥熟料和粉煤灰，加入适量石膏磨细制成的水硬性胶凝材料称为粉煤灰硅酸盐水泥。水泥中粉煤灰掺加量以质量百分比计为 20%～40%。

特点：①干缩性小，抗裂性好，配制混凝土时和易性好，流动度大；②水化热低，对碱集料反应能起一定的抑制作用；③早期强度低，但后期强度增长较

[①] 赵存良. 土木工程中新型混凝土材料使用的探索[J]. 科技创新与应用, 2022, 12（13）: 91-94.

快，露天施工时要精心养护。

适用范围：①大体积水工建筑，地下和潮湿环境中的构造物，蒸汽养护的构件和一般工业民用建筑；②不宜用于有耐磨要求的工程和低温环境中施工要求早强的混凝土（不包括蒸汽养护）；③不宜用于干燥环境中的工程和受水流冲刷及严寒地区水位升降范围内的混凝土结构。

二、道路硅酸盐水泥

以适当成分生料烧至部分熔融，所得以硅酸钙为主要成分，含较多量的铁铝酸钙的硅酸盐水泥熟料，加 0%～10% 活性混合材料和适量石膏磨细制成的水硬性胶凝材料称为道路硅酸盐水泥，简称道路水泥。

适用范围：适用于道路路面和对耐磨、抗干缩等性能要求较高的其他混凝土工程。

三、水泥的包装、试验报告和贮运要求

（一）包装

水泥可以袋装或散装。袋装水泥每袋净重 50 kg，且不得少于标志重量的 98%；随机抽取 20 袋总重量不得少于 1000 kg。其他包装形式由供需双方协商确定，但有关袋装重量的要求必须符合上述规定。

水泥袋上应清楚标明：工厂名称及地址、生产许可证编号、产品名称、代号、净含量、强度等级、执行标准号、出厂编号等。包装袋两侧应印有水泥名称和强度等级。散装时应提交与袋装标志内容相同的卡片。

（二）试验报告

当用户需要时，水泥厂在水泥发出日起 7 天内，寄发水泥品质试验报告。试验报告中应包括除 28 天强度以外的各标准所规定的各项技术要求及试验结果。28 天强度数值应在水泥发出日起 32 天内补报。试验报告还应填报混合材料名称和掺加量，属旋窑或立窑生产，并应附有该水泥的品质指标。

（三）运输保管

水泥极易受潮变质，如直接着水（雨淋水浸）会水化凝固，不能再用。水泥储存日久，会吸收空气中的水分和二氧化碳，逐渐受潮结块硬化，强度降低直至

不能使用，所以水泥在运输、装卸与保管中，应特别注意防水防潮，并防止混入杂物。

第四节　沥青

沥青是公路铺筑路面的主要物资，也是房屋、桥梁、涵洞等构造物常用的主要防水材料和嵌缝材料。沥青是由一些极其复杂的高分子碳氢化合物和它们的一些非金属（氧、硫、氮等）衍生物所组成的混合物。

一、石油沥青

石油沥青是天然原油加工的重质产品，是黑色或棕褐色的黏稠状或固体状物质，具有明显的树脂特征，一般没有特殊气味，或略带松香气味。它是能溶于二硫化碳的复杂的高分子聚合物，具有许多优良性能。

（一）化学结构

石油沥青是石油中最复杂的成分，它是由碳、氢、氧、硫、氮及微量金属元素组成的混合物，不同产地的石油沥青，其组成各不相同。一般地讲，碳和氢约占石油沥青的 90%～95%，其中碳含量约为 70%～80%，氢含量不超过 15%。氧、氮等元素含量虽然很少，但这些元素组成的化合物分子量却是很大的，以至每个非碳氢化合物的分子中都含有氧、硫、氮原子。在氧化沥青的某些组分中，有 80% 的分子含有一个氧原子。

石油沥青的化学结构极其复杂。一般认为，油质和蜡质主要由一些直链烷烃组成。这些直链烷烃又带有不同长短的侧链，有时在主链的链端还带有不同侧链的芳核，不同的沥青其化学结构各不相同。

（二）组分

石油沥青的化学组成非常复杂。许多性质相差很大的沥青，其元素分析结果都非常相似，只研究石油沥青的化学组成，还不能反映它在物理性质上的差异。为此，利用沥青在不同溶剂里的极性差和吸附剂的吸附作用，将沥青分成几个性质相似而具有特征的部分，即组分。这些组分在沥青中含量的多少，直接影响着沥青的物理性质和物理化学性质。

石油沥青的化学组分划分方法很多，有近百种的"组分"分析方法。在我国应用最多的为"四组分法"，将沥青分为饱和分、芳香分、胶质和沥青质。雷西娜法将沥青划分为油质、树脂质和沥青质三个组分。

油质为无色液体，分子量大约在 370~710 之间，密度介于 0.7~1 g/cm^3 之间，含量为 45%~60%，为石油沥青中最轻的馏分，在 170℃长时间加热可以挥发。油质是石油沥青可以流动的主要原因，其含量越多，软化点越低，黏滞度越小，使沥青具有柔软性和抗裂性。

树脂质是液体或半固体的黏稠状的物质，为黄色或褐色。密度介于 1~1.10 g/cm^3 之间，含量为 15%~30%，熔点低于 100℃，呈中性反应，有较强的染色力。沥青的颜色在很大程度上取决于树脂质。树脂质的存在，使石油沥青有一定的可塑性、可流动性和黏结性，直接决定着石油沥青的延伸度和黏结力。

沥青质是黑褐色或黑色的固态无定形物质，在加热到 300℃以上时，不熔化而分解，一般含量为 5%~30%。密度大于 1 g/cm^3，染色力强，对光的敏感性强，感光后就不能熔解。沥青质是高分子化合物，分子量估计为 1000~6000 或更高。它是石油沥青中分子量最高的组分，决定着石油沥青的塑性状态界限和自固态变为液态的程度、黏滞性和温度稳定性，以及硬度和软化点。

此外，在石油沥青中还含有一定数量的沥青酸、沥青酸酐、碳化物和似碳物[①]。

（三）调和沥青

石油沥青的性质可用针入度、软化点、延伸度、黏韧度、韧性、黏度、弹性和塑性等来表示。不同的石油沥青，其性能各不相同。为了使沥青的性能达到规定的要求，最早使用的方法是将不同组成的石油沥青进行调配，制成调和沥青，亦称调配沥青。

调和沥青是将两种不同黏度的石油沥青按一定的比例调和在一起的沥青。一般是在高黏度沥青中加入一定数量的低黏度沥青或液体沥青，共同熔化，搅拌均匀即成，以达到对石油沥青的耐热性和低温性能要求。

调和沥青的配制方法很多，主要有黏度曲线法、软化点计算法、针入度计算法和组分调配法等。在建筑防水材料中，以软化点计算法应用较多。如果选用三

---

① 刘晓青. 建筑防水施工中防水材料的应用探究 [J]. 科技展望，2016，26（28）：30.

种沥青，可先求出两种沥青的配比，然后再与第三种沥青进行计算。在进行调和时，为了不使混合后的沥青胶体结构被破坏，应选择表面张力相近和化学性质相似的沥青。调和后的沥青应充分混合均匀。通过测定发现，调和沥青的软化点与计算软化点越相近，混合均匀性越好。

二、煤焦油沥青

煤焦油沥青是由煤、褐煤等有机物质，在隔绝空气和高温的环境下进行干馏，冷凝其挥发物质而获得黏稠液体，再经加工而制得的沥青类材料。它是煤化学工业中最重要的产品，也是建筑防水材料行业应用较早的防水材料之一。

（一）化学组成

煤焦油沥青是由以高度缩合的芳香族碳氢化合物为主要成分，以及氧、硫、氮的衍生物所组成的混合物。其主要元素是碳和氢，含碳量一般较石油沥青多，超过90%，平均为93%，碳和氢原子比（C/H）为1.7~1.8，还有氧、硫、氮等元素。将煤焦油沥青加热到400~500℃时，其组分之间发生聚合和缩合反应，同时分离出氢和甲烷，使碳与氢原子比（C/H）进一步提高。

煤焦油沥青主要由各种芳香族化合物组成。这些化合物包括四五个芳环的简单分子，以及分子量为2000左右的高聚物。同石油沥青相比，最突出的特征是几乎只有芳香烃和杂环化合物。沸点范围为385~550℃的煤焦油沥青，用气相色谱法已鉴定出大约80种化合物。在所鉴定出的物质中有60%左右的缩合芳烃，不到20%的含氮杂环化合物，10%含氧化合物和30%的含硫化合物。煤焦油沥青中大部分为多种结晶物质的低共熔混合物，是一种具有树脂性能的热塑性物质。在研究煤焦油沥青的化学性质时，常常将煤焦油沥青划分为几个化学性质相近、技术性能有一定联系的组分。

游离碳是煤焦油沥青中高分子有机化合物的固态碳质微粒，不溶于任何溶剂，有很好的稳定性，只有在高温下才能分解。游离碳含量的多少，直接影响着煤焦油沥青的黏滞性。游离碳含量增加，黏滞度增加，密度亦增加，温度稳定性增强，脆性增大。如果游离碳高于某一限度，则性能变坏，因此其含量必须加以限制。

煤焦油沥青中的树脂质，属于含氧环式化合物。根据其黏度的大小，可分为软树脂和硬树脂。软树脂为赤褐色的粘塑性物质，在氧、高温和日光的作用下，发生氧化和聚合作用，由黏稠液体变为固体。在其芳环上可发生化学反应，引入化学基因，如对水有亲和力的磺酸基团。硬树脂为固态晶体结构，化学稳定性较差，仅溶于吡啶。

油分是液态碳氢化合物，主要由不饱和的芳香类化合物组成。油分的存在增加了煤焦油沥青的流动性，并能聚合成树脂质。在油分子中，还含有各种具有可溶性的杂质，其中包括萘油、菲油、蒽油及酸性和碱性物质。

萘油在煤焦油沥青中为溶解状态，在常温下易升华，直接影响着黏滞度和老化等性能。萘含量在20%~25%时，其黏滞度大大降低；含量高于此限，温度在55~80℃时，萘则变为晶体析出，使煤焦油沥青变为假黏度而失去塑性。

（二）化学结构

煤焦油沥青的化学结构极为复杂，可分离为数千至数万余种结构单元。煤焦油是用煤进行炼焦或制造煤气时，排出的挥发性物质经冷凝而得到的副产物，此为粗煤焦油，亦称生煤焦油沥青，达到煤焦油标准的称为煤焦油。

煤焦油为褐色至黑色油状物，有强烈的气味。它由复杂的化合物组成，所含化合物估计达1万种以上，目前已经分离出来并确定的有500种，其中人们比较熟悉的仅占5%，主要为芳香烃的碳氢化物。根据煤焦油的来源可分为煤气煤焦油和焦炭煤焦油；根据干馏温度的不同可分为高温煤焦油、中温煤焦油和低温煤焦油。在建筑防水材料行业，主要使用的是高温煤焦油，煤焦油再经蒸馏加工，可制得稠度不同的煤焦油沥青，简称煤沥青。煤沥青又可分为软煤沥青和硬煤沥青，软煤沥青主要用于铺筑路面。

（三）配制煤焦油沥青

煤焦油沥青或煤焦油往往达不到使用要求，需进行调配，将不同稠度的煤焦油沥青互相掺配而得到所要求标号的煤焦油沥青，称为配制煤焦油沥青。例如，在硬煤沥青中掺加重油、蒽油或低温煤焦油而得到软煤沥青。

三、混合沥青

混合沥青是指煤焦油沥青和石油沥青混在一起的沥青材料。

（一）混合原理

混合沥青是煤焦油沥青与石油沥青的有限互溶分散体系。分散体系的稳定性与分散相和分散介质的表面张力有关。表面张力相差愈小，获得的体系越稳定，两者的亲和力愈大。

煤焦油沥青和石油沥青的表面张力同温度有关。随着温度的升高，分子的热运动加强，分子间平均距离加大，表面张力随着温度的升高而减小，互溶性增强。当达到某一温度时，欲混合的两种沥青表面张力接近，使两者能够互溶的最低温度称为液体的临界混合温度。为了降低表面张力，应尽量提高煤焦油沥青和石油沥青的混合温度，但不能超过沥青的闪点，否则易引起火灾事故。

混合沥青共混体系的稳定性同其密度有关，密度愈接近，愈容易混合。所以，液体的煤焦油沥青同黏稠的石油沥青密度相差较小，容易混合，而液体石油沥青同黏稠的煤焦油沥青密度相差较大，混合后极易发生分离现象。

石油沥青中的润滑油同煤焦油沥青中的芳香族化合物相溶性较差，易于分离，是混合沥青的破坏剂。煤焦油沥青中的游离碳极易使胶态混合沥青产生絮凝现象，是混合沥青的絮凝剂和破坏剂，很难获得稳定的混合沥青。因此，煤焦油沥青与石油沥青的混合为有限混合体系。一般地说，允许混合比例在20%以下，或80%以上。但含蒽油较多的煤焦油沥青同石油沥青则能以任意比例混合而制成稳定的混合沥青。蒽油的挥发，导致沥青表面形成一层石油沥青薄膜，从而遏制或推迟了蒽油进一步挥发。例如，煤焦油和软煤沥青在石油沥青中的掺和比例就可以超过这个界限的限制。因此，在配制混合沥青时，除选择适当的温度外，煤焦油沥青中的蒽油含量愈高愈好，石油沥青中的润滑油和煤焦油中的游离碳含量愈少愈好，密度相差愈小愈好。在高温下拌和与提高拌和速度都是制造稳定混合沥青的有力措施。

在混合沥青中加入增容剂也是提高煤焦油沥青和石油沥青混溶性的有力措施。所选用的增容剂必须对石油沥青和煤焦油沥青都具有较好的亲和力，也就是说含有与石油沥青和煤焦油沥青极性相近的基团。如何用增容的方法提高石油沥青与煤焦油沥青的相容性是沥青研究者的研究方向之一。

（二）混合工艺与检验

混合沥青的制造方法很多，主要有热熔混合法、溶剂混合法、乳液混合法和干粉混合法等。热熔混合法是将石油沥青和煤焦油沥青分别加热熔化，在不断高速搅拌石油沥青的情况下，加入熔化的煤焦油沥青，使之分散均匀一致。这种方法的优点是制造简单，但制得的混合沥青稳定性差，易发生絮凝现象。

高速匀化器法是制造混合沥青最有效的方法之一。高速匀化器由齿轮泵、喷头和电机组成，使液态的石油沥青和煤焦油沥青在很高的剪切力作用下，通过齿轮泵和喷头的往复循环，研磨分散，将煤焦油沥青和石油沥青分散得非常均匀。采用这种方法制得的混合沥青较为稳定。

干粉混合法是将固体石油沥青和固体煤焦油沥青研磨成粉状，通过机械加以混合。混合后的粉状物经熔合成型，可用于制备各种混合沥青制品。这种加工方法制得的沥青颗粒较粗，混合很不均匀，一般较少采用。

（三）性能特点

混合沥青综合了石油沥青和煤焦油沥青各自的优点，具有很多优良的性能。主要表现为黏结力提高，热稳定性增强，延伸性增大。油沥青大都为直链烷烃，极性极弱，黏结力较差。这是由于石油沥青中含化学活性物质少，黏结力主要靠物理吸附力。而煤焦油沥青中，含有较多的化学活性物质。例如，酚、吡啶及其同系物，极性较强，化学吸附力和物理吸附力较大。在石油沥青中掺入煤焦油沥青，则可提高其黏结性，对酸性和碱性材料具有较好的黏结力。例如，大庆渣油氧化后制成的氧化沥青，同矿物材料的黏结力（水蒸法）一般为3级，而以不同比例的煤焦油沥青进行混合而制得的混合沥青，其黏结力（水蒸法）一般提高到4~5级。

第五章 公路桥梁工程新型建筑材料

第一节 土工合成材料

土工合成材料是土木工程应用的合成材料的总称。作为一种新型的土木工程材料,它以人工合成的聚合物,如塑料、化纤、合成橡胶等为原料,制成各种类型的产品,置于土体内部、表面或各种土体之间,发挥加强或保护土体的作用。

一、土工合成材料的基本概念

(一)土工合成材料种类

关于土工合成材料的分类,至今尚无统一准则。《土工合成材料应用技术规范》将土工合成材料分为土工织物、土工膜、特种土工合成材料和复合型土工合成材料等类型。特种土工合成材料包括土工格栅、土工网、土工垫、土工格室、土工泡沫塑料等。复合型土工合成材料是由上述各种材料复合而成,如复合土工膜、土工复合排水材料等。目前这些材料已广泛应用于水利、水电、公路、建筑、海港、采矿、军工等各个工程领域。

(二)土工织物

土工织物为透水性土工合成材料。土工织物的制造一般要经过两个步骤:首先把聚合物原料加工成丝、短纤维、纱或条带,然后再制成平面结构的土工织物。许多不同的高分子聚合物已经成为不同土工织物产品的原料。按制造方法分为针织型、无纺或非织造型和机织或有纺型三类土工织物。针织型目前已很少应用。有纺土工织物由两组平行的呈正交或斜交的经线和纬线交织而成,其主要缺点是沿经线和纬线的强度高,而与经纬线斜交方向的强度低。无纺土工织物是把纤维作定向地或随意地排列,再经过加工而成。按照联结纤维的方法不同,无纺土工织物可分为化学(黏结剂)联结、热力联结和机械联结三种,其主要优点是强度没有显著的方向性，对变形的适应性较大。当前世界上 80% 的土工织物属于这种类型。

土工织物突出的优点是重量轻，整体连续性好（可做成较大面积的整体），施工方便，抗拉强度较高，耐腐蚀和抗微生物侵蚀性好。缺点是如未经特殊处理，则抗紫外线能力低，受到紫外线直接照射时容易衰化，但如不直接暴露，抗老化及耐久性能仍是较高的。土工织物的性能与其聚合物原料、土工织物的种类及加工制造方法密切相关[①]。

（三）土工膜

土工膜一般分为沥青和聚合物（合成高聚物）两大类，也有采用天然橡胶制作的。为了适应工程应用中不同强度和变形的需要，两类中又各有不加筋和加筋或组合的类型。土工膜的制造方法一般分为工厂制成和现场制成两种。

含沥青土工膜目前主要为复合型的（含编织型或无纺型的土工织物），以沥青作为浸润黏结剂。聚合物土工膜根据不同的主材料分为塑性土工膜、弹性土工膜和组合型土工膜。

土工膜的一般特性包括物理性能、力学性能、化学性能、热学性能和耐久性等。工程应用中更重视其防水（渗透性和透气性）、抗老化的能力及耐久性。大量工程实践表明，土工膜有很好的不透水性、很好的弹性和适应变形的能力，能承受不同的施工条件和工作应力，具有良好的耐老化能力（处于水下和土中的土工膜的耐久性尤为突出）。总之可以认为，土工膜具有突出的防渗和防水性能。土工膜的特性随其类别、制作方法、产品类型的不同而变化较大。

二、土工合成材料的工程特性

（一）物理特性

1. 厚度

土工合成材料厚度用 mm 表示。厚度变化对织物的孔隙率、透水性和过滤性等水力学特性有很大的影响。常用的各种土工合成材料的厚度：土工织物一般为 0.1～5 mm，最厚的可达十几毫米；土工膜一般为 0.25～0.75 mm，最厚的可达 2～4 mm；复合型材料有时采用较薄的土工膜，最薄可达 0.1 mm；土工格栅的

---

① 李昱. 浅谈土工合成材料在土木工程中的应用 [J]. 江西建材，2021（10）：27-28.

厚度随部位的不同而异,其肋厚一般从 0.5 mm 至几十毫米。

有些材料在受压时,厚度变化很大,需规定在某固定压力下测定厚度。一般规定此压力为 2 kPa。根据工程需要还应测试在 20 kPa、200 kPa 压力下的系列厚度。土工织物厚度可采用专门的厚度测试仪,土工膜厚度可直接用千分尺测定。一般要求加压面积为 25 cm^2,试样面积应大于加压面积的 2 倍,加压时间 30 s,试样不少于 10 块。

2. 单位面积质量

单位面积质量为单位面积土工合成材料具有的质量,它反映材料多方面的性能,如抗拉强度、顶破强度等力学性能以及孔隙率、渗透性等水力学性能,通常以 g/m^2 表示,它是土工合成材料的主要物理性能之一。

土工织物和土工膜单位面积质量受原材料比重的影响,同时受厚度、外加剂和含水量的影响。常用的土工织物单位面积质量一般在 50～1200 g/m^2 的范围内。

测定单位面积质量采用称量法。试样面积为 100 cm^2,数量不得少于 10 块,天平称量读数应精确到 0.01 g(现场测试为 0.1 g),测试前要求试样在标准大气压下恒温(20±2)℃、恒湿(65%±2%)24 小时。

(二)力学特性

反映土工合成材料力学特性的指标主要有拉伸特性及抗拉强度、握持强度、撕裂强度、顶破强度、刺破强度、穿透强度等。

1. 拉伸特性及抗拉强度

土工合成材料是柔性材料,大多通过其抗拉强度来承受荷载以发挥工程作用,因此抗拉强度及其应变是土工合成材料主要的特性指标。

土工合成材料的抗拉强度与测定时的试样宽度、形状、约束条件有关,必须在标准规定的条件下测定。土工织物在受力过程中厚度是变化的,不易精确测定,故其受力大小一般以单位宽度所承受的力来表示,单位为 kN/m 或 N/m,而不是以习惯上所用的单位面积的应力来表示。

目前测定抗拉强度基本上是沿用纺织品条带拉伸试验方法,即把试样两端用夹具夹住,以一定的速率施加荷载进行拉伸直到破坏。测得试样自身断裂强度及变形,并绘出应力 – 应变曲线。

目前关于土工合成材料的拉伸力学特性一般采用室内无侧限拉伸试验进行测试。但现场土工筋材埋设在填料中的力学特性因填料的约束作用不同将大为不同。人们曾对不同带宽的试件进行拉伸试验,以评价筋材受侧向约束的影响。但更科学的方法是将筋材埋在填料中进行测试。此时的现场力学特性所受影响因素较多。有约束的拉伸试验表明,约束力将增加土工织物的抗拉强度和模量。对于土工格网和土工格栅,约束力的影响更为显著,因为除了界面的摩擦阻力外,筋材横肋所受拉伸方向的土压力还约束其变形而增大了模量。

另外,人们还研制了其他类型设备,如"零尺寸"约束拉伸仪。筋材试件受到压力控制的金属夹具的夹持。对夹具的夹持面进行粗糙处理以模拟粒料的界面作用。这种设备的缺点是难以模拟不同填料的界面状态,未计及诸如筋材上下填料密实化、颗粒的嵌锁作用等因素对试验的影响。也有的采用三轴试验考察筋材加筋土样的应力应变特性及与时间相关的特性,筋材在三轴试件中的铺设方式有平铺的和轴向铺设的两种,但难以控制筋材的变形,在试验中的这些变形比现场受边界条件的影响更为复杂。值得注意的是一种平面应变拉伸仪,这种平面应变状态与现场土工筋材的埋设状态非常接近,但不便与筋材无侧限拉伸试验结果进行比较,且操作复杂,不便于日常测试工作。

2. 握持强度

土工织物承受集中力的现象普遍存在,握持强度反映其分散集中力的能力。握持强度试验选用的仪器一般与条带拉伸试验相同,但试验方法不同。握持强度试验是握持试样两端部分宽度而进行的一种拉力试验。它的强度由两部分组成,一部分为试样被握持宽度的抗拉强度,一部分为相邻纤维提供的附加抗拉强度。它与条带拉伸强度之间没有简单的对比关系。

由于各单位所采用的试样和夹具的尺寸不尽相同,试验的难度也较大,因此测得的结果相差很多,一般不宜作为设计依据,只可用作不同土工织物的抗拉强度的比较。土工织物握持力一般为 $0.3 \sim 6.0 \text{ kN}$。

3. 撕裂强度

土工织物和土工膜在铺设和使用过程中,常常会有不同程度的破损。撕裂强度反映了试样抵抗扩大破损裂口的能力,可评价不同土工织物和土工膜被扩大破损程度的难易,是土工合成材料应用中的重要力学指标。

目前撕裂强度试验沿用纺织品标准测试方法。常用的纺织品撕裂试验,按试样形状分为梯形法、翼形法以及舌形法,舌形法又分为单缝与双缝两种。目前多采用梯形法测定土工膜及土工织物的撕裂强度。这种试验从其加力方式看,近似于张拉试验。

土工织物梯形撕裂强度值一般为 0.15~30 kN，不加筋土工膜的梯形撕裂强度值一般为 0.03~0.4 kN。

4. 顶破强度、刺破强度及穿透强度

工程应用中，土工织物及土工膜常被置于两种不同粒径的材料之间，受到粒料的顶破作用。施工中也将受到抛填粒料引起的法向荷载。根据粒径大小形状，土工织物及土工膜按接触面的受力特征和破坏形式可分为顶破、刺破和穿透几种受力状态。

顶破强度反映土工织物及土工膜抵抗垂直织物平面的法向压力的能力，顶破试验与刺破强度试验相比，压力面积相对较大，材料呈双向受力状态。

刺破强度反映土工织物或土工膜抵抗小面积集中荷载（如有棱角的石子或树枝等）的能力。试验方法与圆球顶破试验相似，只是以金属杆代替圆球。

穿透强度通过穿透试验测得。这种试验是模拟工程施工中具有尖角的石块或其他锐利物落在土工织物或土工膜上的情况，用穿透试验所得孔眼的大小，评价土工织物或土工膜抵御穿透的能力。

（三）蠕变特性

材料的蠕变是指材料在受力大小不变的条件下，其变形随时间增长而逐渐增大的现象。蠕变特性是土工合成材料的重要特性之一，是材料能否长期使用的关键。

蠕变特性试验目前尚无统一的标准方法，一般采用宽条试样（宽 200 mm），以悬吊的金属锤为荷重。施加的荷重分为数级，如 25%、50% 及 75% 的断裂强度。试验过程中记录不同时间的应变量，绘制不同量级荷重条件下的应变量与时间对数值的半对数曲线。曲线与纵坐标的交点相当于初始应变量 ε_0，经过 t 时后增加的应变量称为蠕变量，用 ε_1 表示。根据大量试验结果，在一定的应力水平下以半对数表示的蠕变试验曲线近于直线变化。

土工合成材料的蠕变特性是影响其长期性能的重要因素，Victor Elias 等利用自研的拉拔仪进行土工筋材埋设在土体中的拉伸蠕变试验，根据试验结果对几种土工织物和土工格栅的蠕变性能进行比较。试验中为了便于与无约束筋材试件拉伸蠕变结果进行对比，采用了与 ASTMD5262 规范一致的 $(10 \pm 3)\%/\min$ 的应变率。Khalid Farrag 等在室温和高温下对两种土工格栅进行蠕变试验，研究它们

的时间 – 荷载 – 温度关系，并运用黏弹性理论分析这些关系，借助时温等效原理，欲从土工格栅短期的高温下蠕变获得长期的常温下的蠕变性能。

（四）土工合成材料与土相互作用时的界面摩擦特性

把土工合成材料作为加筋材料埋在土内，或作为滤层铺在土坡上，都将与周围土体形成复合体系。两种材料在外载和自重作用下产生变形时，将沿它们的界面发生相互作用。在实际工程中，土工加筋材料在填料中可能出现两种受力状态：直剪或拉拔。

测定土工合成材料与土相互作用的界面摩擦特性的试验，一般采用类似于常规土工试验中的直接剪切仪。而拉拔试验常模拟现场条件，研制出各种不同形式的拉拔试验箱或试验槽。这两种试验虽然均反映界面摩擦作用，但机理却不尽相同，试验结果存在一定的差异。

1. 直接剪切摩擦试验

织物与土之间的黏着力一般很小，常常可以忽略不计。而土工格栅与土之间的咬合力较大。土与土工合成材料之间的摩擦角与土的颗粒大小、形状、紧密程度和织物的种类、孔径以及厚度等因素有关，也受试验时正压力大小的影响。根据国内外有关试验结果，细粒土（如细沙、沙壤土等，其颗粒粒径小于织物孔隙），以及疏松的中等颗粒的土（如松沙等），它们与织物之间的摩擦角接近于土体本身的摩擦角。对于粗颗粒土（如粗沙、砾石，其颗粒一般大于织物的孔隙），以及密实的中细沙等，与织物间的摩擦角小于土的内摩擦角，且土与针刺无纺织物之间的内摩擦角较大，土与土工膜及有纺织物或热粘无纺织物之间的摩擦角较小。

2. 拉拔摩擦试验

土工合成材料埋在土内，受到沿其平面方向的拉力时，将在拉力方向上引起应力和变形。由于有法向应力作用，受拉时上、下界面上将引起摩擦阻力。该阻力沿拉力方向不是均匀分布的，而是随各点的应变不同而不同。材料被拔出的瞬时，可认为上、下界面的摩阻力均匀分布，并与拉力平衡，该值即为界面的摩擦强度。

直剪摩擦试验与拉拔摩擦试验的机理不同，结果常存在一定差异，哪种结果更为合理，难以简单评价。两种试验的强度发挥和主要影响因素不同。如果能预估实际工程填土和织物可能出现的相对位移情况，即单面的相对位移，则直剪摩擦试验较能反映实际；双面均与土发生相对位移，则拉拔试验可能更为合适。对刚度较小的土工合成材料，直剪试验较符合实际情况；对刚度较大的材料则拉拔试验更宜。

3. 影响试验结果的因素

综合国内外有关文献，关于上述两种界面特性的测试设备和试验方法均未统一。在各种测试土工筋材与填料界面特性的试验设备中所考虑的因素有所不同。概括地讲，影响试验结果的有下述几方面因素。

（1）加载方式

存在两种加载方式：控制变形率或控制荷载。控制变形率时应保证剪切速率相等，而控制荷载时应保持各级垂直荷载不变。控制荷载试验可以测试土工加筋结构中筋材侧向约束蠕变特性。但目前控制荷载的试验工作开展得较少，一般采用控制变形率加载方式。在拉拔试验中，变形率一般在 0.1~20 mm/min 之间。针对土工织物进行的直剪试验表明，其对变形率并不敏感。但对于土工格栅，情况则相反。

（2）试件盒刚性盒壁的边界效应和尺寸效应

刚性盒壁的摩擦力会降低作用在界面上的正压力，可以通过润滑盒壁、将试件装在柔性薄膜内或控制筋材试样和试件盒的宽度比，以使筋材远离试件盒侧壁来减少这一影响。拉拔试验研究发现，加筋试件与施力端一侧的试件盒壁之间的土压力会增大界面摩擦阻力，从而影响试验结果。

由于土工筋材的形状、几何特征尺寸及填料颗粒粒径变化多样，填料与筋材表面（特别是土工格网、土工格栅等带网眼筋材）的结合情况不同，为了避免试验结果离散性过大，应使试件盒尺寸足够大。人们研制的直剪仪长宽尺寸从 10 cm×10 cm 到 100 cm×100 cm 均有，常用的宽度尺寸为 25~30 cm。也有的采用下部直剪盒比上部直剪盒大的直剪仪，这样可以保证在直剪过程中界面剪切面面积不发生变化。

同时应在筋材上下不同填料厚度情形下进行测试，以评估上下加载板和填料厚度的影响。研究表明，随着填料厚度的增加，界面摩擦阻力将减少到最小。

（3）填料的压实

界面的摩擦特性与填料的压实度有关。密实的填料与筋材之间的摩擦力较大，疏松的填料与筋材之间的摩擦力随着动摩擦过程逐渐增强。对于同一种土样所制作的不同压实度试件，它们的残余强度将趋于一致，这是筋材上下填料逐渐密实的缘故。所采取的压实方式应保证筋材上下压实度均匀一致。

（4）筋材的夹持

拉拔试验中，在试件盒外拉拔端的夹持，会使筋材拔出部分丧失侧向约束，导致测试过程中界面面积产生变化。筋材的夹持应保证在拉拔过程中试件界面面积保持不变。为达到这一要求，有的实验让筋材自由端伸出在试件盒以外。

（5）筋材的受力变形检测

在拉拔试验中，检测结果会受到筋材拉伸变形的影响。为了准确地评价界面特性和筋材受力变形分布，一些研究者在试件或加筋体内部埋设能检测不同部位筋材相对变形或内力的测试元件，特别是内力分布，可据此提出筋材内力分布模型以分析加筋结构物的受力。

三、土工合成材料的工程应用

（一）土工合成材料的功能及适用范围

土工合成材料的功能是多方面的，综合起来，可以概括为六种功能：过滤作用、排水作用、隔离作用、加筋作用、防渗作用、防护作用。

1. 过滤作用

把土工织物置于土体表面或相邻土层之间，可以有效地阻止土颗粒通过，从而防止由于土颗粒的过量流失而造成土体的破坏。同时允许土中的水或气体通过织物自由排出，以免由于孔隙水压力的升高而造成土体的失稳等不利后果。

土工织物可适用于土石坝黏土心墙或黏土斜墙的滤层，土石坝或堤坝内的各种排水体的滤层，储灰坝或尾矿坝的初期坝上游坝面的滤层，堤、坝、河、渠及海岸块石或混凝土护坡的滤层，水闸下游护坡下部的滤层，挡土墙回填土中排水系统的滤层，排水暗道周边或碎石排水暗沟周边的滤层，水利工程中水井、减压井或测压管的滤层等。

2. 排水作用

有些土工合成材料可以在土体中形成排水通道，把土中的水分汇集起来，沿着材料的平面排出体外。较厚的针刺型无纺织物和某些具有较多孔隙的复合型土工合成材料都可以起排水作用。它们可适用于土坝内垂直或水平排水，土坝或土堤中的防渗土工膜后面或混凝土护面下部的排水，埋入土体中消散孔隙水压力，软基处理中垂直排水,挡土墙后面的排水,各种建筑物后面的排水,排除隧洞周边渗水、减轻周边所承受的外水压力,人工填土地基或运动场地基的排水等。

3. 隔离作用

有些土工合成材料能够把两种不同粒径的土、沙、石料,或把土、沙、石料与地基或其他建筑物隔离开来,以免相互混杂,失去各种材料和结构的完整性,或发生土粒流失现象。土工织物和土工膜都可以起隔离作用。可用于道路基层与路基之间或路基与地基之间的隔离层,在土石混合坝中隔离不同的筑坝材料,用作坝体与地基之间的隔离体、堆场与地基间的隔离层等。

4. 加筋作用

很多土工合成材料埋在土体中,可以分布土体的应力,增加土体的模量,传递拉应力,限制土体侧向位移,还可以增加土体和其他材料之间的摩阻力,提高土体及有关建筑物的稳定性。土工织物、土工格栅、土工网及一些特种或复合型的土工合成材料,都具有加筋作用。可用于加强软弱地基,加强边坡稳定性,用作挡土墙回填土中的加筋或锚固挡土墙的面板,修筑包裹式挡土墙或桥台,加固柔性路面、防止反射裂缝的发展等。

5. 防渗作用

土工膜和复合型土工合成材料,可以防止液体的渗漏、气体的挥发,保护环境或建筑物的安全。可用于土石坝和库区的防渗、渠道防渗、隧道和涵管周围防渗,防止各类大型液体容器或水池的渗漏和蒸发,屋顶防漏,用于修筑施工围堰等。

6. 防护作用

多种土工合成材料对土体或水面可起防护作用。主要用于防止河岸或海岸被冲刷,防止垃圾、废料或废液污染地下水或散发臭味,防止水面蒸发或空气中灰尘污染水面,防止土体冻害等。

(二)土工合成材料的工程应用

1. 防渗

黏性土是土木工程中常用的、可大范围采用的防渗材料,但工程量大,工程质量不易保证,易出现裂缝和边界连接渗漏等缺点。而土工膜却是一种轻便的、便于施工、造价低廉、性能可靠的防渗材料。

（1）土工膜防渗层的结构

土工膜防渗结构包括土工膜、保护层和支持层等。土工膜是防渗结构的主体。选择土工模的关键在于能否满足工程的要求。良好的均匀性和防渗性能是选择土工膜首先应考虑的因素。一般塑料制品，尤其是热压塑料制品，质地比较均一，渗透系数比合成橡胶小，工程中选用的较多。涂塑的制品均匀性差，选用时需慎重。橡胶制品有涂刷的和压制的两种，后者较前者好。其次，也应注意选择合理的土工膜厚度，因其直接影响工程质量。减少渗漏，避免施工破损、水压击穿、地基变形、撕裂土工膜等都要求土工膜具有一定的厚度。根据水压大小用理论计算的土工膜厚度一般较薄，实用时需留有较大的安全系数。常用的土工膜厚度一般不小于 0.25 mm。加筋和复合土工膜可明显地增强抗刺破和耐水压能力，重要工程可优先选用。水头较小的工程，可选用较薄的土工膜以降低造价。此外，为避免防渗工程的滑动失稳，还应加大土工膜与保护层或支持层的摩擦力，为此可在制造时加粗土工膜表面。膜外面为针刺无纺布的复合土工膜，不仅可以加大其表面粗度，而且可作为排水层和垫层，但造价较高，宜于重要建筑物选用。

土工膜上的保护层是为了防御波浪的淘刷、风沙的吹蚀、人畜的破坏、冰冻的作用、紫外线的辐射、风力的掀动以及因膜下水压力的顶托而浮起等。保护层的结构、层次和材料与工程的重要性、工程规模、使用期（永久性或临时性）、使用条件等有关，宜根据工程的具体情况，经过周密的研究，提出合理的设计方案。

由于土工膜是柔性的，必须用支持层来支承。支持层的作用是使土工膜受力均匀，免受局部集中应力的损坏。支持层与其下卧层的具体条件有密切的关系，同时又与工程的类型及使用条件有关。

（2）土工膜防渗层的类型

可分为单层土工膜防渗层、多层（包括双层）土工膜防渗层和在土工膜下铺一层渗透性较小土层的土工膜复合防渗层。

单层土工膜防渗层由上至下为保护层、土工膜和支持层。对防渗要求高的情况，一道防渗漏防线不能满足，可采用二层或三层土工膜防渗层。为了减少第二层土工膜的水头，在第一层土工膜下埋设排水管，使透过第一层土工膜的水通过排水管集中到集水井中，从而使透过第一层土工膜的水在第二层土工膜上不能形成较大的水压力。绝大多数情况铺设两层土工膜已经足够了。

实践证明，土工膜常因制造和施工因素造成缺陷（漏水的孔洞或缝）成为渗漏的主要通道。若在此种土工膜下增加一个渗透性较小的土层，则可大大减少渗漏量，此时形成一种土工膜复合防渗层结构。

2. 隔离

在道路工程沙、砾石或碎石基层等与土层一类存在两种材料接触的土建工程中，为了防止两种材料相互渗混，保证发挥结构预期作用，发挥提供排水和防止地基承载力恶化等作用，常需在它们中间放置一层材料，把它们隔离开来。土工织物和土工膜就可以起到这种隔离作用。它们一般可以设在不同粒径之间，不使粗细颗粒混杂；放置在建筑物与软弱地基之间，同时起加筋作用；也可设在各种道路或场地与地基之间。

（1）设计要求

作为隔离层的土工织物和土工膜，必须满足两方面的要求：一方面它能够阻止较细的土粒侵入较粗的粒状材料中，并保持一定的渗透性；另一方面，它必须具备足够的强度，以承担由于荷重产生的各种应力或应变，即织物在任何情况下不得产生破裂现象。设计时，必须对材料的孔隙率、透水性、顶破强度、刺破强度、握持抗拉强度及其延伸率、撕裂强度等性能进行核算，以选择合适的材料。具体要求由土建工程结构性质、尺寸大小、使用要求、荷载量、施工条件和土工合成材料本身的特性来确定。

（2）施工技术要求

土工织物直接铺在路基表面或路槽表面，必须先清除路基表面和路槽中有可能损坏织物的凸出物等，然后将土工织物展开铺平，尽可能无褶皱地布置在路基上或路槽内。若需在一个较长的距离内整块展开土工织物，则应将其固定，以防止四周被吹起。在承载力低的地区铺设材料时横向亦需固定。织物与织物的连接一般有搭接和缝接方法。为了保证在施工中土工合成材料能保持其完整性，需针对路基状态与施工机械、路堤填料提出相应的施工要求。

3. 加筋

由于土体只具有一定的抗压和抗剪强度，而它们的抗拉强度却很低，所以在土内掺入或铺设适当的加筋材料（如土工织物和土工格栅），可以不同程度地改善土体的强度与变形性态。

（1）土工合成材料加筋材料的类型

土工合成材料加筋材料主要有：①土工织物，包括编织型土工织物和非织型土工织物。前者应用普遍，后者变形量大，仅用于应力水平较低的加筋工程中。②筋材制品，包括土工格栅、土工网、土工垫、土工格室和条带筋材等。这类制品一般具有较高的抗拉强度和较低的延伸率，它们和周围土的相互作用好，摩阻力、咬合力高。③加筋复合制品，例如用聚酯、玻璃纤维或钢筋作为加筋料制成的复合土工织物，以条带、绳索、连杆或板条等形式与土工织物复合。④土工合成纤维，即将合成材料特制成的网片拌入土内，或直接在施工现场喷射纤维丝掺入土中，形成所谓的网片土或纤维土。

（2）土工合成材料在加筋工程中的应用

土工合成材料加筋技术在公路工程中得到大量应用，归纳起来，大致可分为支挡结构、地基加固、桥头跳车和路面结构加筋四个方面。

第一，加筋土挡土墙和加筋土陡坡路堤。在这类应用中，是将一些形式的加筋材埋在填土中，依靠它们来平衡土压力。实验结果表明，在土体中加铺土工格栅，能有效地提高土体的抗压强度，改变其破坏模式。采用加筋土挡土墙和加筋土陡坡路堤，可以节约更多空间供工程建设使用，或减少填土方量，节约占地。

第二，地基加固。利用土工合成材料加筋软弱地基，一般是在堤身底部铺放单层或多层高模量的土工合成材料，限制基土的侧位移。这样的加筋常常是为了提高堤坝的抗滑稳定性，增加堤坝的填筑高度，减小施工期填土的大量下沉，节约土方量，使堤坝下沉趋于均匀，防止堤面开裂。

第三，桥头跳车处理。桥头跳车一直是公路铁路部门要解决的技术难题。近些年，人们相继采用加筋土技术来处理桥头跳车。应用方式有两种：平铺筋材加固桥台台背填料和加筋土柔性桥台。前一种方式是在石砌或混凝土刚性桥台台背采用加筋土填筑技术，利用土工格栅等筋材的抗拔作用改变土体中的受力状态，减少路基顶面的沉降及沉降差，从而减小桥头错台，达到避免桥头跳车的目的。后一种方法是将刚性桥台改为加筋土桥台，克服水泥混凝土之类刚性桥台台背填料不易压实、桥头过渡段支承刚度相差过大的缺点，使得桥台与台背填料支承性能基本相同，从而在外部荷载和自重作用下使二者的受力变形协调一致，防止错台的产生。

第四，路面加固。在公路工程中，土工加筋材料除了可用于加固地基和路基以外，还可用于路面加固：加固基层、加筋沥青面层和罩面层。将土工布、土工格栅等材料用于路面结构，可达到减薄基层或面层、防止反射裂缝和减少车辙等目的。

4. 过滤

对用于过滤的土工合成材料，要满足两方面的要求，即要求既能挡土，又能保持水流的畅通。应将过滤材料设在水流有可能使土体产生严重渗透变形的地方。

对于无黏性土，当渗流经过土层进入土工织物内时，在渗透力的作用下，有可能把紧靠着土工织物而粒径又较小的土粒挟带入土工织物，这种情况向远离土工织物的方向发展，逐渐形成一定厚度的由较粗土粒形成的架空层，这一层的颗粒较粗，渗透系数较大，但它不能阻挡细土粒的移动。在土工织物的过滤作用充分发挥时，在架空层的上游一侧会形成一层天然滤层。天然滤层的特点是该层的细粒土的含量比架空层多一些，透水性相对低一些，从而阻挡了相邻的天然土层的细粒土的移动，因此起到了挡土作用。在这一过程中，土工织物仅仅起一个引发天然滤层的作用。天然滤层的形成，与土层的级配和结构情况、水流情况和荷载性质等有关。

对于不是分散性、塑性较大的黏性土，土工织物将阻挡其中的团粒，从而起到过滤的作用。而对塑性低的、粉粒含量较多的黏性土，不易形成天然滤层，这时土工织物如同传统的粒料滤层一样，依靠本身有足够小的孔径来阻挡土料的移动，起到良好的过滤作用。

在利用土工织物作过滤材料时，要注意其长期使用会产生淤堵的问题。

5. 排水

用土工合成材料作排水材料使用，其目的是降低和控制土中水位，减少土中孔隙水的超静水压力和控制水流渗出位置等，从而提高土体的稳定性。此时应注意土工合成材料的渗透性。

很多土工织物的渗透能力很强，因为其孔隙率很大，同时土工织物的孔径可以达到较大的数值。土工织物的渗透性与其孔隙的大小和分布情况有关，它不是随时间的延续而固定不变的。除了由于试验条件不够理想而引起织物渗透性能波动外，更主要的是土工织物与土体相接触，在渗流时必然会产生淤堵现象，引起土工织物渗透能力的下降。

6. 防护

防护所涉及的内容相当广泛，凡是为了消除或减轻自然现象、环境作用或人类活动等因素造成的危害而采取的各项措施均在防护之列。

在防水流冲蚀的工程中，土工合成材料在土与水流之间形成隔离层，避免水流直接冲刷，消减其能量。既能渗水，又能不让土粒被水流带走；或是直接封堵水流通道，消除冲蚀动力等。用土工合成材料制成的防冲蚀结构或部件常见的有土工合成材料软体排、土工合成材料沉枕、土工合成材料石笼、土工合成材料长管袋、织物模袋、土工网、席垫，以土工合成材料建成的丁坝、顺坝和锁坝等。

用土工合成材料保温防冻，处理我国季节性冻区的挡土墙，保温防冻是最有效的方法之一。如聚苯乙烯硬质泡沫板是一种良好的保温材料，导热系数低，基本上不吸水，埋在土中能改变负气温和土体间的热交换条件，减小冻深和改变填土中的温度场，从而减轻或根除冻胀。

第二节　聚合物混凝土材料

聚合物基复合材料（Polymer Matrix Composite，PMC）是目前结构复合材料中发展最早、研究最多、应用最广、生产规模最大的一类。

PMC通常按两种方式分类：一种以基体性质不同分为热固性树脂基复合材料和热塑性树脂基复合材料，另一种按增强体类型及在复合材料中分布状态分类。按增强体的类型可分为纤维增强聚合物基复合材料、晶须增强聚合物基复合材料和粒子增强聚合物基复合材料。纤维增强又可分为连续纤维和不连续纤维增强聚合物基复合材料。根据纤维的种类又可分为玻璃纤维、碳纤维、芳纶纤维等增强聚合物基复合材料。本节主要介绍聚合物基体、聚合物混凝土及聚合物在混凝土中的其他应用。

一、聚合物基体

（一）高聚物材料概论

组成单元相互多次重复连接而构成的物质称为高聚物，包括塑料、橡胶、纤维、涂料和胶粘剂，也称为高分子化合物或高聚物，是指许多大分子组成的物质

(分子量达 $10^4 \sim 10^6$)。一般来说分子量小于 500 的为低分子化合物，高分子化合物的分子量总是在 1000 以上，但二者之间没有严格界限。

1. 聚合物基本概念

单体。能组成高分子化合物的低分子化合物为单体。如聚乙烯。

链节。组成高聚物最小的重复结构单元。

聚合度。聚合物中所含链节的数目（n），反映了大分子链的长短和分子量大小。聚合物分子量 $M=mn$，m 为链节分子量。

多分散性。聚合物由大量分子链组成，各个分子链的链节数不相同，长短不一样，分子量不相等。聚合物中各个分子的分子量不相等的现象称为分子量的多分散性。聚合物的多分散性决定了它的物理机械性能的大分散度。

2. 高聚物的命名和分类

（1）高聚物命名

第一，习惯命名。按原料单体的名称，在其前冠以"聚"字。部分缩聚物在原料后附以"树脂"二字命名，如：苯酚与甲醛缩聚后，称为酚醛树脂。

第二，商品命名法。聚乙内酰胺称为尼龙6，聚氯丁二烯为氯丁橡胶。

第三，系统命名法（较少用）。国际化学联合会命名是将聚合物的重复结构单元按照有机化合物系统法命名，最后再在前面冠以"聚"字。

第四，英文缩写。如聚乙烯用 PE、聚丙烯用 PP、氯丁橡胶用 CR、丁苯橡胶用 SBR，苯乙烯 - 丁二烯 - 苯乙烯嵌段共聚物用 SBS 表示[①]。

（2）高聚物分类

第一，按高聚物材料的性能和用途可分为三类：①塑料，具有可塑性的高聚物材料。可塑性是指当材料在一定温度下受到外力作用时，可产生变形，外力除去后仍能保持受力时的形状。按其能否进行二次加工，又可分为热塑性塑料（线型结构高聚物材料）和热固性塑料（体型结构高聚物材料）。②橡胶，具有显著高弹性的高聚物材料。在外力作用下，可产生较大的变形，当外力卸除后又能回复原来的形状。按其产源可分为天然和合成橡胶两类。③纤维，柔韧、纤细而且均匀的线状或丝状高聚物材料（$l_f/d_f \geq 100$），分为天然纤维和化学纤维（包括人造纤维和合成纤维）两类。

---

① 张业兴. 聚合物混凝土强度形成规律及开放交通时机预测模型研究 [D]. 北京：北京建筑大学，2021.

第二，按大分子主链中元素分类：①碳链有机聚合物，大分子主链全部由碳原子组成。②杂链有机聚合物，大分子中除碳原子外还有氧、氮、硫、磷等原子。杂原子的存在，能大大地改变聚合物的性能。如氧能提高聚合物的弹性，磷和氯能提高耐火、耐热性，硫能增大不透气性等。③元素有机聚合物，这类聚合物的主链不一定含有碳原子，而由无机元素硅、钛、铝、硼等原子和有机元素氧原子构成，它的侧基一般为有机基团。有机基团使聚合具有强度和弹性；无机原子则能提高耐热性，如有机硅树脂。④无机聚合物，主链和侧基均由无机元素或基团构成，如石墨（碳链无机聚合物）。

3. 高聚物的形成反应

在低分子化合物（单体）聚合起来形成高分子化合物的过程中，其所进行的反应称为聚合反应。常见的聚合反应有加成聚合反应（加聚反应）和缩合聚合反应（缩聚反应）。

（1）加聚反应

加聚反应指不饱和烯类单体通过加成聚合而成聚合物的反应，在反应过程中无小分子伴生。均聚反应是指只有一种单体进行的聚合反应，其产物称为均聚物。共聚反应是指由两种或两种以上的单体进行的聚合反应，其产物为共聚合物。共聚合物通过单体的改变，可以改进聚合物的性能，同时克服了某些单体不能进行均聚反应的缺陷，扩大了制造聚合物的原料来源。

（2）缩聚反应

缩聚反应指一种或多种单体相互混合而连接成聚合物，同时析出（缩去）某种低分子物质（如水、氯、醇、氯化氢等）的反应。均缩聚反应指同一种单体（含有多种官能团）分子间进行的缩聚，如氨基己酸经缩聚生成聚酰胺6（即尼龙6）。共缩聚反应指含有不同反应基团的两种或两种以上的单体进行的缩聚反应。如己二胺和己二酸缩聚生成尼龙66。混缩聚反应指两种不同单体分子之间进行的缩聚反应，如二元酸和二元醇经缩聚生成聚酯。

4. 聚合物结构和物理力学状态

（1）聚合物聚集态结构的类型

聚集态结构指高聚物内部大分子之间的几何排列和堆砌方式。高聚物按其分子在空间排列的规则与否可分为晶态和非晶态两类，但往往是晶态与非晶态并存。

（2）线型非晶相聚合物的力学特征

分子运动的特性主要由温度决定。温度变化时受力行为发生变化，呈现不同的力学状态。

缩聚反应产物按几何结构不同可分为线型缩聚（生成的产物其分子链为线状的）和体型（网状）缩聚（生成的产物其分子链为交联成网状或空间三维交联的）。

线型非晶向聚合物在不同温度下有下列三种物理状态。

第一，玻璃态。当温度很低时，分子链间作用力很大，分子链和链锻不能运动，高聚物呈非晶相的固体，称为"玻璃体"。在玻璃态时，链锻开始运动的温度称为"玻璃化转变温度"，简称"玻璃化温度"（T_g）。温度继续下降，当高聚物表现为不能拉伸或弯曲的脆性时的温度，称为"脆化温度"，简称"脆点"（T_b）。

第二，高弹态。随温度升高，当超过玻璃化温度时，高聚物的链锻可以旋转，高聚物变得柔软，而且具有较大的弹性（可达1000%），外力作用产生的形变卸荷后又能恢复原状，高聚物的这种形态称为"高弹态"。

第三，黏流态。当达到"流动温度"（T_f）后，高聚物呈极粘的液体，这种状态称为"黏流态"。此时分子可互相滑动，分子链和链锻可以移动。外力作用时，分子间相互滑动产生形变，外力卸除后，形变不能回复。这种形变不可逆，故称为"黏性流动形变"。

综上所述，常温下处于玻璃态的高聚物，通常作塑料或纤维使用，其使用温度范围在脆化温度（T_b）与玻璃化温度（T_g）之间，通常塑料耐热性即指其玻璃化温度的高低。

常温下处于高弹态的高聚物，宜做橡胶使用，使用温度在玻璃化温度（T_g）与流动温度（T_f）之间，常把最低使用温度（T_g）称为橡胶的耐寒指标，最高使用温度（T_f）称为橡胶的耐热指标。

工程中，黏流态不是高聚物的使用状态，而是一种工艺状态。流动温度（T_f）的高低，决定了聚合物加工成形的难易。在室温下处于黏流态的聚合物是流动性树脂，可以通过喷丝、吹塑、注射、挤压等方式制成各种制品。

5. 聚合物的老化

聚合物在使用过程中由于光、热、空气（氧和臭氧）等的作用而发生结构或组成的变化，从而出现各种性能劣化现象，如变色、变硬、龟裂、发黏、发软、变形、斑点、机械强度降低等，称为聚合物的老化。

聚合物的老化可分为聚合物分子的交联与降解两种。交联是指聚合物的分子从线型结构变为体型结构的过程。当发生这种老化作用时，表现为聚合物失去弹性、变硬、变脆，并出现龟裂现象。降解是指聚合物的分子链发生断裂，其分子量降低，但其化学组成并不发生变化。当老化过程以降解为主时，聚合物会出现失去刚性、变软、发黏、出现蠕变等现象。

根据老化原因的不同，聚合物的老化可分为光老化和热老化两类。光老化是指聚合物在阳光（特别是紫外线）的照射下，部分分子（或原子）被激活而处于高能的不稳定状态，并与其他分子发生光敏氧化作用，致使聚合物的结构和组成发生变化，性能逐渐恶化。热老化是指聚合物在热的作用下，尤其是在较高温度下暴露于空气中时，聚合物的分子链由于氧化、热分解等作用而发生断裂、交联，其化学组成与分子结构发生变化，从而使其各项性能发生变化。因此，大多数聚合物材料的耐高温性和大气稳定性都较差。

（二）聚合物基体

1. 分类

用于复合材料的聚合物基体有多种分类方法，如按树脂热行为可分为热固性及热塑性两类。热塑性基体，如聚丙烯、聚酰胺、聚碳酸酯、聚醚砜、聚醚酮等，是一类线形或有支链的固态高分子，可溶可熔，可反复加工成型而无任何化学变化。按聚集态结构不同，这类高分子有非晶和结晶两类，而后者的结晶也是不完全的，通常结晶度为20%~85%。热固性基体如环氧树脂、酚醛树脂、双马树脂、不饱和聚酯等，它们在制成最终产品前，通常为分子量较小的液态或固态预聚体，经加热或固化剂发生化学反应后，形成不溶不熔的三维网状高分子，这类基体通常是无定形的。

按树脂特性及用途分为一般用途树脂、耐热树脂、耐候性树脂、阻燃树脂等。按成型工艺分为手糊用树脂、喷射用树脂、胶衣用树脂、缠绕用树脂、拉挤用树脂、拌和用树脂等。由于不同的成型方法对树脂的要求不同，如黏度、适用期、胶凝时间、固化温度、增粘等，因而不同工艺应选用不同型号树脂。

2. 基体的选择

对聚合物基体的选择应遵循下列原则：①能够满足产品的使用需要。如使用温度、强度、刚度、耐药性、耐腐蚀性等。高拉伸模量、高拉伸强度、高断裂韧性的基体有利于提高复合材料的力学性能。②对纤维和粒子具有良好的润湿性和黏结性。③容易操作。如要求胶液具有足够的适用期，预浸料具有足够长的储存期，固化收缩小等。④低毒性、低刺激性。⑤价格合理。

二、聚合物混凝土

聚合物混凝土复合材料，我国早期曾称为塑料砼。它是在水泥材料的基础上，以各种不同方式与有机高分子材料相结合所制得的一种砼的总称。按照组成材料和形成方法不同，聚合物砼可分为以下三类。

聚合物改性水泥砼（Polymer Modifed Concrete，PMC），以水泥和聚合物为胶结材料与骨料结合而成砼，即在水泥砼的组成中加入了聚合物。

聚合物浸渍砼（Polymer Impregnated Concrete，PIC），将低黏度的单体、预聚体、聚合物等浸渍到已水化硬化的砼的孔隙中，再经过聚合等步骤使水泥砼与聚合物成为一个整体。

快聚合物砼（或树脂砼）（Polymer Concrete，PC），全部胶结材料为聚合物，聚合物与骨料结合而成为聚合物砼。

（一）聚合物改性水泥砼

聚合物改性水泥砼中水泥的水化与聚合物的固化同时进行，相互填充形成整体结构。分为以下几类：聚合物胶乳水泥砼、再分散聚合物粉末水泥砼、水溶性聚合物水泥砼和液体树脂水泥砼。

聚合物胶乳水泥砼：聚合物胶乳是一种聚合物颗粒，也称胶粒（粒径为 0.05 ~ 5 μm）的水分散体。固体含量一般为 40% ~ 50%，一般是由有机液体单体在水中乳化聚合而成的，简称乳液或乳胶。与其他液体树脂或有机单体相比具有无毒、施工简便等优点。

再分散聚合物粉末水泥砼：用聚合物粉末代替聚合物胶乳，通常将粉末干拌到水泥与骨料中，然后再加水湿拌。聚合物粉末在湿拌过程中重新被乳化，从而与聚合物胶乳一样对水泥砼起到改性作用。优点是使用方便，但性能较胶乳混凝土逊色。

水溶性聚合物水泥砼：加入少量水溶性聚合物粉末或水溶液改善砼的和易性、保水性，延长水泥浆凝结时间。

液体树脂水泥砼：将热固性树脂（如不饱和聚酯或环氧树脂）直接加入水泥砼中，在水泥水化的同时，引发树脂产生聚合反应。聚合反应是在有水的环境中进行的，结果形成聚合物和水泥水化产物相互交叉的网络结构，其作为凝胶相将骨料牢固黏结在一起，从而产生较高的力学性质。与胶乳相比，液体树脂一般掺量高，工作性较普通砼差，但强度、黏结性、防水性、耐化学腐蚀性、耐磨性、抗冻性大大提高。

1. 原材料选择

（1）聚合物

与水泥掺和使用的聚合物有天然和合成橡胶浆、热塑性及热固性树脂乳胶、水溶性聚合物等，可分为以下三类：①水溶性聚合物分散体乳胶类包括橡胶胶乳、树脂乳液和混合分散体；②水溶性聚合物包括纤维素衍生物——甲基纤维素（MC）、聚乙烯醇（PVA）、聚丙烯酸盐、聚丙烯酸钙和糠醇等；③液体聚合物包括不饱和聚酯和环氧树脂等。

聚合物的使用方法与外加剂一样，与水泥、骨料、水一起搅拌即可。一般情况下，其掺量约为水泥质量的5%~25%，不宜过多。水泥掺和用聚合物在出厂商品内未加消泡剂时，拌和时务必加适量的消泡剂。

为取得改善混凝土性能的良好效果，必须选用与水泥水化适应性好的有机高分子材料。因此，对聚合物的一般要求为以下几点：①对水泥水化无负面影响；②对水泥水化过程中释放的高活性离子如 Ca^{2+} 和 Al^{3+} 有很高的稳定性；③有很高的机械稳定性，如在输送和搅拌时的高剪切作用之下不会破乳；④有很好的储存稳定性；⑤有较低的引气性；⑥在混凝土或砂浆中能形成与水泥水化产物和骨料有良好黏结力的膜层，且最低成膜温度要低；⑦所形成的聚合物膜应有极好的耐水性、耐碱性和耐候性；⑧对钢筋无锈蚀作用。

常用聚合物特点：聚醋酸乙烯酯（PVAC）在水泥中易于水解，在浸水情况下试件强度损失严重。聚偏二氯乙烯（PVDC）具有与前者相似的作用，但较轻。苯乙烯、丁二酯共聚物和丙酸乙烯与碱性介质的作用很慢，在浸水情况下试件强度的增长只是中等，似乎不受浸水的影响。丙烯酸酯类的聚合物在浸水条件下试件能保持其强度，表现出趋于水解的性能。经共聚反应的聚偏二氯乙烯也具有相同的效果。

（2）主要助剂

稳定剂。水溶性聚合物分散体（乳胶类）树脂在生产过程中大多数用阴离子型乳化剂进行乳液聚合，当这些聚合物乳胶与水泥混合后，由于与水泥浆中溶出的大量多价钙离子作用会引起乳化液变质破乳，产生过早凝聚，使其不能在水泥中均匀分散，因此必须加入阻止这种变质现象的稳定剂。稳定剂的种类和掺量不同，其增强效果也会有明显的不同。稳定剂的加入，保证了聚合物与水泥混合均匀，并能有效地结合起来。常用的稳定剂有 OP 型乳化剂、均染剂 102、农乳 600 等。

抗水剂。有些聚合物如乳胶树脂或其乳化剂、稳定剂的耐水性较差，因此在使用时尚需加入抗水剂。

促凝剂。当乳胶树脂等掺量较多时，会延缓聚合物水泥混凝土的凝结，要加入促凝剂，以促进水泥的凝结。

消泡剂。将胶乳与水泥拌和时，受到乳液中的乳化剂和稳定剂等表面活性剂的影响，通常会产生许多小泡，如不把这些小泡消除，势必会增加砂浆的空隙率，使其强度下降，因此，必须添加适量的消泡剂。常用的消泡剂有以下四类：醇类，有异丁烯醇、3-辛醇等；脂肪酸脂类，有甘油硬脂酸异戊酯等；磷酸酯类，有磷酸三丁酯等；有机硅类，有二烷基聚硅氧烷等。

由于消泡剂的针对性很强，它们往往在一种体系中能消泡，而在另一体系中却有助泡作用，因此，应注意消泡剂的适应性。通常，可将消泡剂混合使用。其他材料的选择与普通混凝土基本相同。

2. 聚合物改性机理

在水泥砂浆或水泥混凝土中掺入聚合物后，会引起水泥砂浆或水泥混凝土的性质发生一系列的变化，诸如抗折强度提高、抗压强度降低、弹性模量降低、刚性降低、柔性增加、变形能力提高、耐磨性提高、黏结强度提高、耐久性提高等。关于聚合物改性水泥砂浆和混凝土的机理，主要从以下几个方面进行分析。

第一，由于聚合物的加入引起了水泥结构形态的改变，从而对水泥及水泥混凝土的性能起到了改善作用。

第二，聚合物与水泥或水泥水化产物相互发生了化学作用，从而对水泥混凝土的性能有改善作用。

第三，聚合物的掺入会对水泥的水化及凝结硬化过程有影响，从而改变水泥混凝土的性能。

第四，聚合物的掺入改变了混凝土的孔结构，改善了水泥浆体与骨料的黏结，减少了硬化水泥浆体中的微裂纹，从而改善了水泥混凝土物理力学性能。

第五，由于聚合物的掺入，可改善水泥砂浆或水泥混凝土的工作性能，其减水作用可降低水灰比，从而改善了水泥混凝土的物理力学性能。

关于聚合物改性水泥砂浆和混凝土的作用机理，由于研究所用的聚合物品种和掺量以及研究方法不同，得出的结论也有所不同，所以至今仍然没有非常清楚统一的说法。当然，聚合物的种类不同，掺量不同，则改性效果不同，相应的改性机理也有所不同。但聚合物对水泥混凝土的改性作用机理可能是上述几种原因之一，也可能是兼而有之。

关于聚合物乳液对水泥砂浆和混凝土的改性作用，目前比较一致的看法是，改善作用是通过聚合物在水泥浆与骨料间形成具有较高黏结力的膜，并堵塞砂浆内的孔隙来实现的。水泥水化与聚合物成膜同时进行，最后形成水泥浆与聚合物膜相互交织在一起的互穿网络结构。具有可反应基团的聚合物可能会与固体氢氧化钙表面或集料表面的硅酸盐发生化学反应，这种化学反应可改进水泥水化产物与骨料之间的黏结，从而改善混凝土和砂浆的性能。

3. 配合比设计与施工工艺

（1）聚合物水泥混凝土配合比设计

第一，设计原则。与普通水泥混凝土和砂浆的配合比相比，聚合物水泥混凝土除应着重考虑其和易性及抗压强度外，还必须考虑抗拉强度、抗弯强度、黏结性、水密性（防水性）、耐腐蚀性等性质。这些性质虽然和水灰比有关，但水灰比对其的影响没有像对普通水泥混凝土那样大，而这些性质与聚灰比（聚合物与水泥的质量比）的关系则更密切。所以，确定配合比时一般按和易性选择水灰比，而按使用要求确定聚灰比。

第二，聚合物水泥砂浆的参考配合比。聚合物水泥混凝土（砂浆）的配合比设计，除考虑聚灰比以外，其他可大致按水泥混凝土（砂浆）进行。通常聚合物水泥砂浆的配合比是 1：2～1：3（质量比）。聚灰比在 5%～20% 范围以内，水灰比可根据和易性适当选择，大致在 0.3～0.6 范围以内。

（2）配制与施工工艺

配制聚合物水泥混凝土时，可使用与普通水泥混凝土一样的设备。聚合物水泥混凝土应在拌和后1小时内进行施工与使用。养护时，应先湿养护，待水泥水化后进行干养护，以使聚合物成膜。

第一，配制工艺：①聚合物水泥混凝土的配制工艺与普通水泥混凝土相似，其区别只是将水泥和聚合物共同作为胶结料。通常在加水搅拌混凝土时掺入一定量的聚合物分散体及辅助材料配制、养护而成。②聚合物水泥混凝土还可采用单体直接加入然后聚合的办法制得。③采用聚合物粉末直接掺入水泥的方法来配制聚合物水泥混凝土。在混凝土配制和初始硬化后，加热混凝土，使聚合物溶化，这样，聚合物便浸入混凝土的孔隙中，待冷却后聚合物凝固而成。这种聚合物水泥混凝土的抗水性能好。

第二，施工工艺：打底砂浆或混凝土的基层处理应按下列顺序施工。第一步，边喷砂浆，边用钢丝刷刷去老砂浆或混凝土表面脆性的浮浆层或泥土等，用溶剂（汽油、酒精或丙酮）洗掉油污或润滑油迹。第二步，基层的孔隙、裂缝等可见伤痕要进行V形开槽，用砂浆进行堵塞修补，对排水沟周围、管道贯通部位也要进行同样的处理。第三步，用水冲洗干净后，用棉纱擦去游离的水分。

第三，施工要点：涂一层厚度为7~10 mm左右的聚合物水泥砂浆，当所需的厚度大于7~10 mm时，可涂2~3次。施工后，必须注意养护。未硬化前不能洒水或遇雨，否则表面将形成一层白色脆性的聚合物薄膜，降低其性能。涂抹聚合物水泥砂浆时应注意，聚合物水泥砂浆不用像普通水泥砂浆那样用抹子抹好几遍，以抹2~3遍为宜。在抹平时，抹子上往往会黏附一层聚合物薄膜，应边抹边用木片、棉纱等将其拭掉。当大面积涂抹时，每隔3~4 m要留宽15 mm的缝。

4. 聚合物水泥混凝土的技术性能

（1）聚合物水泥混凝土的主要性能

第一，未硬化前的性能：①和易性好，达到规定的稠度（坍落度与流动度）所需的水灰比可以随聚灰比的增加而减少，这有利于提高强度和减少干燥收缩。具有合适的加气性，这对于增加稠度与改善抗冻性都具有良好的效果。②保水性好。抗泌浆与抗材料分层离析的性能好。有时硬化较慢（由于诸助剂起缓凝作用），但不影响使用。在高温的夏天甚至有利。

第二，硬化后的性能：①表观密度轻。由于聚合物的密度较水泥的密度轻，所以聚合物混凝土的表观密度亦较轻，通常在2000~2200 kg/m³之间。如采用轻集料配制混凝土，更能减少结构断面和增大跨度，达到轻质高强的要求。②力学强度高。聚合物混凝土与基准水泥混凝土相比较，不论抗压、抗拉或抗折强度都有显著的提高，特别是抗拉和抗折强度尤为突出，这对减薄路面厚度或减小桥梁结构断面都有显著的效果。③与集料的粘附性强。由于聚合物与集料的粘附性强，可采用硬质石料作成混凝土路面抗滑层，提高路面抗滑性、抗磨性。此外，还可做成空隙式路面防滑层，以防止高速公路路面的漂滑和噪声。④耐久性好。聚合物在混凝土中能起到阻水和填隙的作用，因而可提高混凝土的抗水性、耐冻性和耐久性。

（2）影响混凝土性能的因素

第一，影响混凝土强度的主要因素：①聚灰比。聚合物分散体的种类不同，取得同强度所需的聚合物最佳掺量亦不同。最常用的聚灰比在15%～20%范围以内。研究表明，一般情况下，随着聚合物分散体掺量的增加，其抗压强度、弹性模量有增大的趋势，但掺量达一定程度后则有降低的倾向，而抗拉强度、抗弯强度随聚合物的增加而增大。②养护方法。养护方法对硬化聚合物水泥混凝土的强度影响很大。一般说来，气干养护可获得较高的强度。在早期进行水中或潮湿养护，后经气干养护可获得最高强度。这是因为早期水中养护，水泥进行水化反应，再就是干燥后能够生成聚合物薄膜。但应特别注意，不同种类的聚合物分散体，养护方法不同时的影响是大不一样的。如耐水性很差的聚醋酸乙烯酯（PVAC）乳浊液，若采用水中养护方式，其强度将极大地降低。

第二，影响干缩变形的因素：聚合物水泥混凝土的干缩变形较水泥混凝土（未掺聚合物）大为减少，其原因主要是聚合物分散体中界面活性剂的效果，即具有减水的作用，为得到同一稠度所需要的单位用水量少。但有的试验资料表明，在使用某些聚合物和某种养护条件等特殊情况下，干缩值有时也可增大。

第三，影响混凝土徐变的因素：使用丁苯橡胶乳液和聚丙酸脂乳液的砂浆徐变系数，比水泥砂浆要小。但掺有醋酸乙烯酯和马来酸丁基的共聚物乳浊液的砂浆，在室温下徐变则是水泥砂浆的两倍以上，而50℃下徐变更是显著增大，造成破坏。

（二）树脂砼（砂浆）

与普通砼相比，树脂砼（砂浆）有以下特点：不存在水泥水化后残余水留下的孔隙；材料内部无水分，有较好的抗冻性；不用碱性水泥，材料有较好的耐酸性；硬化快，施工周期短；成本高、收缩大。主要用于路桥建筑物修补。

1. 原材料选择

（1）聚合物

常用聚合物混凝土胶结材料包括由丙烯酸酯、甲基丙烯酸酯和三羟甲基丙烷、三甲基丙烯酸酯单体合成的聚合物，以及环氧树脂、呋喃树脂、不饱和聚酯（UP）和乙烯基酯树脂等。呋喃树脂混凝土的耐腐蚀性非常好，主要用在强腐蚀性的环境中。甲基丙烯酸甲酯单体的黏度小，用它配制的新拌混凝土的流动性非常好，同时，它可以在很低的温度下固化。但甲基丙烯酸甲酯单体有些难闻的气味，且易挥发和易燃，从而限制了它的应用。最近几年，使用回收的聚酯（PET）制备的不饱和聚酯也用来制备聚合物混凝土。

将这些聚合物的单体或单体的混合物与液体的聚合物和骨料相混合时，通常还要加入使单体聚合或树脂交联（固化）的引发剂和促进剂。控制引发剂和促进剂的种类和数量，可以改变聚合物的凝胶时间，而凝胶时间的多少可用来控制新拌 PC 的适用期和保证在脱模之前的规定时间内完成固化。

聚合物组分的黏度可用来控制骨料表面的包覆，对高填充的混合物来说，低黏度的树脂更可靠。有时候还要规定未固化聚合物的其他性能，如密度、储存期、含量、闪点等。

一般用单体或聚合物的某些特性来表征聚合物混凝土的性能，因此，聚合物混凝土通常就是根据未固化的或已固化的胶结材料来分类的。一般来说，胶结材料固化后的性能决定材料的选择。

（2）粉料和骨料

粉料可用磨细碳酸钙（用于耐酸砼时不可用）、硅灰、粉煤灰。对粉料的要求：含水率小于 0.5％；不含对树脂的聚合反应有不利影响的杂质；表面尽量少吸附树脂；有一定细度，既能起填充作用，又能改善流变性。

骨料可用河沙、砾（碎）石等。对骨料的要求：含水率为 0.5%～1.0%，不含不利杂质，表面尽量少吸附树脂，强度较高，有安定性。

（3）增强材料

使用增强材料能够提高聚合物混凝土的韧性和弯曲强度。许多类型的增强材料都可用于 PC 的增强，如由钢筋或玻璃纤维增强材料制成的增强筋，由钢丝、玻璃纤维、聚合物纤维制的织物，如钢纤维、玻璃纤维、碳纤维或聚合物纤维等。玻璃纤维、玻璃纤维织物或玻璃纤维毡是最常用的增强材料，因为它们的耐久性、强度和耐化学介质性都比较好，价格便宜。同时玻璃纤维织物或玻璃纤维毡也易于在模具里进行铺设，并可保持一定成膜厚度。

（4）添加剂

PC 的添加剂有消泡剂、浸润剂、增塑剂、低收缩添加剂、紫外线稳定剂、阻燃剂、偶联剂等，添加剂的选择应与所用的聚合物相适应。增塑剂用甲基丙烯酸甲酯制备的聚合物混凝土则通常不必使用紫外线稳定剂，因为聚甲基丙烯酸甲酯的耐光性非常好。偶联剂（如硅烷和钛酸酯）可以促进骨料和聚合物之间的化学结合，一般能使强度增加约 10%，有些研究表明，其抗折强度可以提高 35%，抗压强度甚至可以提高 60%。

此外，为使液态树脂固化，一般要加入固化剂（交联剂）和促进剂。固化剂和促进剂通常分别和树脂混合，不能直接将固化剂和促进剂混在一起，以避免爆炸。

2. 配比设计与施工工艺

程序：将聚合物黏结剂和硬化剂等助剂先拌和 1~3 分钟，然后加入事先干拌均匀的粉料和骨料继续拌和 3~5 分钟。拌和时系放热反应，因此应及时从搅拌机中取出拌和料，以免物料温度过高，并及时清洗设备。

要求：基底湿度不能大于 8%~10%，否则会影响树脂砼与基底的黏结。施工厚度应根据树脂砼品种、施工时气温、硬化反应放热量等因素控制，一次施工厚度以 5~10 cm 为宜，最多不超过 30 cm。

3. 树脂砼性能

（1）新拌树脂砼性能

与普通砼相比，其流动性减少、硬化时间为 1~3 小时、泌水和离析减少、固化收缩增大。

（2）硬化树脂砼性能

第一，力学性能：①抗压强度。PC 的抗压强度处在 60~180 MPa 之间，具体取决于所用聚合物的类型和骨料的尺寸、类型及级配，最常见的抗压强度为 80~100 MPa。填料对聚合物混凝土的抗压强度也有一定的影响，用水泥和粉煤灰对提高聚合物混凝土材料 28 天抗压强度也有很大优势。氧化钙作为填料，对聚合物混凝土的强度最为不利。综合考虑，水泥和粉煤灰是比较理想的填料。

②弯曲强度。PC 的弯曲强度受聚合物的影响。通常，高度交联聚合物有更高的弯曲强度和弹性模量，也更倾向于脆性断裂。未增韧的 PC 的弯曲强度为 14~28 MPa 或更高一些。用柔性聚合物制作的 PC 比用刚性聚合物制作的 PC 有更好的韧性。未增强的弯曲构件是脆性的，其极限弯曲应力应根据所用配方的弯曲试验确定。③弹性模量。PC 的变形依赖于所用聚合物的弹性模量和最大延伸率，刚性聚合物的弹性模量最高可达 35 GPa。PC 具有非常好的韧性，材料的冲击强度和断裂前吸收能量的能力（以应力应变曲线下的面积表示）都和韧性有关。④剪切强度。PC 结构的大多数剪切破坏与水泥混凝土一样，实际上是对角线拉伸破坏或对角线压缩破坏，因为 PC 也像水泥混凝土一样，拉伸强度比压缩强度小得多，所以主要是导致纯剪切区域的对角线拉伸破坏。目前，所测的 PC 的剪切强度为 2~26 MPa，处于拉伸强度和压缩强度之间。

第二，聚合物混凝土的化学和物理性能：①老化。聚合物老化的基本机理是分子链的裂解，通常是个很慢的过程。聚合物的老化受到紫外线照射和高温的影响明显。因此，当 PC 将受到紫外线照射和高温的作用时，应根据其耐老化性能来选用。因为高填充增加 PC 的不透明性，由紫外线引起的降解就可减少。所以，作胶结剂用的聚合物本身的性能也许不是紫外线稳定性的一个好的判据。②吸水性和抗渗性。PC 的吸水率很小，一般为 1%（质量）或更小。新拌和的所有液体组分在固化时都聚合成为固体，所以不产生初始的毛细孔。大多数吸收的水分存在于表面或近表面的不连续的孔内，这些孔是在混合时或浇筑时由夹入的空气产生的。研究表明，聚合物的强度浸水后降低，可能是因为损坏了骨料和聚合物间的黏结。聚合物本身耐水性差，用在 PC 中时，遇水就容易降低强度。强度的降低一般很小，固化很好、孔隙很少的 PC 要经过很长的时间才会发生强度的降低。PC 的可渗透性比波特兰水泥混凝土或木材小，但比金属大。PC 没有相互连通的内部孔结构，在浇铸过程中因夹入空气所产生的孔隙都是孤立的、不连续的。③抗冻融性。交替冻融会降低非加气波特兰水泥混凝土的性能，对 PC 的影响则很小，因为 PC 内部没有吸放水的孔结构。用 PC 进行了 1600 次冻融循环试验没有发现质量损失。④收缩率。在 PC 中，当单体或树脂系统从液体变成固体以及 PC 从放热的聚合反应冷却下来的时候，就会发生体积收缩。PC 的体积收缩随所用单体或树脂的类型和数量的变化而变化。环氧树脂的固化收缩率较小，而不饱和聚酯树脂的固化收缩率较大。为降低不饱和聚酯树脂的收缩，可加入适量的热塑性高分子,如采用聚氯乙烯粉末或将聚苯乙烯颗粒加到苯乙烯单体中配成减缩剂溶液。适当增加填料量、降低固化过程的温度升高,也能降低不饱和聚酯的收缩率,还可以改变不饱和聚酯树脂合成过程所使用的单体,从化学上补偿这种收缩,从而得到低收缩或零收缩的不饱和聚酯。⑤耐热性。当温度升高、接近或超过树脂的负荷变形温度(HDT)时,树脂的性能发生剧烈变化。在负荷变形温度时,树脂开始软化,在负荷下会变形或流动。在配制 PC 时,应测量 PC 在预计的高温和低温下的物理性能。某种具体 PC 配方的热变形性可用 ASTM D648 测定其负荷变形温度来预测。对结构方面的应用来说,应规定负荷变形温度高于结构应用环境中预计最高的温度。热膨胀系数。⑥热膨胀系数可在很广范围内变化,低聚合物含量(<10%)的 PC,热膨胀系数较小,且主要受骨料影响。随聚合物含量增加,热膨胀系数逐渐接近聚合物的数值。在室温附近,PC 的热膨胀系数可发生改变。对含 9% 质量份树脂的一种 UP、PC 的测量表明,其热膨胀系数在低于室温时约为 $11 \times 10^{-6} K^{-1}$,高于室温时约为 $15 \times 10^{-6} K^{-1}$。PC 的热膨胀系数可在 $(13 \sim 126) \times 10^{-6} K^{-1}$ 之间变化。PC 的热膨胀系数通常是钢材或波特兰水泥混凝土的 1.5~2.5 倍。这种性能对于与其他材料作刚性连接的 PC 结构(如建筑外墙板)来说是很重要的。⑦耐化学介质性。PC 的可贵性能之一是它的耐化学介质性。骨料和聚合物的选择会影响 PC 的耐化学介质性。聚合物是化学上较不活泼的材料,大多数 PC 都耐碱、酸和许多其他的腐蚀性介质,如氨、石油产品、盐和一些溶剂,不能耐的主要是氧化性的酸(如硝酸和铬酸)。氧化性酸会与大多数聚合物反应,会与酚类聚合物和聚酯类聚合物反应。在酸性环境中,应选择能抗酸的骨料。有机溶剂会侵蚀大多数常用聚合物,使之溶胀甚至被破坏。

第三节　粉煤灰

粉煤灰是火力发电厂、大型企业锅炉燃烧煤粉后产生的一种工业废料。每燃烧 1 吨煤粉约产生 250~300 kg 粉煤灰,排放量大,分布面广。随着电力事业的发展和燃煤机组的增加,电厂的规模不断扩大,导致粉煤灰的排放量急剧增加,而许多电厂的灰场均处于饱和或半饱和状态,这就需要增加灰场建设资金和征用大量的土地来建设新的灰场。这对我国这样一个耕地人均占有率较低的国家来说，是一个不可忽视的严重问题；同时，粉煤灰严重污染环境。因此，开展粉煤灰的综合利用是一件意义重大的事情。

一、粉煤灰的基本路用性能

粉煤灰的化学和物理性能取决于煤种、煤粉细度、锅炉装置、负荷及燃烧条件、收尘输送及储存方法。由于这些因素的综合影响，粉煤灰的化学和物理性质波动极大，影响粉煤灰材料性能的参数，变化幅度也较大。

（一）粉煤灰的化学性质

从化学成分含量和性能上划分，粉煤灰可分为两大类：一类是燃烧一般煤生成的，含有大量的硅（SiO_2）和铝（Al_2O_3）以及少量的石灰（CaO）和硫（SO_3），称硅铝型粉煤灰。因 CaO 和 MgO 含量低，粉煤灰自身不具有胶凝性，属低钙灰范畴。但当其粒度较细并在有水条件下可与碱金属或碱土金属反应生成胶凝性产物。另一类粉煤灰由燃烧褐煤而得，硅铝含量少，但石灰和硫的含量较高，属高钙灰范畴，称作硫钙型粉煤灰。由于含有相当数量的石灰，遇水后石灰与粉煤灰的其他组分作用产生一定量的胶凝化合物，具有自硬性。对粉煤灰质量指标和工程性质有影响的成分是游离的石灰和未燃尽的碳。游离的石灰可影响粉煤灰的火山灰反应，而未燃尽的碳则影响其压实和强度性能。目前国内电厂排放的粉煤灰中硅铝型低钙粉煤灰占绝大部分，硫钙型高钙灰很少见[1]。

（二）粉煤灰的物理性能

粉煤灰是由少部分结晶物质、一部分非晶形物质和石英成分组成的。干燥的粉煤灰呈细粉状，光滑而松软，类似于水泥。纯粹的粉煤灰不含黏土矿物，因而不具备塑性。通过对粉煤灰的 X 光衍射分析得出：粉煤灰中主要为玻璃质，其次为莫来石、石英，还有少量的方解石、水云母、高岭石、绿泥石等。电镜扫描分析揭示了粉煤灰是由具有各种形状和不同颜色（灰色，棕褐色和黑色）的颗粒组成的混合物；实心和空心的圆形小球占很大比例，还有凸起和中空的角状颗粒，开口形壳体；颗粒以非晶质的玻璃质体为主。

---

[1] 李琴，杨岳斌，刘君，等.我国粉煤灰利用现状及展望[J].能源研究与管理，2022（1）：29-34.

1. 粒径分布

粉煤灰的粒度成分与燃煤性质、煤粉细度、燃烧条件、吸尘方式等因素有关，颗粒级配通常较均匀。其粒径处于粉质沙土和粉质黏土范围内，粒径介于 0.005~0.100 mm 之间。通过掺入机械吸尘器的粗灰或炉底渣可调整粉煤灰的级配。

粉煤灰与细粒土一样，可用稠度或阿氏限度实验（液、塑限）表征其塑性。由于粉煤灰粒径单一且不含黏土矿物，所以它不具备塑性。液限较高，一般为 50%~60%。

2. 含水量

含水量的大小直接影响粉煤灰体的重量及工程性能，关系到粉煤灰的输送及运输成本。粉煤灰的含水量主要取决于输送和储运方式，湿排灰的自然含水率高于堆场灰，而后者一般又高于简仓灰。简仓灰自然含水量的典型值约为 2%~5%，堆场灰约为 5%~40%，灰池中的湿排灰则为 50%~200%。所以一般在灰池中取灰应先排水或堆高沥干水分后再运送至工地使用。

（三）粉煤灰的力学特点

粉煤灰和土一样是散粒体材料，用摩尔库仑理论分析其强度较为合理。

1. 黏聚力 c

粉煤灰是一种球形粉粒状材料，黏聚力 c 由自凝强度和灰内毛细水表面张力的作用构成。自凝强度由粉煤灰的火山灰反应构成，与其含游离石灰量的多少有关，CaO、MgO 含量高，则对自凝强度的形成有利，低钙灰的自凝强度几乎不可察觉。

2. 内摩擦角 φ

众所周知，无黏性的土抗剪强度由三部分组成，即剪切时土粒接触面上的滑动摩擦力、体积膨胀产生的阻力以及土粒重新排列所受到的阻力。三部分总的效应是随密实度的增大而提高的。不同密实度粉煤灰的直剪实验结果也同样显示这一特征，只是随密实度不同而大小有异而已。

不同密实度的值相差不大，重型击实标准的密实度为 0.8~0.95，值为 32.5°~37.2°，这说明粉煤灰由于体积膨胀与颗粒重新排列受到的阻力较小，其摩尔强度主要由颗粒接触面上的摩阻力构成。其他模型也说明了这一点，密实度为 0.9 的峰值强度与其剩余强度相差很小，其强度主要是剩余强度。密实的粉煤灰抗剪强度存在峰值，疏松的粉煤灰峰值强度便是剩余强度，不同密实度的粉煤灰的剩余强度最终趋于相同。试验结果说明，粉煤灰和沙土一样存在剪胀和剪缩性。随着密实度增加，剪胀所占的比例越大，它对抗剪强度的影响就越明显，达到一定密实度后便会出现只有剪胀的现象。但比起沙来，粉煤灰的剪胀性小得多。

3. 饱水后粉煤灰 c、φ 值的变化

饱水后粉煤灰的 c、φ 值均有所降低，据快剪试验结果可知，其一般变化规律是 c 值较饱水前下降 70%~90%，φ 值下降 10%~30%。粉煤灰黏聚力 c 值比亚黏土 c 值在饱水前后均小 50% 左右，而在饱水前粉煤灰 φ 值比亚黏土大 30% 左右，饱水后两者接近。

4. 粉煤灰的 CBR 值、回弹模量 E_0

室内外实测资料表明：粉煤灰和土一样，CBR 值都随压实度的增加而提高。粉煤灰的强度高于亚黏土强度 1~2 倍；轻型击实标准压实度 95% 时，粉煤灰 CBR 值为 9.2；重型击实标准压实度 95% 时，CBR 值为 20.2，均已达到水泥或石灰稳定土的 CBR 值，说明粉煤灰的强度已达到中等强度的水平。

据室内回弹模量试验结果，粉煤灰的 E_0 值随压实度的增加而提高。饱水状态下的 E_0 值小于不饱水的 E_0 值，且强度约降低一半。与黏性土比较，粉煤灰的回弹模量值较黏性土回弹模量值高 20%~30%，说明粉煤灰具有较高的强度和均匀性。

粉煤灰具有重量轻、压缩性小、渗透性好、摩擦系数大、强度高等优点，是很好的路用材料。

二、粉煤灰路堤

公路路堤填方量大，用粉煤灰填筑是大批量利用粉煤灰的有效途径。利用粉煤灰填筑路堤可不掺加其他材料，无须加工。路堤填筑可采用全灰，也可采用间隔灰（即一层灰一层土）。由于粉煤灰自重小，作为轻质材料填筑路堤可有效降低基底应力，减少沉降，用于软土地区可大大减少软基处治费用，更有其特殊意义。

（一）粉煤灰的击实特性

粉煤灰的最佳含水量与最大干密度是检验路堤质量的主要指标，也是影响其

他物理力学性质的重要因素。

室内按轻重型击实标准对粉煤灰和细粒土进行击实试验。粉煤灰击实曲线的形状总体上与土的击实曲线相似，即在一定的压实功能下，粉煤灰也存在一个可达到最大干密度的最佳含水量。粉煤灰的最佳含水量和最大干密度与压实功能之间的关系，表现出与土相类似的一般规律，即随压实功能的增大，最佳含水量下降，最大干密度增大。但与土相比较，粉煤灰在击实特性方面也有下列明显不同之处。

第一，灰源不同，最佳含水量和最大干密度有较大差异，其值通过室内击实试验测定求取。一般情况下，粉煤灰有较大的最佳含水量：30%～40%（重型），37%～48%（轻型）。较小的最大干密度：1.1～1.2 g/cm^3（重型），0.9～1.0 g/cm^3（轻型）。含水量与干密度的关系曲线比较平缓，说明适宜压实所需的含水量幅度较大。若压实度 K=99%，含水量在 30%～50%（重型）和 36%～60%（轻型）范围内都能满足要求，变化幅度 –10%～10%，而土的适宜压实所需的含水量变化幅度较小，仅 –5%～3%，含水量范围约为 7%～15%。一般从储灰池中取用的沥干的湿灰可直接运至工地摊铺碾压。施工受含水量影响较小，尤其在雨季施工，显示出粉煤灰路堤的优越性。

第二，从重型击实试验可看出，在含水量小的较大一段区间范围内（ω=25%～35%），几乎对击实干密度没有影响。干密度基本阅读某一数值上下波动，超过某一界限含水量后，干密度有明显变化。

第三，当粉煤灰含水量达到最佳含水量范围时（ω=38%～42%），对击实干密度有明显影响，击实曲线的斜率比土大，直至达到最大干密度。含水量继续增加时，粉煤灰呈液化状态，出现溅水现象，干容重变小。粉煤灰是一种级配均匀、粒径单一、以粉粒含量为主且具有球形颗粒的多孔隙结构材料，对水分有强烈的吸附作用。

在含水量较小时（ω=25%～35%），水分为其孔隙结构所吸收，颗粒表面的水分变化不大，所以水分对压实的润滑作用不明显，表现出压实度几乎不受含水量变化的影响，干密度约为 0.9～1.0 g/cm^3。当含水量达到最佳值时，水分的润滑作用得到充分发挥，干密度达到最大。但当含水量超过最佳含水量后，粉煤灰接近饱和状态，孔隙中充满水分，击实过程中孔隙水承担了一部分击实功，表现为水灰分离，出现溅水现象，呈现液化状态。由于孔隙水排出消耗了部分击实能量，密度反而呈下降趋势。

（二）粉煤灰的渗透性和毛细水上升高度

1. 渗透性

粉煤灰吸水量虽大，但泄水也快，渗透性比黏性土大得多。粉煤灰的渗透性取决于它的粒度成分、压实度和火山灰反应程度。室内试验结果表明，粉煤灰的渗透性与压实度有直接关系，即压实度越大，其渗透系数越小。粉煤灰的渗透系数介于粉质沙土和亚沙土之间。

2. 毛细水上升高度

粉煤灰的毛细水上升高度与粉煤灰试件的含水量、压实度等因素有关。密实度越小，毛细水上升高度越大，反之亦然。

（三）粉煤灰的压缩特性

粉煤灰和土一样是散粒状材料，对粉煤灰路堤设计来说，影响路堤稳定性的重要指标——黏聚力 c 和内摩擦角 φ，在各种密实度下均较高，是一种比较理想的路堤填料。由于粉煤灰的黏聚力 c 值主要由毛细水张力构成且饱和后急剧下降，内摩阻角也相应有所降低，故在路堤设计中以取用粉煤灰饱和状态下的 c、φ 值为宜，以策安全。

压缩特性表示在外荷载作用下材料的压缩性能。不同密实度的粉煤灰与黏土的压缩性有很大的差异。相同密实度的粉煤灰与土比较，土的压缩性高，即土的压缩系数比粉煤灰的压缩系数大 40% 左右。粉煤灰的压缩曲线平缓，说明粉煤灰的孔隙率比土的空隙率大。相同密实度的土路堤与粉煤灰路堤相比较，粉煤灰路堤的压缩变形小，优于土质路堤。

（四）粉煤灰路堤设计

粉煤灰的干密度小，比一般土料轻 40%~50%，是软土地基上修筑高路堤的理想轻质填料。在相同地基条件下，粉煤灰路堤的极限高度相较土质路堤可提高 30% 左右，沉降量减小 20% 左右。

1. 路堤断面形式

根据粉煤灰的工程特性，粉煤灰路堤应由路堤主体（纯灰或灰土间隔填筑）、护坡、路堤顶部防护（黏性土或其他材料）、隔离层、排水系统等组成。

（1）土质包边纯灰路堤

为了防止路堤边坡受自然因素（雨、雪、风）和人为因素的侵袭与损害，纯粉煤灰路堤的路肩和边坡必须采取保护措施。分析国内外文献资料可知，采用的防护措施主要有下列几种。

第一，土质边坡包边。包边土层厚度一般为 20~250 cm，视土方来源难易、路堤高度以及自然因素等条件综合分析确定。目前我们主要采用土质边坡防护，护坡土料宜采用塑性指数不低于 18 的黏性土，厚度一般不小于 100 cm。

在土质边坡中是否设置排水盲沟，应根据当地降雨量大小和施工季节来决定。为了防止盲沟淤塞，推荐采用无纺土工织物（300 g/m²）碎砾石盲沟，其断面尺寸为 40 cm×50 cm，水平间距 10~15 m 一条，垂直间距 1.0~1.5 m 呈梅花形交叉布置。由于粉煤灰的渗透性好，底部可适当增加盲沟数量。

第二，乳化沥青或煤沥青封闭粉煤灰坡面。美国 250 号国道曾有采用沥青封闭坡面的成功经验。

第三，混凝土块铺砌防护。纯粉煤灰路堤有用灰量大、强度高、自重轻、施工简便、受雨季影响小等优点，故在灰源充足的条件下应优先选用。

（2）灰土间隔路堤

粉煤灰路堤的另一种断面形式采用灰土间隔分层铺筑方式，一层土一层灰或一层土二层灰间隔铺筑。

灰土间隔路堤，坡面一般不作处理。在降雨量大的地区或用过湿土作为填料的路堤，由于粉煤灰的透水性好，在路堤中形成侧向排水通道，有利于提高路堤的强度和稳定性。

为隔离毛细水的影响，粉煤灰路堤底部应离地下水位或地表积水水位 50 cm 以上，否则应考虑设置隔离层。隔离层材料可用黏性土或沙性土，禁止使用粉性土；也可用稳定性好的工业废渣（炉渣、钢渣）或粗粒料（天然沙砾、采石场废料）等透水性良好的材料填筑。粒料隔离层结构应自下而上，其粒径由大变小，起反滤作用，防止粉煤灰淋溶下渗，导致路堤沉陷变形，影响隔离层的排水效果。隔离层的厚度一般不小于 30 cm，横坡不小于 3%，以利排水。

粉煤灰路堤边坡坡度视路堤高度而定。一般 5 m 以下的路堤，坡度为 1∶1.5，5 m 以上的路堤，上部边坡为 1∶1.5；下部可做成路堤挡墙。

2.粉煤灰的设计参数建议值

粉煤灰的设计参数受粉煤灰的化学成分、粒度组成、含碳量大小、排放方式、压实功能大小等因素影响而有较大的差异。即便同一电厂，不同时期的灰源差异也不小，因此必须选择一定数量且有代表性的试样进行测定。

在确定粉煤灰路堤压实标准时，应考虑道路等级，路面类型，当地的水文、地质、气候条件，同时应结合压实机具的类型和压实功能的大小，以及运至工地时粉煤灰的实际稳定含水量等因素综合分析确定。在多雨潮湿地区或受其他条件所限时，可采用轻型压实标准；否则推荐采用重型压实标准。

（五）粉煤灰路堤施工

粉煤灰路堤的施工工艺和压实机械基本上与土质路堤施工方法相类似，仅增加了包边土摊铺和设置边坡盲沟等工序。基本工序包括基底处理、粉煤灰储运、摊铺、碾压、养护与封层等。路堤施工质量的优劣，尤其是粉煤灰的压实度能否满足要求，取决于摊铺厚度、含水量控制、压实机械的种类及碾压遍数。解决好这四个关键问题，粉煤灰路堤的压实质量是能够达到要求的。

1.基底处理

无论是纯粉煤灰还是粉煤灰和土间隔路堤，在填筑之前，均建议推土机推除表土15 cm以上并整平，用推土机或振动压路机碾压至与原地面相同的密实度，同时在路基的两侧开挖临时排水沟。为利于排水，在用沙性土回填时调出3%的路拱，碾压至与路基相同的压实标准（重型90%）。在地下水位较高地段，则在3%的土拱上铺设厚30 cm的沙砾垫层，洒水，碾压至无轮迹。

若路基穿越池塘，则应排除积水，挖除淤泥，用粗粒料分层填筑、分层压实，每层压实厚度30 cm，直至高出常水位0.5 m以上，其上铺设30 cm厚的沙砾垫层。

2.粉煤灰储运

粉煤灰含水量的调节宜在堆场或灰池中进行，尽量减少现场的洒水工作量。过湿的粉煤灰应堆高沥干水分，过干的粉煤灰则应在摊铺前2~3天在堆场洒水闷料，使含水量调节到略高于最佳含水量的范围。

运输方式要因地制宜，尽量采用大吨位自卸汽车和机械化装车，减少中转环节，降低运输成本。防止运输途中的扬尘污染，必要时采取防护措施。

3. 摊铺

摊铺前应先放样。摊铺长度应视运灰的速度、摊铺机械压实机具的数量和天气情况而定。摊铺要求厚度均匀、拱坡平整,以当天摊铺、当天碾压结束为原则,以免水分蒸发或遇水冲刷。

粉煤灰路堤一般采取水平分层填筑法施工。当分成不同作业段填筑时,相邻填地段按1∶1坡度分层留台阶,使每一压实层相互交叠衔接,每一层应向邻近作业段延伸1 m,以保证相邻作业段接头范围内的压实度。用平地机或推土机摊铺时,直线段由两侧向路中心刮平,曲线段由内侧向外侧刮平。摊铺时须使路堤横坡度不小于3%,以利横向排水。

土质护坡应与粉煤灰摊铺同步进行。土质护坡摊铺宽度宜稍大于设计宽度,以保证削坡后的净宽度满足设计要求。同时应按设计位置做好土质护坡的排水盲沟。

4. 碾压

摊铺后的粉煤灰必须及时碾压,做到当天摊铺、当天碾压完毕。压实厚度应根据压实机械的种类和压实功能的大小而定,事前应进行试压。一般来说,20~30 t的中型振动压路机,每层压实厚度应不大于20 cm,40~50 t的重型振动压路机,每层压实厚度应不大于30 cm。

粉煤灰碾压应遵循先轻后重的原则,对人工摊铺的灰层宜先用履带式机具或轻型压路机预压1~2遍,机械摊铺的灰层可直接用中重型压路机碾压。稳压后,再振碾6~8遍,直至达到规定的压实度。碾压顺序由低处到高处推进,直线段由土质护坡向路中心碾压;曲线段由内侧向外侧碾压。碾压速度在稳压时宜用一档(1.5~1.7 km/h),振碾时宜用二挡(2.0~2.5 km/h)。碾压轮迹:三轮压路机后轮应重叠1/2轮宽,两轮压路机重叠30 cm。在分段处,压路机后轮必须超过接缝。从试验工程的压实效果看,采用大吨位的振动压路机进行压实作业,都取得了较满意的压实效果。

5. 养护与封层

在已达到要求压实度的粉煤灰层上铺筑一层时,卸料汽车不得在已成型的灰面上掉头、高速行驶和急刹车等,以免造成压实层松散。如不能立即铺筑上层,应禁止或限制车辆行驶并适量洒水湿润,以防止表层干燥松散。当粉煤灰路堤较长时间不能继续施工时,应进行表层覆土封闭处理,并做好路拱横坡,以利排水。遇阴雨天气，当黏土防护层高于灰面时应挖好排水沟，以免积水。一旦遇雨，局部积水湿软，要采取翻晒或挖换处理。

达到路槽标高的封层部位应及时采用黏性土、石灰土、粉煤灰掺石灰或按设计要求加铺垫层材料，进行封层处理。

三、粉煤灰基层

大量研究成果和长期实践经验表明，粉煤灰已广泛地用作道路路面基层材料，以该材料为主铺筑的道路基层，在一定温度、湿度下，强度随龄期而增长，且后期强度很高，并具有良好的水稳性、板体性和较好的抗冻性能。虽然还存有早期强度较低和可能会出现一定程度的收缩裂缝的欠缺，但粉煤灰仍不失为一种路用性质优良的半刚性基层材料。

国内修筑的一些高等级道路，主要是采用石灰或水泥来稳定粉煤灰，即在水的参与和碱性条件下，粉煤灰与石灰或水泥发生反应生成具有水稳性的胶凝物质。该反应进行得充分与否取决于粉煤灰的活性及品质。用石灰稳定的石灰粉煤灰类基层有：石灰粉煤灰（二灰）、石灰粉煤灰土（二灰土）、石灰粉煤灰沙（二灰沙）、石灰粉煤灰沙砾（二灰沙砾）、石灰粉煤灰碎石（二灰碎石）、石灰粉煤灰矿渣（二灰矿渣）等，用水泥稳定的水泥粉煤灰类基层主要有水泥粉煤灰稳定沙砾、碎石及沙等。

（一）原材料的一般性质与质量要求

1. 粉煤灰

粉煤灰是组成混合料最基本也是最重要的原材料之一，要求 SiO_2、Al_2O_3 和 Fe_2O_3 的总含量应大于 70%，烧失量不宜大于 20%，表面积宜大于 2500 cm^2/g。细颗粒粉煤灰活性较好，对混合料加固有利，但对水的敏感性较强，从而增加了施工难度；粗颗粒粉煤灰较有利于施工。新出或陈积的粉煤灰其化学成分变化很小，拌制的混合料强度无明显差别，故均可采用。

2. 石灰和水泥

熟石灰应充分消解，生石灰要完全粉磨，均不含杂质。熟石灰中 CaO 与 MgO 含量之和宜大于 50%，生石灰则宜大于 60%；当含量在 30%~50% 时，应增加石灰剂量，但不宜超过混合料总干重的 25%。镁石灰的后期加固效果尚优于钙石灰，两者均可采用。石灰类工业废料和石灰下脚料，在 CaO 与 MgO 含量之和不小于30%时,一般可以取代石灰。

普通硅酸盐水泥、矿渣硅酸盐水泥和火山灰质硅酸盐水泥均可作结合料。宜选用终凝时间较长的水泥。

3. 土

土并非混合料中必不可少的部分,但考虑到降低工程造价、方便施工等因素,在混合料中常常掺入20%~50%的土。土的存在使混合料的性质发生变化,同时对压实有较大影响。因此,要求土的塑性指数以7~17为理想。各类土只要有机质含量小于8%和施工无困难时,均可考虑采用。

4. 粒料

为了提高混合料的早期强度,改善其缩裂性质,常常在混合料中掺入40%~60%的粒料,如重矿渣、钢渣、碎(卵)石、沙砾等。用作基层时,粒料最大粒径应不大于40 mm或不大于压实厚度的1/3;用作底基层时,最大粒径不应超过50 mm。粒料压碎值,高速公路、一级公路应小于等于30%,二、三、四级公路应小于等于35%。若粒料有一定的级配,可增加混合料强度,但备料难度较大。因此,工程中不一定要求粒料有一定的级配。

5. 水

水是消解石灰、拌制混合料及基层养护所必需的。一般的地面水、地下水和自来水均可使用。若水源缺乏,也可考虑使用符合国家排放标准的生活污水。

(二)配合比设计

1. 配料原则

大量试验资料和生产使用经验表明,粉煤灰石灰类基层的配料原则:①混合料必须具备能压密实的条件,混合料中细颗粒材料的压实体积必须大于粗粒料在疏松状态下的孔隙体积,即粗粒料在混合料中处于"悬浮状态"。②压实混合料的加固强度,应能较好地形成。混合料中粉煤灰石灰应在3:1(粒料用量较多时)至5:1(粒料用量较少时)的范围内。

2. 推荐配合比

粉煤灰石灰类混合料的最佳配合比,应在符合"配料原则"前提下,通过试验确定。但在生产中不一定要采用最佳配合比,可根据不同情况和条件,选用经济实用的配合比。

（三）混合料路用性质

粉煤灰石灰类混合料在最佳含水量下压实后，在正常温度（20℃）和湿度（>90%）下，强度随龄期增加有明显的增长，后期强度很高。

粉煤灰石灰土的室内五次干循环重量损失近于零，抗压强度比未干湿循环试件高30%以上。将在生产性路段挖取的粉煤灰石灰粒料样品浸没于室温水中，经过五年之久，样品无软化、崩塌现象发生，其坚硬程度仍类似贫水泥混凝土。可见粉煤灰石灰类混合料具有良好的水稳定性。

综合室内试验表明，粉煤灰石灰类混合料的五次冻融循环重量损失在0~2%，强度损失小于20%，而石灰土的五次冻融循环重量损失在5%~35%，可见粉煤灰类基层的抗冻性能远优于石灰土。铺筑在冰冻地区潮湿路段上的粉煤灰石灰类混合料道路基层，使用年限已有几十年之久，经过了几十个冻融循环，无损坏征兆，多次野外实测回弹模量值均在1000 MPa以上，并具有较好的板体性质。

温缩系数为28天龄期最佳含水量试件（此时温缩最大，小于或大于最佳期含水量时均较小）在温度每降低1℃时的单位长度收缩量。干缩系数为含水量每减少1%时的长度收缩量。混合料在压实初期（小于7天）干缩系数取高值，当加固强度基本形成后（大于28天）则取低值。

（四）混合料基层设计

1. 强度分级

根据室内试验结果及路段的使用经验，将粉煤灰石灰类混合料按强度分为Ⅰ、Ⅱ、Ⅲ三个等级，其相应的28天龄期饱水试件无侧限抗压强度分别为2.0 MPa、1.5 MPa和1.0 MPa，三个等级分别适用于重、中、轻交通量的道路。一般来说，粉煤灰石灰粒料适用于重交通量的道路基层，粉煤灰石灰适用于中等交通量道路的基层或重交通量道路的底基层，粉煤灰石灰土适用于轻交通量道路基层或中、重交通道路量基层。以上道路是相对于柔性路面而言的，各种粉煤灰石灰类混合料均可用作刚性路面的基层。

2. 防止反射裂缝

粉煤灰石灰类基层属半刚性基层，会因湿度、温度的变化而产生干缩，温缩裂缝。若在其上直接铺筑较薄的沥青面层，将产生反射裂缝，影响路面的使用性能及寿命。为此常用以下方法来防止裂缝的产生：①粉煤灰石灰混合料设计在满足"悬浮原则"的前提下，尽可能加大粗粒料用量，以改善混合料的缩裂性质。②在粉煤灰石灰类基层上设置石料联结层，使混合料基层缩裂不反射到沥青面层上来。③适当地加厚沥青面层厚度，达 15 cm 以上，减少沥青面层产生裂缝的可能性。以上三种措施，可以单一采用，也可综合采用，能获得防止或控制反射裂缝的满意效果。

3. 回弹模量建议值

根据试槽和路段实测粉煤灰石灰类混合料基层的回弹模量试验值，及其在道路上的使用效果，推荐这类混合料三个月龄期的回弹模量设计参数建议值如下：①粉煤灰石灰土为 400~500 MPa。当石灰粉煤灰用量较大时，取高限；反之取低限。②粉煤灰石灰为 550~700 MPa（粉煤灰：石灰 =5：1~3：1）。③粉煤灰石灰粒料为 600~800 MPa。当粒料为重矿渣、钢渣或碎石时，取高限；当粒料为沙砾或碎砖时，取低限。

（五）混合料基层施工

1. 混合料拌和

石灰粉煤灰类混合料可以采用人工拌和、机械路拌和厂拌。人工拌和效率太低，劳动强度又大，除拌和少量混合料外，一般不宜采用。路拌法效率虽高，但环境污染甚为严重；厂拌具有不污染环境、拌和均匀、效率较高等优点。拌和过程中，要注意拌和粒料较粗或粒料含量较大的混合料时，粗、细集料易"离析"，很难保证拌和质量。

2. 整形

用路拱板进行整形，并检查松铺厚度，不足之处进行找补整平。松铺系数应在施工时通过试验确定。

3. 碾压

碾压按先轻后重、由两侧向中央顺序进行，碾压至无明显轮迹、压实度达到要求为止。

4. 养生

养生是保证石灰粉煤灰类基层质量的最后程序，应保持一定的湿度，以促进强度增长，避免干缩裂缝。其方法有洒水，覆盖沙、低塑性土和沥青膜等保湿措施。养生期一般不少于一周。

四、粉煤灰混凝土路面

（一）粉煤灰混凝土的特性

在水泥混凝土中掺入一定量的粉煤灰便形成了粉煤灰混凝土。粉煤灰的掺入取代了一定量的水泥，使混凝土的性能发生了一定的变化，同时，也节约了水泥的用量。粉煤灰混凝土 3 天和 7 天强度低于普通混凝土，尤其是在寒冷的季节；而后期强度则高于普通混凝土，主要是由于发生了火山灰反应生成硅酸钙凝胶，作为胶凝材料起了增强强度的作用。但胶结过程较慢，因此主要体现在后期强度的增长方面。粉煤灰混凝土的抗拉强度、抗折强度、弹性模量及其他力学性能与普通混凝土均无明显差别。

混凝土拌和物的和易性受浆体体积，水灰比、配合比设定，集料的级配、形状、孔隙率等的影响。掺加粉煤灰后，混凝土浆体体积明显增大，因为用粉煤灰取代等质量的水泥，粉煤灰的体积比水泥约大 30%。若按超量粉煤灰取代一定量的水泥，则多加的粉煤灰增大了细屑含量，因此增大了浆体骨料比。大量的浆体填充了骨料间的孔隙，包裹并润滑颗粒，从而使混凝土拌和物具有更好的粘聚性和可塑性。粉煤灰的骨料颗粒可以减少浆体 – 骨料间的界面摩擦，从而改善混凝土的和易性。

粉煤灰的掺入可以补偿细集料中细屑的不足，中断砂浆基体中泌水渠道的连续性，同时粉煤灰作为水泥的取代材料，在同样的稠度下会使混凝土的用水量有不同程度的降低，因而掺粉煤灰对防止混凝土拌和物的泌水是有利的。

通常情况下，粉煤灰活性材料开始几天的水化热现象并不十分显著，所产生的水化热仅为水泥的一半。混凝土中的温度主要取决于水泥的水化热。掺入粉煤灰可以减少水泥用量，从而降低水化热。

由于单掺粉煤灰的水泥混凝土早期强度较低，为此，掺入一定量的 S_3 型早强减水剂，可节省水泥、降低工程成本，该技术称"双掺"技术。一般原状粉煤灰掺量为 20%～30%，S_3 减水剂掺量为 1.5%～2.5%，可节省水泥 15%～20%，其强度及耐久性与普通混凝土相比有所提高与改善。

（二）配合比设计

一般水泥混凝土的强度都是以 28 天的强度为标准，如果在混凝土中以粉煤灰等量取代水泥，粉煤灰 28 天强度会小于基准的普通混凝土，一年后的强度才能超过基准混凝土，这在工程中是不允许的。因此在设计中不能用粉煤灰等量取代水泥进行配合比设计，而要用"超量取代法"。

所谓"超量取代法"，是以不掺粉煤灰的普通混凝土配合比为基准，在保证粉煤灰混凝土混合料坍落度和28天强度不变的前提下，以超量粉煤灰取代一部分水泥的配合比设计方法。

用于混凝土中的粉煤灰的品质是至关重要的。按质量标准，粉煤灰划分为三个等级。配合比设计用超量取代法进行计算调整。掺加的粉煤灰量与被取代的水泥用量之比称为超量系数。超量系数的大小取决于粉煤灰的质量：对Ⅰ级粉煤灰，超量系数可取1.2左右；Ⅱ级粉煤灰取1.5左右。

超量的粉煤灰用以取代一部分沙，按等体积计算适当减少沙的用量。被取代的水泥量一般为水泥用量的10%～15%，优质粉煤灰取代水泥量还可多些，当然最后还得经过正交设计试验来确定配合比。

（三）耐磨试验

耐磨试验按《混凝土及其制品耐磨性试验方法（滚珠轴承法）》进行。采用滚珠轴承式耐磨机，以滚珠轴承为磨头，通过滚珠在额定负荷下回转滚动时摩擦湿试件表面，在受磨面上磨出环形磨槽，通过测量磨槽深度与磨头的研磨转数计算耐磨度，以耐磨度大小评定路面或地面材料耐磨性的好坏。

1. 试验仪器

磨石机（功率3 kW，转速400 r/min）、金刚砂、重物（10 kN）。

2. 试验方法

将尺寸为100 mm×100 mm×100 mm的混凝土试件上表面压一重物（10 kN），以模拟路面受压磨损状态，下表面置于磨石机高速旋转的光滑钢制磨盘上，金刚砂从入料口被水流匀速冲入磨盘上，在离心力的作用下均匀分布在磨盘和混凝土下表面之间。由两名试验者固定试件位置以免被离心力抛出，但不施加垂直方向的作用力。每块试件磨5分钟，三块一组，取平均质量损失作为磨耗率以评价混凝土的耐磨性。试验数据的取舍参照混凝土抗压强度的数据处理方法。各组混凝土试件尽可能在同等试验条件下进行，以保证其结果具有可比性。

（四）施工工艺

粉煤灰混凝土可用作复合式混凝土路面的下层，也可用于道路面层甚至机场道面，其施工方法与普通混凝土路面完全一样，此处不再赘述。

为了充分发展后期强度，要特别注意养护，且养护时间应适当长些。

（五）工程实例

1. 粉煤灰混凝土路面

南沙大道是位于广州番禺市境内的一条高等级公路，北起番禺沙湾大桥与迎宾大道相连直通广州，南接虎门大桥与京珠高速、广深珠高速公路，是一条重要交通干道，全长 14.65 km，路面宽 40 m，设计日通车流量 5 万次。经过大量的室内试验分析及试验施工，在南沙大道路面全部大掺量使用粉煤灰。共用粉煤灰约 1.16 万吨，节约水泥约 6800 t，共节约材料费约 210 万元。而且粉煤灰路面混凝土工作度较好，容易施工，比未掺粉煤灰混凝土少 2~3 人工/班，加快了施工进度，路面平整度、外观质量等得到显著提高，效益相当可观。实践证明，粉煤灰在路面混凝土中的应用是可行的，它取得了可靠的技术、经济及社会效益。

2. 碾压粉煤灰混凝土沥青罩面

高掺量粉煤灰碾压混凝土沥青罩面路面结构，一方面大大降低了路面造价，另一方面采用薄层沥青罩面，提高了路面平整度及解决了路面耐磨耗问题，降低了碾压混凝土路面的施工技术要求，扩大了适用范围，且中小型机械也可以施工。

高掺量粉煤灰碾压混凝土层是路面的承重层，一方面它的质量决定着路面的寿命，碾压混凝土层厚度不宜大于 27 cm，过厚时下层混合料难以压实。另一方面，由于早期强度低，为保证 28 天后能开放交通，碾压混凝土层也不宜太薄。综合考虑，适宜厚度为 23~27 cm，二级公路一般多为 23~25 cm。分析计算表明，这类路面与相同厚度的普通混凝土路面疲劳寿命相当。

国道 322 线来宾市迁江段铺筑了 2 km 的实体工程试验路，通车使用以来，路面状况良好。

3. 钻孔桩粉煤灰水下混凝土

虎门大桥东引道太平大桥钻孔桩，采用粉煤灰混凝土。对其配合比进行优化设计，采用"双掺技术"，使每立方米混凝土的水泥用量降至 300 kg，每立方米节约成本约 35 元，虎门大桥及太平大桥约 9 万立方米混凝土，节约资金 300 多万元。

4. 大体积混凝土

虎门大桥东锚、西锚、东塔、西塔承台等，均采用了粉煤灰混凝土。

大体积混凝土采用"双掺"技术，即掺粉煤灰和减水剂，有利于降低水化热。掺入粉煤灰的混凝土后期强度增长持续时间较长，对地下部位构件可采用60天龄期强度，采用长龄期强度又可减少水泥用量，因此大体积混凝土中掺入粉煤灰是十分必要和经济的。虎门大桥东、西锚就是采用60天龄期强度作设计强度，大大地降低了水泥用量，提高了经济效益。

5. 高强度高泵程预应力混凝土

虎门大桥塔身下系梁50 MPa预应力混凝土的体积是487 m^3，泵送高度60 m 塔身上系梁50 MPa预应力混凝土的体积是343 m^3，泵送高度140 m。由于泵送高度高，为了改善混凝土混合物的可泵性，必须采用"双掺"技术。

为了解决粉煤灰混凝土早期强度较低的问题，应选择高碱的水泥品种，如P·Ⅰ或P·Ⅱ 42.5级水泥。虎门大桥塔身系梁是选用广州珠江水泥厂的"粤秀"牌P·Ⅱ 42.5级水泥，其三天抗压强度高，细度模数小，水化速度快，抵消了由于粉煤灰取代部分水泥所造成的强度损失，其可在一周或数周经充分养护后得到补偿。

粉煤灰混凝土必须采用掺有外加剂的"双掺"技术，才能既发挥粉煤灰作用，而又不影响混凝土的早期强度。在配制高强度、高泵程的预应力混凝土时，最好是选用减水率达25%以上、28天增强率达50%的外加剂。

粉煤灰的加入会对钢筋产生碳化腐蚀和诱导电腐蚀。试验证明，混凝土的抗碳化能力与水泥强度有关，存在着碳化强度与水泥28天强度平方成反比的关系，所以要选用高强度的硅酸盐水泥。另外，因为碳粒诱导电腐蚀，应限制粉煤灰中碳粒含量小于等于5%。虎门大桥高强度、高泵程所用的黄埔电厂Ⅱ级灰和沙角B厂Ⅰ级和Ⅱ级灰的含碳量远小于5%。此外，采用后张法施工的预应力梁，在波纹管内的预应力钢绞线受到高强度等级水泥灌浆材料保护，是不受粉煤灰中碳粒引起的电腐蚀影响的。当然也可选用具有抗碳化性能的外加剂。

第四节　工业废料

一、工业废料的类型

随着我国公路事业的飞速发展，路用材料向着强度高、性能好、耐久性好、适应大交通量的方向发展。现有筑路材料尤其是用于修建高等级道路的材料，大都价格昂贵、施工程序复杂、技术要求高。为减少建设资金、降低工程造价、满足一般公路筑路材料的需求，完全可以就地取用工业废料。开展工业废料的综合利用，变废为宝，防止污染环境和解决废渣占地堆放等问题是我国的一项长期方针。在这一方针的指导下，积极推广应用工业废料筑路技术也是我国公路建设者的一项重要任务。

工业废料主要来自钢铁厂、化工厂、火力发电站、冶炼厂等的废渣和废液，以及各类矿山在矿石洗选后的废弃物和建筑弃渣等。现已开发并应用于道路工程中的工业废料主要有高炉重矿渣、煤矸石、硫铁矿废渣、磷石膏、钢渣、高炉锰重矿渣、粉煤灰等。

二、硫铁矿废渣

硫铁矿废渣是从硫铁矿中提炼硫以后所剩余的废料，粒径在 3 mm 以下，呈松散状，粉红色。露天堆放遇水后，发生化学反应变黑，15 天左右在矿渣表层形成有孔隙的板体，强度不高，存留少量的硫和一部分铁粉。

目前，二渣和三渣一般只用于路面基层，通过室内外试验和试验路段的铺筑，表明硫铁矿废渣还可用于路面面层。将石灰、矿渣、天然沙砾经合理的配合比设计，用作三、四级公路的面层，其各项技术指标均优于沥青表面处治。此种路面有接近低强度水泥混凝土路面的性能（抗压强度、抗折强度）。虽初期强度低，但 28 天后强度随龄期的增加继续增长，有很强的水稳性，抗冻性能优于普通水泥混凝土路面。

（一）混合料组成设计

1. 天然沙砾

路面较厚，允许采用较大粒径，最大粒径为 5 mm。集料最小粒径按施工情况可用到 0.15 mm。为防止产生离析现象须采用连续级配。

2. 配合比设计

石灰，消解后的熟石灰；沙砾，符合筛分试验的级配沙砾；硫铁矿废渣，出厂 15 天左右，将结块颗粒粉碎。

第一，最佳含水量试验。采用重型击实方法使试件成型。试件尺寸：直径 15 cm，高 12 cm。选定 9 组，沙砾占 50% 不变，然后测定最佳含水量[①]。

采用不变的石灰、矿渣、沙砾比例，加入不同数量的水，制成 20 cm × 20 cm × 20 cm 的试件，在无侧向压力的情况下，用抗压强度验证最佳含水量。试件应在室内养护，白天平均气温 12 ~ 16℃，晚上为 6 ~ 9℃。

第二，石灰、矿渣、沙砾的配合比。根据试验得出的最佳含水量和沙砾筛分结果，对各种材料进行各种配合比试验。

（二）施工工艺

硫铁矿废渣路面的施工程序：配料→拌和（包括干拌、加水、湿拌）→摊铺与整形→碾压与捣固→养生。

1. 基层的检查与整修

基层的宽度、路拱与标高、表面平整度和压实度，均应检查其是否符合要求。如有不符之处，应予整修。

2. 拌和

各种混合料按最佳配合比计量，先干拌一至两遍，再按最佳含水量加水充分拌和，配合比可将重量比换算成体积比。

3. 摊铺

将原路面洒适量的水，用中桩、边桩控制摊铺厚度，一般压实系数 1.35 ~ 1.37。施工时应做到连续供料、均匀摊铺，用路拱板核对路拱，采用平板耙充分找平。

---

① 李刘旺. 工业废料应用于公路工程基层底基层中的试验研究 [D]. 西安：长安大学，2020.

4. 碾压与捣固

摊铺平整后立即进行碾压，时间过长会影响压实效果。从路面边缘开始，来回压两遍。路缘石的边缘处大约有 1~2 cm 宽碾压不到，要用人工充分捣固坚实。压路机不得在路面上停置，也不得紧急制动、转向。碾压一至两遍后，应注意观测，发现有不平整现象，应及时修补。

5. 养生

路面铺筑后 50 小时初凝，三天后开始少量洒水养生，以后路面湿度始终保持在 90% 以上，平均气温 16℃ 左右养护 28 天。因早期强度低，30 天后才能开放交通。

（三）工程实例

用河北省兴隆县两个硫酸厂排放的硫铁矿废渣在原有四级公路的土路上铺筑了试验路。路面宽度为 3.5 m，路面两边用 20 cm 的浆砌片石作为路缘石。试验路段分两段：一段厚 20 cm，另一段厚 15 cm。

因铺筑宽度不足 4.5 m，故不设纵缝。混合料碾压干缩系数和徐变较小，横缝间距加长至 6.5 m。缝内用麻刀、沥青填塞，在铺筑前预置嵌条。把长 3.5 m、高 2 cm、厚 6.5 mm 的软木条预先浸水胀透，涂刷一层废机油，安置在缩缝处，压实后将木条松动一下，路面达到强度后撤掉木条并填好麻刀、沥青。

对试验路的使用性能进行观察、测试。其纵横顺直度、平整度、相邻板高差等均符合设计要求。

硫铁矿废渣路面在山区三级、四级公路上的修建费，三级公路每千米可节省投资 10.53 万元，四级公路每公里可节省投资 5.67 万元。硫铁矿废渣路面设计使用年限为 20 年。在 20 年的使用期中，三级公路每公里可节省养护费用 35.07 万元，四级公路每公里可节省养护费用 18.93 万元。其经济效益和社会效益都比较显著。

三、钢渣

随着我国钢铁工业的高速发展，钢材每年成亿吨地被生产出来，同时也产生了近千万吨的工业废料——钢渣。这些废渣不仅污染了环境，而且占据了很大的空间。故大量地将钢渣成功地应用于道路工程是一件既利于企业又利于社会的好事。

（一）钢渣的物理、力学性质

1. 钢渣的性质与化学成分

钢渣是一种固态非金属物质，经过高温冶炼后被淬火冷却而成，成分比较复杂；有紫、红、褐三种颜色，外表呈多孔块状、少孔块状、无孔块状。粉状体钢渣的视比重为 $2.86\sim4.00$ g/cm³。通过对上海宝山钢铁总厂的转炉钢渣和河南安阳钢铁公司不同存放期的钢渣进行抽样测定，发现其物理力学性能与石料比较接近。钢渣的抗压强度、磨耗率、压碎值等主要力学指标可以满足修筑道路基层，乃至路面面层的要求。

钢渣主要由氧化硅、氧化铝、氧化铁、氧化钙、氧化镁等组成。不同钢厂的钢渣其化学物质含量也有所不同，一般情况下，氧化钙占 30%～60%，氧化铁占 15%～26%，氧化硅占 8%～23%，氧化铝占 3%～8%，氧化镁占 4%～11%。

2. 钢渣的路用性质试验

以下是上海宝钢和河南安阳钢铁公司的钢渣试验结果。

（1）钢渣的活性检验

将现场取样的块状钢渣砸碎，替代粗集料，未浇水浸泡，直接作为粗集料，参照《公路沥青路面施工技术规范》的要求进行试验，三个试件均爆裂。钢渣进场浇水浸泡 10 天后取样试验，30 天后基本稳定，只有个别试件有稍微起包现象。

（2）稳定度、流值

在 60℃水中浸泡 30 分钟，其稳定度为 17118 N，流值 50。在 60℃水中浸泡 48 小时，取出冷却至室温，其稳定度为 11648 N，流值 41.5。

对于一般道路而言，稳定度大于 5000 N 即可，对高级公路则要求大于 5500 N。根据试验可看出，钢渣消解后的稳定值是相当高的，如果用于沥青混凝土粗集料和水泥混凝土骨料，其强度完全能满足设计要求。

（二）钢渣的路用特点

钢渣及钢渣混合料不仅强度增长较快，而且早期强度也高，这是因为钢渣颗粒表面粗糙，摩擦系数较大，因此对机械作用有较好的稳定性。同时，由于钢渣本身含有许多化学活性物质，在钢渣或钢渣混合料内，发生水化反应生成硅酸盐类或熟石灰类化合物，从而使钢渣的整体强度好于碎石垫层或沙垫层，钢渣混合料（钢渣灰土、钢渣等）的早期强度和整体性高于碎石灰土或二灰碎石。

钢渣或钢渣混合料抗冻性也较好，即使经过寒冷的冬季，冰雪融化时，其强度都没有太大变化，只是强度增长较慢，不像夏季时强度增长得快。

钢渣的抗腐蚀性较好，即使浸泡在海水、盐水中，也不受侵蚀。另外，钢渣灰土的抗折强度也较高，其28天抗弯拉强度为0.7 MPa，4~5年后能达到4 MPa，比一般的二灰碎石或碎石灰土同期强度高出20%以上，龄期越长，越接近水泥混凝土的抗弯拉强度。

（三）钢渣的板结机理

钢渣本身是铁矿物经过高温冶炼后形成的一种残留物，其中氧化铁、氧化硅、氧化钙、氧化镁、氧化铝等含量达80%以上，这些物质的存在使其具有了较强的化学活性。钢渣在施工中（混合级配，大块、小块、粉末均有）经过整平碾压后，在外部环境（大气、温度、湿度）的共同作用下发生了一系列水化和氧化反应。首先，氧化钙、氧化镁与水及二氧化碳反应，生成碳酸钙、碳酸镁。同样，二氧化硅与水以及钢渣中的钙、镁离子发生反应生成硅酸盐结合物，通过化学变化使分子结构重新组合，从而使处于松散状态的钢渣颗粒凝聚成牢固的整体，达到较高的强度。

钢渣作为钢渣灰土的主骨料与石灰、土拌和均匀后碾压形成密实体，并逐步形成较高强度。一个月后，抗拉强度达0.7~4.2 MPa，抗压强度达3~6 MPa，从这两项指标就能看出，钢渣灰土强度接近于水泥混凝土的强度指标。之所以能形成这样高的强度是因为钢渣本身含有活性氧化物，石灰的加入起了激发钢渣活性的作用，它能与活性氧化钙在水中和适当温度条件下发生物理化学反应，生成水硬性胶体，在均匀拌和及碾压密实后，逐渐凝结硬化具有一定强度，且强度随时间增长而提高。

（四）钢渣在路基路面工程中的应用

修筑于20世纪70年代的天津港二号路是第一条利用钢渣填筑路基的道路。当时二号路是一片水域，利用首都钢厂的钢渣进行回填挤淤，填出水面50 cm，并在此基础上做灰土结构层和水泥混凝土面层。本路段全长2.42 km，1980年通车，交通量急剧增加，使用15年后，水泥路面除胀缩缝处有损坏（一道40 m长的胀缝）外，其余路面都完好无损。

由于二号路的修筑是成功的，紧接着在新港四号路也大胆地采用了钢渣作为道路结构层。其设计为 3 cm 细粒式沥青混凝土，6 cm 粗粒式沥青混凝土，7 cm 黑色碎石，15 cm 碎石灰土，30 cm 钢渣灰土（12∶38∶50），下面为钢渣垫层。因四号路在盐田区，水面大，而且是软基，通过钢渣排水挤淤垫出一条通道，一般高出水面 50 cm，路基两侧用黄土回填包裹。四号路全长 5.93 km，1984 年建成通车，并被评为交通部年度优质路基工程。

四号路十多年担负着港内 2/3 的汽运货物量。本路段设计交通量为 3000 辆/昼夜，交通量日益增长，每年的进出口货物总量接近 2000 万吨。尽管交通量大，且运载的都是大吨位货车，但路基毫无损坏。在埋设过路管道进行破路时，采用风钻进行破除，从破除的沟槽可以清楚地看出，原作路基垫层的钢渣不是松散的，而是结合在一起成为坚固的板体；钢渣灰土也一样，板结十分坚固，其抗压强度不低于普通水泥混凝土。而且四号路全段均修筑在没有经过加固的软弱地基上，这说明当时大胆选用钢渣作为道路的填筑材料是合理的，也是成功的。

（五）钢渣桩加固公路软土地基

钢渣桩，系利用工业废料的转炉钢渣作为加固材料灌入事先形成的桩孔中，经振动密实，吸水固结而成的桩体。

转炉钢渣含氧化钙达 40% 以上，其主要成分与水泥接近，具有高碱性和高活性，筛分后可作低强度水泥使用。因此，钢渣桩具有较高的桩体强度。

1. 成桩工艺

一般采用振动打桩机，将直径 275~325 mm 的桩管打入地基中，形成深达 6~10 m 的桩孔，随即把经过破碎的钢渣块逐次投入桩孔中。每次投料数量按一次成桩高度为 0.5~1.0 m 控制，并采用桩管振动法将每次投料振实，振实的钢渣吸水结硬即形成完整的桩体。钢渣在振实及吸水膨胀的过程中会挤密桩间土，并使地基土的含水量减少。

桩的平面布置呈三角形，桩中心间距 1.5 m，成桩直径 450~500 mm，根据加固路段要求，可采用不同的桩长。

为了保证施工质量，钢渣桩的定位误差不得大于桩管直径，钢渣块的直径应小于等于 10 cm，并要限制每次投料数量。桩顶 1~2 m 范围内，更要严格振密，以免影响桩中段的密实度。

2. 工程实例

沪宁高速公路上海段地基有 10~25 m 厚的软弱土层。如此厚的软弱土层对高路堤的工后沉降量影响很大,故需作加固处理。该路软土加固路段,大部分采用了水泥粉喷桩,部分则采用钢渣桩加固。

本路段钢渣桩,成桩直径 450~500 mm,桩中心间距 1.5 m,平面呈三角形布置,根据加固路段要求,桩长分别采用 6 m、8 m、10 m 三种。

根据对加固路段的测试结果,钢渣桩体抗压强度在工后 90 天可达 1.0~1.2 MPa,能满足规定要求。钢渣桩加固后的地基土天然含水量降低 6%~17%,天然容重提高 6%~10%,无侧限抗压强度提高 13%~30%,压缩模量提高 20%~40%。

钢渣桩加固区的地基不仅明显地减小了压缩变形,而且增大了荷载应力的扩散角,使下卧层的应力减小,从而降低沉降值。实测表明,钢渣桩加固断面的地基总沉降值要比未加固断面减小 20% 左右。

钢渣桩加固后,使地基承载力迅速提高,能适应快速填筑高路堤的要求。若采用沙井或塑料排水板加固软基,则填筑路堤需分级逐渐加载,所需工期较长;而钢渣桩加固地基,允许连续不断地分层填筑,故所需工期较短。如本试验路段的地质条件和钢渣桩布置,填土高到达设计标高 6~7 m 左右后,约 350 天地基沉降就趋于稳定,月沉降小于 8 mm。实践表明,用钢渣桩加固软基,特别是填筑高路堤直至其稳定,要比用沙井或塑料排水板加固法缩短约半年时间。

根据实测资料推测的地基最终沉降量表明,在试验路段的地质条件和桩位的布置,对允许工后沉降 10 cm 的桥头路堤,允许路堤填土高度为 5.5 m 左右;对允许工后沉降 30 cm 的一般路堤,允许路堤填土高度可达 7 m 左右。

地基水平位移的测量资料表明,钢渣桩加固地基的填土在高度达 7 m 左右时,各土层的最大水平位移仅 10 cm 左右。因此,钢渣桩地基的承载力和稳定性是足够的。而未加固的断面,地基各土层的最大水平位移则达 25 cm 左右。

钢渣桩加固高路堤软基具有明显的效果,为了保证施工质量,必须保证桩的长度、直径和密实度都达到要求。

四、煤矸石

(一)煤矸石的物理、化学性质

煤矸石是含碳岩石和其他岩石的混合物。混合煤矸石的矿物成分与黏土接近，pH 为 7~9。

煤矸石含有硅、铝、镁、铁、钙、硫等氧化物和碳，是一种惰性材料，在其内部进行反应的程度较弱。实践证明，煤矸石不宜直接依靠石灰来加固改善，但掺入一定剂量的石灰和粉煤灰后，可产生火山灰反应。石灰和粉煤灰的剂量不同，其反应程度也随之变化。

其中含水硅酸钙和水铝酸钙在电子显微镜照片中可清晰看出：煤矸石的周围都覆盖着一层凝胶物质，将整个混合体各个部分紧密地联结在一起，成为具有稳定性的整体结构，且后期逐渐形成方解石，强度提高的同时粒径结构逐渐改善。

煤矸石颗粒不太均匀，天然级配不够理想，尤其是普通混合煤矸石中，小颗粒含量偏高。掺入一定剂量的石灰、粉煤灰后，经化学反应小颗粒会凝聚，粒径会明显改善。碾压易成型，有一定的强度，特别是抗冻性能较好，可作为一般道路的底基层或加筋挡墙的主体填料。

（二）设计和施工中应注意的问题

煤矸石主要用作路堤填料和路面底基层材料，修建煤矸石加筋挡墙时，应注意以下几点。

1. 避免面层出现"多筋破坏"

在确定填料、面板、筋带的设计参数后，需对加筋体进行内、外部稳定性分析、计算，以确定筋带的布设情况及应采取的构造措施。但依目前规范计算，为满足上层抗拔稳定性，需布设筋带较多、较密集，这就类似于在填料中有了一个夹层。受填料厚度的限制，上层填料被压路机碾压后表面会出现许多裂纹，呈破坏状态，压实成型较困难。为了防止裂缝反射到上层，顶层要控制在一定深度范围内尽量少布设或不布设筋带。如筋带布设在动载作用区，经常受动荷载的影响，会不利于筋带与填料间的紧密接触，结果会降低筋带的抗拔稳定性，也会导致裂缝向上延伸，从而缩短工程寿命。

2. 避免在碾压过程中出现"假性弹簧"

布设筋带前，填料必须满足压实度要求、平整度要求。否则，凹凸不平的填料表面会使筋带在压路机碾压下出现起伏，导致筋带上层填料出现类似弹簧的现象，我们称之为"假性弹簧"。当然"弹簧"程度取决于该筋带下填料表面的平整程度。

"假性弹簧"的出现，使上层填料碾压困难，难以达到密实度要求；同时，减小了筋带与填料之间的接触面积，缩短了筋带的有效长度。

3. 避免出现大块填料

由于煤矸石中含有不少粒径很大的成分，在碾压中容易造成筋带被压断，所以，施工中凡粒径大于 15 cm 的煤矸石都要剔除。

4. 应预防的一种电解破坏

煤矸石中的细颗粒呈松散的黏团形式，不均匀地分布在填料中，在黏团与筋带之间的接触处会缺氧，而透水颗粒和筋带接触部分已充分氧化，这就形成源电池。由于电腐蚀使粘土块和筋带接触处变成电池的阳极，不断失去电子而导致孔状腐蚀。这种孔蚀不仅会减少筋带的承载面积，而且由于孔状不规则的腐蚀导致应力集中，还会使筋带脆化。将煤矸石掺二灰后，发生一系列火山灰反应，细小颗粒含量变少，且越来越少，这样就可减少填料中发生黏土结块现象而引起电解腐蚀的可能性。

（三）工程实例

1. 煤矸石加筋挡墙

庞庄立交桥为省道苏 239 线上跨庞庄煤矿专用铁路的一座公铁立交桥，由于桥头南侧 80 m 处进入地下采煤区范围，为了适应地基易变形的特点，决定在桥南引道接线采用柔性加筋挡墙。挡墙最高为 6.75 m，长 165 m。

面板：厚 15 cm，钢筋混凝土十字板，四边设置企口缝，横向用 $\Phi 12$ 钢筋联结。筋带：重庆北碚永固工程拉筋带厂生产的 CAT30020 B 型拉筋带，横断面尺寸为 2 mm × 30 mm，抗拉强度 σ_L=100 MPa，伸长率 <2%，f=0.4。填料主体：煤矸石，掺入一定量的石灰、粉煤灰。其比例是石灰：粉煤灰：煤矸石 =5：15：80。将混合料做成 $\Phi 50$ mm × 50 mm 的圆柱体试件。养生后做抗压强度试验，最大干密度 2.10 g/cm³，最佳含水量 9.1%，7 天饱水抗压强度 2.23 MPa。从庞庄立交桥引道来看，以煤矸石掺二灰作填料的加筋挡墙比同高度、同长度的石砌挡墙节省投资 35 万元，且使用效果较好。可见，在采煤地区充分利用煤矸石掺二灰作加筋挡墙的主体填料或在一般道路的基层中使用煤矿石，既节省土地、降低工程造价，又减少环境污染，经济效益和社会综合效益比较明显。

2. 煤矸石底基层

许昌市长葛—禹州无梁公路，全长 22.3 km，二级公路，沥青路面，承担禹州市北部山区矿产资源的主要出口任务。1993年混合交通量已达4625辆/日，且以年20%的增长率递增，主要是大吨位装运石料、煤炭车辆。底基层利用了禹州矿的丰富煤矸石进行铺筑。1996年被评为省公路局优良工程。至1997年交通量增长达8000辆/日，路面仍完好无损。

煤矸石作路面底基层的施工工序：准备下承层→均匀摊铺煤矸石→稳压及嵌缝→洒水闷料→终压→养护。

煤矸石的虚铺系数在1.2~1.3之间，对特别大、超过结构层厚度的石块，应进行粉碎或剔除。用12~15 t压路机稳压2~3遍。煤矸石颗粒为自然级配，其不均匀性会使稳压后的表面产生空隙，需要嵌缝。应用较小的煤矸石粒料填充至空隙处，进行二次整形。稳压后洒水闷料半个小时左右，以增强界面黏合，减小摩阻力。对闷料后的煤矸石层再用18~21 t钢轮压路机碾压2~3遍，达到密实度后即可开放交通，并洒适量的水养护3~7天。

煤矸石作底基层，若不掺任何无机胶体材料，遇水后表层易软化。故应掺一定量的稳定材料以保证结构层的稳定性。

第六章　公路桥梁工程项目管理优化创新研究

随着国家大力发展经济，运输业变得尤为重要，特别是公路桥梁建设占据了其中很大的比例。针对桥梁施工过程中的各个应用问题展开分析，确保公路桥梁施工项目管理体系的健全和国家经济运作环境的稳定，有效协调促进其内部各个应用环节，是当今公路桥梁建设管理的重要环节。为了优化公路桥梁施工项目管理模式、保证有效提升工程质量，需要分析其目前的管理状况，提升项目管理的综合效益，采取有效的针对措施，完善项目管理的模式。

第一节　公路桥梁施工项目管理模式优化研究

影响项目管理稳定运行的现实因素有很多，只有促进其内部各个应用环节的协调，健全相关工程管理模式体系，相关的工作人员足够重视这个问题，才能确保项目的安全运转。公路桥梁项目建设是国家基础建设中主要的组成部分，所以进一步严格管理公路工程是十分必要的。工程项目管理的最终结果与企业的最终经济利益是相辅相成的，所以健全公路桥梁施工项目管理体系是当今企业工作的重点内容，有必要加强对项目管理的重视程度。

一、公路桥梁施工项目管理模式的内涵

公路桥梁施工项目管理模式，简单地说是施工企业为对公路桥梁施工项目建设全过程进行计划、协调、指挥、组织与控制而建立的项目管理模式，是为了实现工程项目安全进行，确保工程平稳开展。如果按照项目管理的层次划分，公路桥梁施工项目管理模式可以分为具体模式和总体模式。公路施工企业分公司对项目部、总公司对分公司在资源配置等总体方面所形成的管理模式称为总体模式。具体到项目实施每个环节的管理模式，是公路施工企业项目管理中的具体模式，

包括机械设备管理模式、物料管理模式、人力资源管理模式、信息管理模式、风险管理模式、合同管理模式、进度管理模式、安全环保管理模式、质量管理模式、技术成本管理模式、技术管理模式等[①]。

二、公路桥梁施工项目管理的特点

（一）公路桥梁施工项目管理的基本概念

从实质上来说，公路桥梁施工项目管理是项目管理的一个分支，其主体是施工单位，目标是保证施工环节安全有序进行，主要内容包括控制好施工质量、施工制度、施工成本等方面，以及管理好信息、合同、安全等方面。其优点在于能将工程建设中的重点和难点凸显出来，以便管理人员能够很好地把握，还能协调好组织内部的关系，确保公路桥梁施工工序的顺利进行。

（二）公路桥梁施工项目管理的特征

公路桥梁施工项目管理涉及的范围较为明确和固定，所以其特点更加具体和鲜明，而一般项目管理的特点更加模糊、难以分辨。公路桥梁项目管理的特征如下。

第一，多变性。施工人员工作态度不一致，有的拖泥带水，有的严格认真，而项目管理的任务是随着施工阶段和施工条件的改变而变化的，这就是多变性存在的原因。

第二，复杂性。主要是由于工程项目突发状况多，没有规律性，加上管理的内容繁多，导致管理难度大。

第三，协调性。协调性也是项目管理的基本要求，保证各项工作协调有序进行是公路桥梁施工项目管理的主要目的，保证整个公路桥梁施工活动有效开展，只有在满足上述基本前提的条件下才能进行。从项目管理理念出发，在合适的合同条款下应用合理的技术，满足公路桥梁工程的设计要求，是工程项目管理最基本的内容。

（三）公路桥梁施工项目管理状况

1. 管理模式

管理模式的创建直接决定了施工项目的管理质量。制定合理的管理模式时，

---

① 王帅举.基于BIM的桥梁信息轻量可视化运维管理系统应用研究[D].西安：西安建筑科技大学，2021.

要结合多种要素进行考虑。但目前我国公路桥梁项目管理模式大多还在采用计划的方式。这种模式多以硬性指令和行政指令为主，人性化的因素较少，没有以科学合理作为出发点，也没有将计划落到实处。没有科学的依托，在建立管理模式时就只能多依靠以往的自我思想和经验意识，虽然并非完全不合理，但很容易带来管理上不必要的失误。

2. 人员素质

在工程施工时，人员的素质直接影响管理水平的高低。由于公路桥梁工程规模浩大，所涉及的人员众多，当素质低的施工人员达到一定比例时，很容易造成一些难题，使事故发生的概率增加。工程建设队伍层次结构不合理，加上管理人员水平也较低，在处理紧急情况时，显得手忙脚乱，没有足够的专业管理技能和先进的经验应对面前的难题，往往造成更大的损失。不论施工的技术人员还是管理人员，都应当被重视起来，同时提升他们的综合素质和专业技能。

3. 安全事故频繁

在公路施工中，安全事故较为频繁甚至造成了严重的后果，这是由公路建设的施工环境所决定的，由于施工环境的特殊性再加上没有足够的安全措施就会出现安全问题。就目前情况来说，一些单位为了利润大大缩减成本，在施工中的一些安全措施不够完整，对一些安全教育不够重视，安全设施也做得不到位，甚至对施工现场的安全监督有所欠缺，这一系列原因造成安全事故频繁发生。为了避免给周围的居民带来不好的影响，应给予足够重视并不断加强在此方面的工作。

4. 管理公路桥梁施工项目的策略

施工项目的管理模式决定了其管理水平，要使项目施工的管理水平能够有效提高，就要先对管理模式进行改革。管理理念、管理体制及管理技术三部分构成了管理模式。首先，对管理观念进行更改，运用创新的理念追求更合理的管理模式。其次，对管理体制进行改革，拥有更具有实际意义的管理模式。目前的管理体制存在许多问题，要将其与实际结合起来进行改革。最后，对管理技术进行改革，使其能够达到较高的水平。

随着科技的进步与发展，互联网已经进入各个行业，给各个行业带来了不同的变革。当然，这也为公路桥梁施工项目的管理带来了便利，但是高科技也同样需要人员进行管理，一些机械不可能拥有人的智慧，做不到随机应变，所以根本上还是要不断加强对人员的管理。要将每一位员工的积极性激发出来，采用奖励的方式进行鼓励引导，同时提高相关部门的管理者的带头指挥能力，从而作好人员管理。

好的施工环境会加快施工的进程，而差的施工环境会对项目的进程造成延误，严重时还会对施工人员造成不同程度的危害。工程的施工质量也会因为施工环境受到影响，严寒、酷暑的天气状况都影响施工的有序进行。在环境较为恶劣的情况下，员工就不能按时完成工程，这就会对项目的进展产生影响。在炎热的夏季，为了员工能够更好地施工，相关部门要采取防暑措施，为他们准备凉快的休息场所，遇到高温时要及时停止施工。在寒冷的冬季，为了降低天气对员工造成的影响，相关部门要作好保暖措施，确保员工能够正常施工。

第二节　公路桥梁施工技术优化管理研究

随着我国公路事业不断发展，公路网络已基本成熟，方便了人们的出行和生意往来，但同时，公路桥梁建设中的质量问题也十分突出，引起了社会的广泛关注，当前公路桥梁建设的质量问题成为公路桥梁建设研究的重要课题。

一、公路桥梁施工技术管理的必要性

公路桥梁是我国交通运输的重要通道，对社会经济发展和人民生活水平的提高发挥着重要的作用。对公路桥梁进行施工技术管理不但可以保证工程质量，还可以提高施工效率。施工管理是确保相关项目能达到投入使用标准的重要举措。施工管理贯穿公路桥梁项目建设的始终，并且涉及公路桥梁建设的方方面面。具体到实践操作环节，包括前期制定施工方案和施工管理制度，中期对施工过程进行监督以及后期施工完成后进行质量验收。就施工过程来说，公路桥梁的施工管理还要对施工过程中所用到的材料及设备进行检查，同时还有对施工人员的调配和操作规范的监督等，这些都对公路桥梁的质量至关重要，因此必须重视施工技术管理对于公路桥梁建设质量的重要性。

二、公路桥梁施工技术管理的要点

（一）路基

路基的施工技术管理，主要的问题就是对基地的处置，而基地处置的关键就是基地的压实工作。在压实时必须严格遵守施工规范，根据定额选择合适的压力机，并根据实际的路况选择合适的机械设备，如果路段太宽，需要选择大吨位的压路机[①]。

（二）路面基层

做好路面基层的施工管理：其一，进行冬季备料工作，对原材料的质量必须进行严格的审查，对于质量不达标的原料，不但不能使用，而且要禁止任何人将不达标的材料运进施工场地。有关单位要发挥其质量监管作用，引导工作人员进行质量监管工作，每天对施工场地中的原料质量进行抽查。其二，进行摊铺工作时，可以采取人工摊铺与摊铺机施工结合的工作方式，确保两处的拌和站能够同时进行材料的供应，将所有的人力、设备积聚在一起，打开作业面。其三，对标高进行严格的控制，保证基层厚度，以使基层质量可以满足施工需求。其四，如果施工的交通路段无法进行封闭，可采取边通车边施工的方法，但是需要做好有关交通路段的管制工作，以免影响路段施工。

（三）桥梁

重视桥（涵）隐蔽工程的施工，可以选择十分有经验的工程师进入工地，负责其质量监督工作。另外，加大旁站的监管力度，如果发现问题，立即组织技术人员协商解决。模板在支立前，必须先对其进行校正、除锈，模板支立后，还要对其开展涂脱模剂工作。模板、支架进行安装时，必须保证其坚固、稳定，模板尺寸合格、不会产生变形的情况。至于模板缝隙的处理，一般使用贴胶纸、刮腻子的方法解决。如果成品混凝土构件表面存在不密实、漏筋、蜂窝麻面或者质量缺陷严重的问题，必须停止使用。

（四）附属工程

对于水泥混凝土护坡工程来说，主要有两个要点：一是护脚，采用逐段的方

---

① 王超凡.基于BIM的中小跨径公路混凝土梁桥管理系统研究[D].北京：北京交通大学，2020.

式，明确顶面标高，以保证其能够深埋在自然地面下；二是护坡基础施工，路基采取超宽 30 cm 压实后刷坡，保证边坡坡面的密实度。

三、公路桥梁施工技术优化管理的对策

（一）做好公路桥梁施工技术优化管理的准备工作

通过分析，公路桥梁施工技术管理的准备工作主要包括以下三个要点。

1. 制定施工标准、技术标准及管理制度

制定相关标准时，在严格按照国家法律规定的文件执行的前提下，结合实际情况制定出适应工程施工的各项标准。

2. 组建一支功能齐全的施工技术管理团队

相关的领导管理人员除了应拥有扎实的专业知识外，还要具备多年的领导管理经验，能够对大型工程项目进行有条不紊的管理指导。

3. 施工技术资料管理

对收集的相关资料进行分类和管理，制定一套适用于本工程的档案管理制度，可为公路桥梁的施工提供依据，也可为以后的相关项目积累经验。组织施工人员对施工质量目标及操作规范等进行全面认识。与此同时，还要使施工人员熟练掌握一些施工所用的材料、标识及混合比率等，对这些交底的内容进行详细记录并存入档案，以便以后进行技术控制。

（二）建立健全公路桥梁施工技术管理制度

1. 技术责任制制度

明确每个工作小组和每个工作人员的职责，将施工质量的总目标分解为每个小组、每个施工人员的小目标，进而提高公路桥梁建设人员的工作积极性和热情，同时建立与之相应的质量考评制度，以提高全体人员的质量意识。

2. 施工图纸会审制度

图纸是工程项目施工的直接依据，因此必须保证施工图纸的科学性。在施工图纸拟定下发后，相关的技术人员和管理人员必须对图纸进行仔细审查，确保工程施工的科学性、经济性和可行性。如果存在漏洞，一定要及时指出，经过再次研究后进行改正。

3.技术交底制度

在施工过程中，技术人员一定要对施工图纸进行仔细研究，然后将相关的技术和工艺对一线施工人员进行明确传达，使每个施工人员都能对施工流程、施工质量目标及操作规范等进行全面认识。与此同时，还要使施工人员熟练掌握一些施工所用的材料、标识及混合比率等，对这些交底的内容进行详细记录并存入档案，以便以后进行技术控制。

4.工程变更制度

可以通过制定工程变更制度促进施工方案的调整完善，节省开支，提高质量和工作效率。

（三）作好施工质量的检查和验收

为了对项目的质量进行严格把控，在每道程序完成后，都要依据标准对完成质量进行检查，合格方可继续进行下道程序的施工。另外，在项目施工过程中，监督人员一定要深入施工一线进行现场的监督，发现操作不当时，马上进行纠正指导。如果失误十分严重，可以停止该项目，待专业人员商议后，按照新的整改措施继续施工，严把质量关。公路桥梁项目是一项十分复杂的大工程，隐患众多，分项检查更能确保质量，有十分积极的意义。在工程桥梁施工完成后，要组织人员对工程进行验收，在分项检查的基础上再对整体进行检查，双重检查确保公路桥梁的质量。在验收前，要准备验收所需的资料，如分项检查资料，施工中的往来文件、施工图等一系列资料。

（四）加强对施工档案的管理

从工程准备阶段一直到工程竣工完成验收，这一过程中产生的各种资料都需要进行归档整理。具体来说，需要存档整理的资料有施工过程中的新工艺和新材料、施工图纸、施工组织设计、竣工图纸、施工原始记录及其相应的统计资料、施工中出现的重大问题及相应的解决措施、实验研究结果以及相关资料、施工标准、技术标准、管理制度等。这些材料具有十分重大的意义，不但可为以后公路桥梁的保养加固提供依据，还可以为以后其他项目的施工提供参考和经验。

综上所述，对公路桥梁进行施工技术管理是十分重要的，是公路桥梁安全性和长久性的重要保障。目前，我国一直强调又好又快发展，对于公路桥梁的建设来说也是如此，首先在计划建设时，就要做好各项准备工作，然后在工程开始后严格进行质量监管，最后在工程竣工后做好验收工作，这些都是当前公路桥梁施工的讨论重点。

第三节　公路桥梁工程中合同管理优化研究

在公路桥梁工程的施工过程中，合同管理起到了至关重要的作用。通过合同管理，不仅能够明确施工单位应承担的责任及义务，还能够有效地对工程成本进行控制，从而减少成本消耗，降低经济损失。合同双方以公路桥梁建设相关事项为中心而达成一致意见所签订的协议即公路桥梁工程合同。工程合同管理有多个环节，审核合同签订、管理和解决合同纠纷等环节都包括在其中。

一、工程合同管理涉及的内容

（一）合同管理

当合同签订完毕之后，作为合同管理人员应着手合同的管理工作。由于合同内容涉及的都是施工方案和桥梁设计、桥梁走向与位置等专业内容，而合同管理人员并没有掌握相关的知识，因此在管理合同的过程中，管理人员的主要任务就是配合项目经理一起分解项目，明确各方的合同责任[①]。

（二）合同纠纷

在公路桥梁工程中，合同管理不能缺少的内容就是界定合同纠纷以及合同纠纷的解决。由于工程合同与多个利益方都有着极其密切的联系，容易发生各种纠纷，所以企业要对此有足够的重视，并采取有效措施将问题解决，从而保证工程建设工作的顺利开展，避免因发生合同纠纷而不能按期开展工程，给施工企业造成损失。解决工程合同纠纷的形式一般有以下几种：第一，协商，也就是纠纷方与合同管理人员进行协商，在履行条款及索赔方面统一意见，从而将纠纷妥善解决。第二，仲裁，也就是合同管理人员按照双方所签署的仲裁协议或者按照规定的仲裁条款，以仲裁的方式解决纠纷。第三，诉讼。一般情况下，合同管理人员

---

① 苏丹.公路桥梁施工合同管理跟踪管理要点研究[J].工程建设与设计，2019（18）：207-208.

所提出的诉讼都是借用企业名义，然后由法院判决，从而将合同纠纷解决。

二、在管理公路桥梁工程合同时出现的问题

随着时代的发展，近几年桥梁工程的合同管理模式也逐步趋于完善，并且收到了显著的成效。但从实际情况来看，依旧有一些问题对合同整体的管理质量和效率产生着影响，具体分析如下。

（一）缺乏专业的管理人员

合同管理的技术及专业性非常鲜明，但很多施工企业并没有针对工程项目配备专业的合同管理人员。从整体上来讲，合同管理人员的整体素质偏低，其不仅不具备相关的法律知识，没有掌握应有的技能，而且缺乏合同管理的相关经验，而这对桥梁工程的合同管理极其不利。

（二）合同条例缺乏规范性

在签订合同的过程中，企业的管理层人员没有形成足够的法制意识及法制观念，未对防范合同风险有足够重视。与此同时，其在合同中没有明确规定双方需要承担的义务和责任以及所享有的权益，致使合同条款不够系统及规范。另外，由于企业并不重视合同管理，所以极易引发法律纠纷。

（三）不健全的合同管理机制

第一，因建立的合同管理机制不够健全，合同管理存在主体错位的问题，无法合理地进行管理分工，所以无法保障践行合约条款的效果。第二，很多施工企业在合同签订完毕之后，一般会将全部的注意力放在项目施工上，而没有全方位地研究合同，也没有重视合同的履行。

三、进行合同管理的有效措施

（一）引进高素质的管理人员

施工企业应配置素质高、专业能力强的合同管理人员。因合同管理这项工作与法律方面的内容相关，所以作为管理人员还应掌握关于合同管理的法律知识，这样才能够更好地开展相关工作。合同管理人员应达到相关的要求和标准，持有相关的资格证书，施工企业应确保人人持证上岗，这样才能够保障合同管理工作的质量。

（二）不断对合同管理的制度进行完善

要建立合同交底的制度，要求签订好合同之后，管理合同的人员向管理项目的人员交底，并对合同的要求和条款进行说明，使其明确合同在履行过程中企业需要承担的义务以及需要预防的相关事项，从而最大限度地避免纠纷。与此同时，要使责任制得以落实，管理合同的人员应明确项目组应承担的合同责任，并监督其严格履行。另外，要建立分包合同的监管制度，通过这样的方式有效地监督分包单位履行合同的相关情况，从而确保合同高效履行。

（三）合同拟定

拟定合同时，应注重以下几方面内容：首先，达成一致意见之后再拟定合同。其次，针对重要合同，应设立专门的谈判小组对合同进行谈判。结合实际，必要时还可聘请外来专家。再次，合同内容涉及财务问题，应聘请专业的财务人员参与其中。最后，完成拟定之后要向相关部门呈交，由其开展合同审核的工作。一般需要审核以下几方面：第一，审查合同的合法性，也就是审查桥梁工程的建设方案及相关工程有无超出法律的界限。第二，审查工程有无完备的手续，包括施工许可证以及施工建设场地的使用权限证件。第三，审查合同和相关资料是否齐全。第四，审查合同权利和义务有无明确界定。

（四）实时管理合同履行情况

在项目工程施工开始时，要全面且系统地分析合同条款。与此同时，要开展实时的合同履行情况的监管工作，这样能够在第一时间获得关键的信息。然后以这些信息为依据进行判断和分析，确保按期完工，保障工程整体的质量。另外，通过实时监督，能够尽快找到合同中存在的问题，并采取有效措施将其解决，从而使合同管理的职能得以有效强化。

（五）防范合同的违约

在桥梁工程中，除了要对内部履行合同条款的情况进行实时监督外，还要对违约的相关行为提起足够的重视。从实质上来讲，也就是在制定合同的过程中，要注重应注意的相关事项，并加大审查力度，防止发生违约行为。另外，当施工企业同业主意见不一致时，作为合同管理人员要做好协调工作。监理单位应充分发挥好自己的监督职能，使各方的利益得以保障。

（六）合同管理索赔

在合同签订的过程中，承办人应以纪要形式记录合同隐藏的风险，并将其作为合同管理的核心内容。在具体的施工过程中，要将其同现场具体情况相结合，当发现可索赔时，要在第一时间索赔。认真履行合同条约，结合相关法律要求，对自身的合法权益进行维护。

（七）应用法律武器进行维权

即使做好了所有的准备工作，也不可能完全排除客观因素所造成的影响。在桥梁施工过程中，极易受到地质、水源及天气等因素的影响。当问题出现或者利益被损害时，公司可聘请专业法律顾问应用法律武器为自己维权。合同签署之后，就会具有法律效应。一旦某一方单方面不遵照合同或者违约，就应当承担法律责任。

（八）强化合同文件管理

一般情况下，工程建设都有极长的周期，要涉及多方面内容，当发生复杂情况时，都需参考资料和合同，所以针对合同及相关文件，相关人员应加大管理力度，在各个环节落实管理工作，防止出现差错。随着科技的不断发展，工程各参与方在保存资料文献及合同时，可借助信息技术，这样不仅能够减轻工作人员的工作量，还能够提升管理水平。

综上所述，由于公路桥梁工程有非常长的施工周期，且需要应用极其复杂的技术，所以在工程建设的过程中要使合同管理工作在每一环节得以落实。建立合同管理的相关制度，并使其不断完善，同时加大力度进行合同的动态管理，只有这样才能够保护好各方的切身利益。

参考文献

[1] 葛巍. 道路桥梁工程施工管理中的问题与优化对策 [J]. 四川建材, 2022, 48 (7): 94-95, 97.

[2] 贾雄. 公路工程施工质量管理与控制重点分析 [J]. 工程技术研究, 2022, 7 (6): 151-152.

[3] 蒋鑫. 论加强道路桥梁施工安全管理的策略 [J]. 中华建设, 2022 (5): 46-48.

[4] 雷靖锋. 道路桥梁施工技术与施工管理 [J]. 运输经理世界, 2021 (35): 140-142.

[5] 李刘旺. 工业废料应用于公路工程基层底基层中的试验研究 [D]. 西安: 长安大学, 2020.

[6] 李琴, 杨岳斌, 刘君, 等. 我国粉煤灰利用现状及展望 [J]. 能源研究与管理, 2022 (1): 29-34.

[7] 李昱. 浅谈土工合成材料在土木工程中的应用 [J]. 江西建材, 2021 (10): 27-28.

[8] 刘立. 试论如何在建筑工程施工中合理运用新技术与新材料 [J]. 居舍, 2018 (18): 187.

[9] 刘晓青. 建筑防水施工中防水材料的应用探究 [J]. 科技展望, 2016, 26 (28): 30.

[10] 刘玉英. 公路施工组织与管理 [M]. 成都: 西南交通大学出版社, 2017.

[11] 任伟新, 汪莲, 王佐才. 桥梁工程 [M]. 武汉: 武汉大学出版社, 2016.

[12] 沙日娜. 基于模式化管理下的道路桥梁施工设计与研究 [J]. 工业建筑, 2021, 51 (11): 10037.

[13] 申爱国. 桥梁工程施工技术 [M]. 武汉: 武汉大学出版社, 2016.

[14] 苏丹. 公路桥梁施工合同管理跟踪管理要点研究 [J]. 工程建设与设计, 2019 (18): 207-208.

[15] 孙怀文. 道路桥梁施工的养护与安全管理 [J]. 四川建材，2021，47（10）：162-163.

[16] 王爱军. 道路桥梁工程施工技术管理研究 [J]. 中华建设，2022（4）：55-56.

[17] 王超凡. 基于 BIM 的中小跨径公路混凝土梁桥管理系统研究 [D]. 北京：北京交通大学，2020.

[18] 王瑞雪. 桥梁工程施工技术 [M]. 北京：中国铁道出版社，2013.

[19] 王帅举. 基于 BIM 的桥梁信息轻量可视化运维管理系统应用研究 [D]. 西安：西安建筑科技大学，2021.

[20] 王炜. 建筑工程材料 [M]. 北京：国防工业出版社，2021.

[21] 王文. 道路桥梁施工与养护管理研究 [J]. 工程技术研究，2022，7（8）：179-181.

[22] 虞飒. 道路桥梁工程施工管理及成本预算研究 [J]. 交通世界，2021（25）：157-158.

[23] 张莎. 道路桥梁工程造价管理与控制对提高工程经济效益的研究 [J]. 交通世界，2021（12）：164-165.

[24] 张业兴. 聚合物混凝土强度形成规律及开放交通时机预测模型研究 [D]. 北京：北京建筑大学，2021.

[25] 张振华. 桥梁工程标准化施工管理 [D]. 西安：长安大学，2012.

[26] 赵存良. 土木工程中新型混凝土材料使用的探索 [J]. 科技创新与应用，2022，12（13）：91-94.

[27] 赵刚. 基于安全管理的道路施工质量控制的有效措施 [J]. 运输经理世界，2021（14）：28-30.

[28] 庄颉. 公路桥梁施工技术的优化管理 [J]. 绿色环保建材，2019（9）：120，123.